Schweizerisches
Bundesverwaltungsrecht

Koller · Müller · Rhinow · Zimmerli

# Schweizerisches Bundesverwaltungsrecht

Band I

# Organisationsrecht

Teil 2

Personalrecht des Bundes

Peter Hänni
unter Mitarbeit von Adrian Schneider

2. Auflage

HELBING & LICHTENHAHN
Basel · Genf · München

Bibliographische Information Der Deutschen Bibliothek

Die Deutsche Bibliothek verzeichnet diese Publikation in der
Deutschen Nationalbibliographie; detaillierte bibliographische Daten sind im Internet abrufbar:
http://dnb.ddb.de


Zitiervorschlag: SBVR I/2-HÄNNI, Rz. 80


Dieses Werk ist weltweit urheberrechtlich geschützt. Das Recht, das Werk
mittels irgendeines Mediums (technisch, elektronisch und/oder digital)
zu übertragen, zu nutzen oder ab Datenbank sowie via Netzwerke zu kopieren
und zu übertragen oder zu speichern (downloading), liegt ausschliesslich beim Verlag.
Jede Verwertung in den genannten oder in anderen als den gesetzlich zugelassenen
Fällen bedarf deshalb der vorherigen schriftlichen Einwilligung des Verlags.

ISBN 3-7190-2237-4
© 2004 by Helbing & Lichtenhahn Verlag, Basel

# Vorwort der Herausgeber

Verwaltungsrecht ist nach einem Wort des ehemaligen Präsidenten des Deutschen Bundesverwaltungsgerichts, FRITZ WERNER, «konkretisiertes Verfassungsrecht» (Deutsches Verwaltungsblatt 1959, S. 527 ff.). Es muss wie das Verfassungsrecht systematisch dargestellt und dogmatisch durchdrungen werden. Im Gegensatz zum Verfassungsrecht des Bundes, für welches mehrere Lehrbücher und seit Frühjahr 1996 eine umfassende Kommentierung vorliegen, ist das Bundesverwaltungsrecht – von Übersichten für Studienzwecke und den durch den raschen Rechtswandel weitgehend überholten Werken von FRITZ FLEINER (Schweizerisches Bundesstaatsrecht, Tübingen 1923, das im 3. Kapitel des 4. Teils eine Darstellung der Bundesverwaltung enthält) und von ERWIN RUCK (Schweizerisches Verwaltungsrecht, 2 Bände, 3. Auflage, Zürich 1951) abgesehen – bisher nur punktuell und in sehr unterschiedlicher Weise bearbeitet worden.

Das *Schweizerische Bundesverwaltungsrecht (SBVR)* soll diese Lücken schliessen. Es will das geltende Verwaltungsrecht des Bundes möglichst vollständig erfassen. Die Darstellung ist nach Sach- bzw. Rechtsgebieten gegliedert, wobei insbesondere auch die Zusammenhänge zwischen den verschiedenen Gebieten aufgezeigt werden sollen. Den Leserinnen und Lesern wird einerseits ein Überblick vermittelt, um ihnen den Einstieg in die betreffende Materie zu erleichtern. Darüber hinaus werden aktuelle Probleme und gesetzgeberische Entwicklungen erörtert und, soweit der zur Verfügung stehende Raum es zulässt, die in Lehre und Rechtsprechung vertretenen Auffassungen diskutiert. Eine solche Mischung von thematisch orientierter monographischer und systematisch-kommentierender Darstellung scheint den Herausgebern im Hinblick auf die Eigenheiten des ausserordentlich zersplitterten, vielfältigen und schwer durchschaubaren Bundesverwaltungsrechts angemessen.

Das SBVR ist ursprünglich als Loseblattwerk konzipiert und umgesetzt worden, doch hat sich diese Form nicht bewährt. Der Verlag und die Herausgeber haben sich deshalb entschlossen, künftige Neuerscheinungen und Neuauflagen als gebundene Handbücher zu publizieren, die gegenüber dem Loseblattwerk den Vorteil haben, einzelne in sich abgeschlossene Themenbereiche des Bundesverwaltungsrechts aktuell und kompakt darstellen zu können.

Die einzelnen Sach- und Rechtsgebiete werden von Autorinnen und Autoren bearbeitet, die sich in der Wissenschaft oder in der Praxis mit diesen Bereichen besonders beschäftigen. Für die thematisch zusammenhängenden, zu einem Band zusammengefassten Beiträge trägt jeweils ein Autor die Hauptverantwortung, namentlich für die inhaltliche Koordination.

Das geplante Werk wird im Laufe der nächsten Jahre sukzessive erscheinen. Angesichts der vielen, sich rasch folgenden Änderungen der Gesetzgebung auf dem

Gebiet des Bundesverwaltungsrechts werden sich bald und häufig neue Auflagen aufdrängen.

Die Herausgeber und der Verlag danken den Autorinnen und Autoren der Beiträge und den Hauptverantwortlichen für ihre Mitarbeit. Wir hoffen, dass das vorliegende Werk dazu beiträgt, das bisher etwas im Schatten des Verfassungsrechts gebliebene Bundesverwaltungsrecht einem breiteren Kreis von Interessierten zu erschliessen und wissenschaftlich zu erhellen.

Im Sommer 2004                Die Herausgeber

                                                        Heinrich Koller
                                                       Georg Müller
                                                       René Rhinow
                                                       Ulrich Zimmerli

                                                        Der Verlag

                                                        Verlag Helbing & Lichtenhahn

# Vorwort des Autors

Mit der Totalrevision des Bundespersonalrechts hat der Bund für seine Angestellten ein modernes, an den heutigen Bedürfnissen von Staat und Gesellschaft ausgerichtetes Rechtssystem des öffentlichen Dienstes geschaffen. Am 1. Januar 2001 bzw. am 1. Januar 2002 ist das neue Bundespersonalgesetz mitsamt den ebenfalls völlig neu überarbeiteten Verordnungen in Kraft getreten. Das neue System orientiert sich grundsätzlich an den Regelungen des privatrechtlichen Arbeitsvertrags und hat namentlich die Aufhebung des bisherigen Beamtenstatus zur Folge. An dessen Stelle sind öffentlich-rechtliche Arbeitsverträge sowie Gesamtarbeitsverträge getreten. Damit wurde eine vollständige Überarbeitung der bisherigen ersten Auflage des Kommentars zum Personalrecht des Bundes unumgänglich. Geblieben ist aber die Zielsetzung: Es soll eine möglichst umfassende Darstellung des geltenden Rechts vorgelegt werden, ohne jedoch den Blick für das Ganze aus den Augen zu verlieren. Dabei wurde unter Berücksichtigung der einschlägigen Literatur auch die bisherige Gerichts- und Verwaltungspraxis eingearbeitet, soweit sie ihre Bedeutung beibehalten hat.

Die Fertigstellung der 2. Auflage gibt mir die willkommene Gelegenheit, mich bei meinem Mitarbeiter, Herrn lic. iur. Adrian Schneider, für seine engagierte und zugleich sorgfältige Art der Mitwirkung zu bedanken. Zu erwähnen gilt es aber auch die umsichtige und professionelle Vorbereitung der Drucklegung durch den Verlag Helbing & Lichtenhahn und die überaus angenehme Zusammenarbeit mit Frau lic. phil. Veronica Rohrer, die das Lektorat besorgt hat.

Freiburg, im Mai 2004                                          Peter Hänni[*]

---

[*] Dr. iur. Peter Hänni ist ordentlicher Professor für Staats- und Verwaltungsrecht an der Universität Freiburg i.Ue.

# Inhaltsverzeichnis

Vorwort der Herausgeber .................................... V
Vorwort des Autors ........................................ VII
Inhaltsverzeichnis.......................................... IX
Literaturverzeichnis........................................ XV
Rechtsquellenverzeichnis ................................... XXII
Materialien ............................................... XXVI
Abkürzungsverzeichnis..................................... XXVII

**Erstes Kapitel:**
**Grundlagen**

§ 1  Überblick und einleitende Vorbemerkungen.................. 1
    I.   Überblick ............................................ 1
    II.  Vorbemerkungen..................................... 2
    III. Das Eidgenössische Personalamt ....................... 3
§ 2  Die verfassungsrechtlichen Rahmenbedingungen ............... 3
    I.   Die Zuständigkeitsordnung............................. 4
        1. Die Kompetenzen der Bundesversammlung ............. 4
            a) Die Regelung der Dienstverhältnisse des Bundespersonals.. 4
            b) Die Festsetzung der Löhne ....................... 5
            c) Die Erlassformen............................... 5
            d) Die Zuständigkeit für die Wahlen, die Finanzen und die
               Oberaufsicht................................... 6
        2. Die Zuständigkeiten des Bundesrates................... 7
    II.  Die Unvereinbarkeitsregeln............................ 8
    III. Die Bestimmungen über die Verwaltungsgerichtsbarkeit und
        die Verantwortlichkeit ................................ 9

**Zweites Kapitel:**
**Begründung und Beendigung von Dienstverhältnissen**

§ 3  Kategorien bundesrechtlicher Dienstverhältnisse................ 11
    I.   Überblick ............................................ 11
    II.  Öffentlichrechtliche Dienstverhältnisse .................. 11
        1. Das Beamten- und das Angestelltenverhältnis............ 12
        2. Dienstverhältnisse mit Sonderregelungen ............... 12
        3. Das Magistratsverhältnis............................. 13
    III. Dienstverhältnisse auf privatrechtlicher Grundlage ........... 14
        1. Der Grundsatz: Ausschluss privatrechtlicher
           Anstellungsformen................................. 14

|     |      | 2. Die Ausnahmen | 14 |
|---|---|---|---|
|     | IV.  | Personen, die mit der Erfüllung von Bundesaufgaben betraut sind. | 15 |
| § 4 | Die Begründung von Dienstverhältnissen. | | 15 |
|     | I.   | Die Begründung von Angestelltenverhältnissen | 15 |
|     |      | 1. Formelle Voraussetzungen | 16 |
|     |      |    a) Zuständige Behörden | 16 |
|     |      |    b) Ausschreibung | 17 |
|     |      |    c) Einschränkungen im Stellenzugang. | 18 |
|     |      |    d) Formvorschriften | 18 |
|     |      | 2. Materielle Voraussetzungen | 19 |
|     |      |    a) Allgemeine Voraussetzungen. | 19 |
|     |      |    b) Quotenregelung und Förderung der tatsächlichen Gleichstellung der Frau. | 19 |
|     |      |    c) Förderung der Mehrsprachigkeit | 21 |
|     |      |    d) Sicherheitsprüfung | 21 |
|     |      | 3. Die Dauer der Anstellung | 23 |
|     |      | 4. Der öffentlichrechtliche Gesamtarbeitsvertrag. | 24 |
|     |      |    a) Allgemeines. | 24 |
|     |      |    b) Die Parteien. | 24 |
|     |      |    c) Der sachliche Geltungsbereich. | 25 |
|     |      |    d) Der persönliche Geltungsbereich | 25 |
|     | II.  | Die Begründung von Dienstverhältnissen auf Amtsdauer | 26 |
|     |      | 1. Voraussetzungen der Wahl und Dauer. | 26 |
|     |      | 2. Rechtsnatur der Wahl | 27 |
|     |      |    a) Der Wahl- oder Berufungsakt als Verfügung | 27 |
|     |      |    b) Die Rechtsstellung abgewiesener Bewerber | 27 |
|     |      |    c) Nach dem Gleichstellungsgesetz. | 28 |
|     | III. | Die Begründung übriger Dienstverhältnisse. | 28 |
| § 5 | Die Beendigung von Dienstverhältnissen | | 29 |
|     | I.   | Die ordentliche Beendigung von Dienstverhältnissen | 29 |
|     |      | 1. Beendigung im gegenseitigen Einvernehmen | 29 |
|     |      | 2. Beendigung von Gesetzes wegen. | 30 |
|     |      | 3. Die Änderung von Arbeitsverträgen und interne Übertritte. | 31 |
|     |      | 4. Die ordentliche Kündigung | 31 |
|     |      |    a) Allgemeines. | 31 |
|     |      |    b) Kündigungsfristen. | 32 |
|     |      |    c) Der Sonderfall des gewählten Personals | 32 |
|     |      |    d) Kündigungsgründe | 33 |
|     |      | 5. Sonderregelungen. | 34 |
|     |      |    a) Mitarbeiter der Departementsvorsteher | 34 |
|     |      |    b) Berufsoffiziere. | 35 |
|     | II.  | Die ausserordentliche Beendigung von Dienstverhältnissen | 35 |
|     |      | 1. Die Kündigung aus wichtigen Gründen. | 35 |

a) Voraussetzungen für eine fristlose Kündigung. . . . . . . . . . . 36
b) Die Amtsunfähigkeit . . . . . . . . . . . . . . . . . . . . . . . . . . . . . 37
c) Formvorschriften . . . . . . . . . . . . . . . . . . . . . . . . . . . . . . . 37
2. Die vorzeitige Pensionierung . . . . . . . . . . . . . . . . . . . . . . . . . . 38
III. Die Beendigungsfolgen . . . . . . . . . . . . . . . . . . . . . . . . . . . . . . . . . 38
1. Schutz vor Kündigung . . . . . . . . . . . . . . . . . . . . . . . . . . . . . . . 38
a) Der Grundsatz der Weiterbeschäftigung . . . . . . . . . . . . . . 39
b) Kündigungsschutz . . . . . . . . . . . . . . . . . . . . . . . . . . . . . . . 39
c) Kündigung durch den Angestellten . . . . . . . . . . . . . . . . . 40
2. Vermögensrechtliche Folgen der Beendigung . . . . . . . . . . . . 41
a) Vermögensrechtliche Beendigungsfolgen aus dem
   Dienstverhältnis . . . . . . . . . . . . . . . . . . . . . . . . . . . . . . . . . 41
b) Vermögensrechtliche Beendigungsfolgen aus dem
   Kassenverhältnis . . . . . . . . . . . . . . . . . . . . . . . . . . . . . . . . 43

## Drittes Kapitel:
## Die Rechte des Bundespersonals

§ 6 Die vermögenswerten Rechte . . . . . . . . . . . . . . . . . . . . . . . . . . . . 44
I. Der Lohn . . . . . . . . . . . . . . . . . . . . . . . . . . . . . . . . . . . . . . . . . . . . 44
1. Der Grundlohn . . . . . . . . . . . . . . . . . . . . . . . . . . . . . . . . . . . . . 44
a) Das Lohnsystem . . . . . . . . . . . . . . . . . . . . . . . . . . . . . . . . 44
b) Die Festsetzung des Anfangslohns . . . . . . . . . . . . . . . . . . 46
c) Die Lohnentwicklung . . . . . . . . . . . . . . . . . . . . . . . . . . . . 47
d) Die Lohnsenkung . . . . . . . . . . . . . . . . . . . . . . . . . . . . . . . 48
2. Die Zulagen zum Lohn . . . . . . . . . . . . . . . . . . . . . . . . . . . . . . 49
a) Der Ortszuschlag . . . . . . . . . . . . . . . . . . . . . . . . . . . . . . . . 49
b) Vergütungen . . . . . . . . . . . . . . . . . . . . . . . . . . . . . . . . . . . 49
c) Die Funktionszulagen . . . . . . . . . . . . . . . . . . . . . . . . . . . . 49
d) Die Einsatzprämien . . . . . . . . . . . . . . . . . . . . . . . . . . . . . 50
e) Sonderzulagen . . . . . . . . . . . . . . . . . . . . . . . . . . . . . . . . . . 50
f) Anerkennungsprämien . . . . . . . . . . . . . . . . . . . . . . . . . . . 50
g) Die Arbeitsmarktzulage . . . . . . . . . . . . . . . . . . . . . . . . . . 51
h) Die Betreuungszulagen . . . . . . . . . . . . . . . . . . . . . . . . . . 51
i) Auslandentschädigungen . . . . . . . . . . . . . . . . . . . . . . . . . 52
j) Treueprämien und Erfindungen . . . . . . . . . . . . . . . . . . . 52
k) Vergünstigungen und andere Vorteile . . . . . . . . . . . . . . 53
l) Der Teuerungsausgleich . . . . . . . . . . . . . . . . . . . . . . . . . 53
II. Die Sozialleistungen . . . . . . . . . . . . . . . . . . . . . . . . . . . . . . . . . . . 53
1. Alter, Tod und Invalidität . . . . . . . . . . . . . . . . . . . . . . . . . . . . 53
2. Krankheit und Unfall . . . . . . . . . . . . . . . . . . . . . . . . . . . . . . . . 55
3. Weitere Sozialleistungen . . . . . . . . . . . . . . . . . . . . . . . . . . . . . 55
§ 7 Die übrigen Rechte . . . . . . . . . . . . . . . . . . . . . . . . . . . . . . . . . . . . 56
I. Ferien und Urlaub . . . . . . . . . . . . . . . . . . . . . . . . . . . . . . . . . . . . 56

II. Weitere Leistungen des Arbeitgebers . . . . . . . . . . . . . . . . . . . 57
    1. Material und Dienstkleidung . . . . . . . . . . . . . . . . . . . . . . . . 57
    2. Dienstfahrzeug . . . . . . . . . . . . . . . . . . . . . . . . . . . . . . . . . . 58
    3. Ersatz der Auslagen. . . . . . . . . . . . . . . . . . . . . . . . . . . . . . . 58
    4. Ersatz von Verfahrens- und Parteikosten . . . . . . . . . . . . . . . 58
III. Mitarbeitergespräch, Personalbeurteilung und Dienstzeugnis. . . . 59
IV. Datenschutz . . . . . . . . . . . . . . . . . . . . . . . . . . . . . . . . . . . . . . . . 60
V. Kollektive Mitwirkungsrechte. . . . . . . . . . . . . . . . . . . . . . . . . . 61

**Viertes Kapitel:**
**Die Pflichten des Bundespersonals**

§ 8  Die Dienstpflichten . . . . . . . . . . . . . . . . . . . . . . . . . . . . . . . . . . . . . 63
    I. Die Diensterfüllung als Hauptpflicht . . . . . . . . . . . . . . . . . . . . 63
        1. Der Umfang der Diensterfüllungspflicht . . . . . . . . . . . . . . . . 63
        2. Art und Weise der Diensterfüllungspflicht . . . . . . . . . . . . . . 64
    II. Die Nebenpflichten . . . . . . . . . . . . . . . . . . . . . . . . . . . . . . . . . 65
        1. Die Wohnsitzpflicht . . . . . . . . . . . . . . . . . . . . . . . . . . . . . . . 65
        2. Nebenbeschäftigungen . . . . . . . . . . . . . . . . . . . . . . . . . . . . . 66
            a) Der Grundsatz . . . . . . . . . . . . . . . . . . . . . . . . . . . . . . . . 66
            b) Die Ausnahme . . . . . . . . . . . . . . . . . . . . . . . . . . . . . . . 67
            c) Die Abgabepflicht . . . . . . . . . . . . . . . . . . . . . . . . . . . . 68
        3. Das Geschenkannahmeverbot. . . . . . . . . . . . . . . . . . . . . . . . 68
        4. Die Schweigepflicht . . . . . . . . . . . . . . . . . . . . . . . . . . . . . . . 69
            a) Gegenstand der Schweigepflicht de lege lata . . . . . . . . . . 70
            b) Die Grenzen der Schweigepflicht . . . . . . . . . . . . . . . . . 72
            c) Die Dauer der Schweigepflicht. . . . . . . . . . . . . . . . . . . 75
            d) Die Schweigepflicht de lege ferenda . . . . . . . . . . . . . . 75
        5. Das Streikverbot . . . . . . . . . . . . . . . . . . . . . . . . . . . . . . . . . . 77
        6. Weitere Einschränkungen von Rechten . . . . . . . . . . . . . . . . 78
§ 9  Die Treuepflicht . . . . . . . . . . . . . . . . . . . . . . . . . . . . . . . . . . . . . . . 78
    I. Rechtsnatur und Grundlagen der Treuepflicht . . . . . . . . . . . . . 78
    II. Gegenstand der Treuepflicht . . . . . . . . . . . . . . . . . . . . . . . . . . 79
        1. Menschliches Verhalten . . . . . . . . . . . . . . . . . . . . . . . . . . . . 79
        2. Verhalten im Zusammenhang mit der amtlichen Stellung
           des Angestellten . . . . . . . . . . . . . . . . . . . . . . . . . . . . . . . . . . 80
            a) Die Pflicht zum Vollzug der dienstlichen
               Anordnungen. . . . . . . . . . . . . . . . . . . . . . . . . . . . . . . . 80
            b) Verhalten innerhalb und ausserhalb des Dienstes . . . . . . . . 81
            c) Verhalten nach Beendigung des Dienstverhältnisses . . . . . . 81
    III. Inhalt der allgemeinen Treuepflicht. . . . . . . . . . . . . . . . . . . . . 82
    IV. Grenzen der allgemeinen Treuepflicht. . . . . . . . . . . . . . . . . . . 83
        1. Meinungs- und Informationsfreiheit . . . . . . . . . . . . . . . . . . . 84
        2. Vereinigungsfreiheit . . . . . . . . . . . . . . . . . . . . . . . . . . . . . . . 85
        3. Übrige Grundrechte . . . . . . . . . . . . . . . . . . . . . . . . . . . . . . . 86

**Fünftes Kapitel:**
**Die Verantwortlichkeit des Bundespersonals**

§ 10 Die disziplinarische Verantwortlichkeit . . . . . . . . . . . . . . . . . . . . . 88
    I. Grundlagen . . . . . . . . . . . . . . . . . . . . . . . . . . . . . . . . . . . . . . 88
        1. Begriff und Wesen des Disziplinarrechts . . . . . . . . . . . . . . . . 88
        2. Abgrenzung zur strafrechtlichen Verantwortlichkeit . . . . . . . . 89
        3. Die vermögensrechtliche Verantwortlichkeit . . . . . . . . . . . . . 90
    II. Voraussetzungen der disziplinarischen Verantwortlichkeit . . . . . . 91
        1. Die Verletzung der arbeitsrechtlichen Pflichten . . . . . . . . . . . 91
        2. Das Verschulden . . . . . . . . . . . . . . . . . . . . . . . . . . . . . . . . 91
        3. Die Opportunität . . . . . . . . . . . . . . . . . . . . . . . . . . . . . . . . 92
        4. Die Verjährung . . . . . . . . . . . . . . . . . . . . . . . . . . . . . . . . . 93
    III. Die Anordnung von disziplinarischen Massnahmen . . . . . . . . . . 93
        1. Das Rechtsfolgeermessen und seine Grenzen . . . . . . . . . . . . 93
        2. Die Massnahmen bei Fahrlässigkeit . . . . . . . . . . . . . . . . . . . 94
            a) Die Verwarnung . . . . . . . . . . . . . . . . . . . . . . . . . . . . . 94
            b) Der Verweis . . . . . . . . . . . . . . . . . . . . . . . . . . . . . . . 95
            c) Die Änderung des Aufgabenkreises . . . . . . . . . . . . . . . . 95
        3. Die Massnahmen bei Vorsatz und Grobfahrlässigkeit . . . . . . . 95
            a) Die Lohnkürzung . . . . . . . . . . . . . . . . . . . . . . . . . . . . 96
            b) Die Busse . . . . . . . . . . . . . . . . . . . . . . . . . . . . . . . . 96
            c) Die Änderung der Arbeitszeit und des Arbeitsorts . . . . . . 96
    IV. Die Anordnung von vorsorglichen Massnahmen . . . . . . . . . . . . 97
§ 11 Die strafrechtliche Verantwortlichkeit . . . . . . . . . . . . . . . . . . . . . 98
    I. Die allgemeinen und die besonderen Straftatbestände . . . . . . . . . 98
    II. Die Strafverfolgung . . . . . . . . . . . . . . . . . . . . . . . . . . . . . . . . 99
        1. Zuständigkeit . . . . . . . . . . . . . . . . . . . . . . . . . . . . . . . . . . 99
        2. Ermächtigung zur Strafverfolgung . . . . . . . . . . . . . . . . . . . 99

**Sechstes Kapitel:**
**Verfahren und Rechtsschutz**

§ 12 Grundsatz: Geltung von VwVG und OG . . . . . . . . . . . . . . . . . . . 101
    I. Das Beschwerdeverfahren . . . . . . . . . . . . . . . . . . . . . . . . . . . 102
        1. Die interne Beschwerde nach BPG . . . . . . . . . . . . . . . . . . . 102
        2. Die Verwaltungsbeschwerde an die Personalrekurskommission
           und an besondere richterliche Instanzen . . . . . . . . . . . . . . . 103
        3. Die Verwaltungsgerichtsbeschwerde . . . . . . . . . . . . . . . . . . 103
    II. Die Revision der Bundesrechtspflege . . . . . . . . . . . . . . . . . . . 105
§ 13 Sonderfragen . . . . . . . . . . . . . . . . . . . . . . . . . . . . . . . . . . . . . 106
    I. Das Verfahren bei Beendigung von Dienstverhältnissen . . . . . . . 106
        1. Ordentliche Beendigung von Dienstverhältnissen . . . . . . . . . 106
        2. Ausserordentliche Beendigung von Dienstverhältnissen . . . . . 107

3. Das Verfahren im Streit um die Gültigkeit der Kündigung. . . . 107
II. Das Disziplinarverfahren .................................. 108
   1. Die Zuständigkeit ................................... 108
   2. Das Verfahren ...................................... 108
      a) Die Administrativuntersuchung .................... 108
      b) Die Disziplinaruntersuchung ...................... 109
III. Der Rechtsschutz bei Streitigkeiten mit einer Personalvorsorgeeinrichtung .................................................. 110

Sachregister ................................................ 111

# Literaturverzeichnis

ARIOLI KATHRIN, Die Anwendung des Gleichstellungsgesetzes auf öffentlichrechtliche Arbeitsverhältnisse des Bundes, in: HELBLING PETER/POLEDNA TOMAS (Hrsg.), Personalrecht des öffentlichen Dienstes, S. 255 ff., Bern 1999.

AUBERT JEAN-FRANCOIS (Hrsg.), Commentaire de la Constitution fédérale de la Confédération suisse du 29 mai 1874, vol. IV, 6è livr., Bâle 1996.

AUBERT JEAN-FRANCOIS/MAHON PASCAL, Petit commentaire de la Constitution fédérale de la Confédération suisse du 18 avril 1999, Zurich, Bâle, Genève 2003.

AUER ANDREAS, MALINVERNI GIORGIO, HOTTELIER MICHEL, Droit constitutionnel suisse, vol. I, L'État, Berne 2000.

BARDE MICHEL, Efficacité et le droit de la fonction publique, in: SGVW 12 (1990), S. 47 ff.

BELLWALD PETER, Die disziplinarische Verantwortlichkeit des Beamten, Diss. Bern 1985.

BLINDENBACHER RAOUL/HABLÜTZEL PETER/LETSCH BRUNO (Hrsg.), Vom Service Public zum Service au Public: Regierung und Verwaltung auf dem Weg in die Zukunft, Zürich 2000.

BOIS PHILIPP, La cessation des rapports de service à l'initiative de l'employeur dans la fonction publique, in: RJN 1983, S. 9 ff.

BUSER DENISE, Datenschutzrechte des Personals im öffentlichen Arbeitsverhältnis, in: HELBLING PETER/POLEDNA TOMAS (Hrsg.), Personalrecht des öffentlichen Dienstes, S. 371 ff., Bern 1999.

EHRENZELLER BERNHARD/MASTRONARDI PHILIPPE/SCHWEIZER RAINER J./VALLANDER KLAUS A., Die schweizerische Bundesverfassung, Kommentar, Zürich, Basel, Genf 2002. (zit. Autor, St. Galler Kommentar)

EIDGENÖSSISCHES PERSONALAMT (EPA) (Hrsg.), Modernisierung im öffentlichen Personalrecht: Chancen und Grenzen für ein neues Verwaltungsmanagement = Modernisation du statut de la fonction publique: opportunités et barrières pour une nouvelle gestion publique, Schriftenreihe des eidgenössischen Personalamtes = Publications de l'Office fédéral du personnel, Bd. 13, Bern 2000.

EMERY YVES, Leistungslohn im öffentlichen Dienst, Bern 1994.

FELDER GEORGES, Öffentliches Dienstverhältnis, in: Handbuch des Staats- und Verwaltungsrechts des Kantons Basel-Stadt, Basel 1984, S. 431 ff.

FLEINER-GERSTER THOMAS, Grundzüge des allgemeinen und schweizerischen Verwaltungsrechts, 2. Aufl., Zürich 1980. (zit. FLEINER-GERSTER, VwR)

FLEINER FRITZ/GIACOMETTI ZACCARIA, Schweizerisches Bundesstaatsrecht, Zürich 1949.

GERBER DAVID U./HELBLING PETER/SCHNEIDER ULRICH, Personalmanagement und Personalrecht in der Schweizerischen Bundesverwaltung, in: Management & Law, Basel 2003.

GRISEL ANDRÉ, Traité de droit administratif, 2 Bände, Neuchâtel 1984. (zit. GRISEL, Traité II)

GYGI FRITZ, Verwaltungsrecht, Eine Einführung, Bern 1986. (zit. GYGI, VwR)

HABLÜTZEL PETER/HALDEMANN THEO/SCHEDLER KUNO/SCHWAAR KARL (Hrsg.), Umbruch in Politik und Verwaltung: Ansichten und Erfahrungen zum New Public Management in der Schweiz, Bern/Stuttgart/Wien 1995.

HÄFELIN ULRICH/HALLER WALTER, Schweizerische Bundesstaatsrecht, 5. Aufl., Zürich 2001.

HÄFELIN ULRICH/MÜLLER GEORG, Grundriss des allgemeinen Verwaltungsrechts, 4. Aufl., Zürich 2002. (zit. HÄFELIN/MÜLLER, Grundriss)

HAFNER FELIX, Rechtsnatur der öffentlichen Dienstverhältnisse, in: HELBLING PETER/POLEDNA THOMAS (Hrsg.), Personalrecht des öffentlichen Dienstes, S. 181 ff., Bern 1999. (zit. HAFNER, Rechtsnatur)
- Öffentlicher Dienst im Wandel, in: ZBl 1992, S. 481 ff. (zit. HAFNER, Wandel)

HÄNER ISABELLE, Öffentlichkeit und Verwaltung, Diss. Zürich 1990. (zit. HÄNER, Öffentlichkeit)
- Grundrechte im öffentlichen Personalrecht, in: HELBLING PETER/POLEDNA THOMAS (Hrsg.), Personalrecht des öffentlichen Dienstes, S. 395 ff., Bern 1999. (zit. HÄNER, Grundrechte)
- Das Öffentlichkeitsprinzip in der Verwaltung im Bund und in den Kantonen – Neuere Entwicklungen, in: ZBl 104 (2003), S. 281 ff. (zit. HÄNER, Öffentlichkeitsprinzip)

HANGARTNER YVO, Treuepflicht und Vertrauenswürdigkeit der Beamten, in: ZBl 1984, S. 385 ff. (zit. HANGARTNER, Treuepflicht)
- Reform des Beamtendisziplinarrechts, in: ZBl 1970, S. 425 ff. (zit. HANGARTNER, Beamtendisziplinarrecht)
- Entwicklungstendenzen im öffentlichen Dienstverhältnis, in: ZSR 1979 I, S. 389 ff. (zit. HANGARTNER, Entwicklungstendenzen)
- Altersgrenzen für öffentliche Ämter, in: ZBl 104 (2003), S. 339 ff. (zit. HANGARTNER, Altersgrenzen)

HÄNNI FREDI, Bundespersonal: GAV mit Halbheiten, in: Plädoyer 1998, Nr. 4, S. 23 ff. (zit. HÄNNI FREDI)

## Literaturverzeichnis

HÄNNI PETER, Das öffentliche Dienstrecht der Schweiz, dargestellt anhand der Gerichts- und Verwaltungspraxis in Bund und Kantonen, Eine Fallsammlung, Zürich 2002. (zit. HÄNNI, Fallsammlung)
- Die Treuepflicht im öffentlichen Dienstrecht, Diss. Freiburg 1982. (zit. HÄNNI, Treuepflicht)
- Rechte und Pflichten im öffentlichen Dienstrecht, Eine Fallsammlung zur Gerichts- und Verwaltungspraxis in Bund und Kantonen, Freiburg 1993. (zit. HÄNNI, Rechte und Pflichten)
- Personalrecht des Bundes, in: KOLLER HEINRICH/MÜLLER GEORG/RHINOW RENÉ/ZIMMERLI ULRICH, Schweizerisches Bundesverwaltungsrecht, Basel 1996. (zit. HÄNNI in SBVR)

HELBLING PETER, Gesamtarbeitsverträge für den Staatsdienst, in: AJP 7 (1998), S. 899 ff. (zit. HELBLING, GAV)
- Folgen im Personalrecht, in: Auslagerung und Privatisierung von staatlichen und kommunalen Einheiten, S. 75, St. Gallen 2002.
- Totalrevision des eidgenössischen Beamtengesetzes – eine rechtliche Auslegeordnung, in: AJP 2 (1993), S. 647 ff. (zit. HELBLING, Beamtengesetz)
- Entwicklungen im Personalrecht des Bundes; Anmerkungen zum Bundespersonalgesetz (BPG), in: HELBLING PETER/POLEDNA TOMAS, Personalrecht des öffentlichen Dienstes, S. 1 ff., Bern 1999. (zit. HELBLING, BPG)

HELBLING PETER/POLEDNA TOMAS(Hrsg.), Personalrecht des öffentlichen Dienstes, Bern 1999.

HINTERBERGER WALTER, Disziplinarmassnahmen im Recht des öffentlichen Dienstes, unter besonderer Berücksichtigung der Regelungen des Bundes und des Kantons St. Gallen, Diss. St Gallen 1986.

HUG-BEELI GUSTAV, Persönliche Freiheit und besondere Gewaltverhältnisse, Diss. Zürich 1976.

IMBODEN MAX/RHINOW RENÉ., Schweizerische Verwaltungsrechtsprechung, Bd. II, 6. Aufl., Basel/Frankfurt a.M. 1986.

JAAG TOBIAS, Das öffentlichrechtliche Dienstverhältnis im Bund und im Kanton Zürich, ausgewählte Fragen, in: ZBl 1994, S. 433 ff.

JAAG TOBIAS/MÜLLER GEORG/TSCHANNEN PIERRE/ZIMMERLI ULRICH, Ausgewählte Gebiete des Bundesverwaltungsrechts, 5. Aufl., Basel/Genf/München 2003.

JUD ELMAR MARIO, Besonderheiten öffentlichrechtlicher Dienstverhältnisse nach schweizerischem Recht, insbesondere bei deren Beendigung aus nichtdisziplinarischen Gründen, Diss. St. Gallen 1975.

KÄMPFER WALTER, Die ausserdienstliche Meinungsäusserungsfreiheit des Beamten im politischen Bereich in neuerer Sicht, in: FS André Grisel, Neuchâtel 1983, S. 481 ff.

KEISER ANDREAS, Justiziabilität personalrechtlicher Entscheide, in: HELBLING PETER/POLEDNA TOMAS(Hrsg.), Personalrecht des öffentlichen Dienstes, S. 505 ff., Bern 1999.

KILCHENMANN MAX, La révocation des fonctionnaires administratifs, thèse Lausanne, Vevey 1945.

KNAPP BLAISE, La violation du devoir de fidélité, cause de cessation de l'emploi des fonctionnaires fédéraux, in: ZSR 1984 I, S. 489 ff. (zit. KNAPP, fidélité)
– L'engagement et la promotion des agents publics en Suisse, in: RDAF 1982, S. 245 ff. (zit. KNAPP, engagement)

KOLLER HEINRICH/MÜLLER GEORG/RHINOW RENÉ/ZIMMERLI ULRICH, Schweizerisches Bundesverwaltungsrecht, Basel 1996. (zit. Autor, SBVR)

LANG FRITZ, Das Zürcher Personalgesetz vom 27. September 1998, in: HELBLING PETER/POLEDNA TOMAS (Hrsg.), Personalrecht des öffentlichen Dienstes, S. 49 ff., Bern 1999.

MEIER KURT, Der Gesamtarbeitsvertrag im öffentlichen Dienst, in: HELBLING PETER/POLEDNA TOMAS (Hrsg.), Personalrecht des öffentlichen Dienstes, S. 239 ff., Bern 1999.

MERKER MICHAEL, Rechtsschutzsysteme im neuen öffentlichen Personalrecht, in: HELBLING PETER/POLEDNA TOMAS (Hrsg.), Personalrecht des öffentlichen Dienstes, S. 461 ff., Bern 1999.

MEYER CHRISTOPH, Leistungslohn im öffentlichen Dienstrecht, in: HELBLING PETER/POLEDNA TOMAS (Hrsg.), Personalrecht des öffentlichen Dienstes, S. 133 ff., Bern 1999.

MEYER CHRISTOPH/MÜLLER-TSCHUMI THOMAS, Marktlöhne im öffentlichen Personalrecht: Überlegungen zur Bedeutung des Legalitäts- und Gleichheitsprinzips für Lohnregelungen im öffentlichen Dienst am Beispiel des Bundesgerichtsentscheids vom 21. März 2000 betreffend Basler Assistenz- und Oberärzte [ZBl 102 (2001), S. 265 ff.], in: ZBl 102 (2001), S. 249 ff.

MICHEL MATTHIAS, Beamtenstatus im Wandel: Vom Amtsdauersystem zum öffentlichrechtlichen Gesamtarbeitsvertrag, Diss. Zürich 1998.

MINH SON NGUYEN, La fin des rapports de service, in: HELBLING PETER/POLEDNA TOMAS (Hrsg.), Personalrecht des öffentlichen Dienstes, S. 419 ff., Bern 1999.

MOOR PIERRE, Droit administratif, vol. III, Bern 1992.

MOSER ANDRÉ, Der Rechtsschutz im Bund, in: HELBLING PETER/POLEDNA TOMAS (Hrsg.), Personalrecht des öffentlichen Dienstes, S. 533 ff., Bern 1999.

MOSIMANN HANS-JAKOB, Arbeitsrechtliche Minimal Standards für öffentliche Hand ?, in: ZBl 99 (1998), 449 ff.

MÜLLER JÖRG PAUL, Die Grundrechte der Schweizerischen Bundesverfassung, 3. Aufl., Bern 1999. (zit. MÜLLER, Grundrechte)

NIGGLI MARCEL ALEXANDER/WIPRÄCHTIGER HANS (Hrsg.), Strafgesetzbuch I, Art. 1-110 StGB, Kommentar, Basel 2003. (zit. BSK StGB I/II, Autor/in, Artikel und Note)

PERRIN RENÉ, Le secret de fonction en droit fédéral suisse, thèse Neuchâtel, La Chaux-de-Fonds 1947.

PLOTKE HERBERT, Schweizerisches Schulrecht, 2. Aufl., Bern 2003. (zit. PLOTKE, Schulrecht)
- Personalentwicklung und Weiterbildung, in: HELBLING PETER/POLEDNA TOMAS (Hrsg.), Personalrecht des öffentlichen Dienstes, S. 101 ff., Bern 1999. (zit. PLOTKE, Personalentwicklung)

POLEDNA TOMAS, Arbeitszeugnis und Referenzauskünfte des Arbeitgebers im öffentlichen Dienst, ZBl 104 (2003), S. 169. (zit. POLEDNA, Arbeitszeugnis)
- Annäherungen an das Obligationenrecht, in: HELBLING PETER/POLEDNA TOMAS (Hrsg.), Personalrecht des öffentlichen Dienstes, S. 209 ff., Bern 1999. (zit. POLEDNA, Annäherungen)
- Leistungslohn und Legalitätsprinzip, in: Der Verfassungsstaat vor neuen Herausforderungen, FS für Ivo Hangartner, St. Gallen/Lachen 1998, 269 ff. (zit. POLEDNA, Leistungslohn)
- Disziplinarische und administrative Entlassung von Beamten – vom Sinn und Unsinn einer Unterscheidung, in: ZBl 1995, S. 49 ff. (zit. POLEDNA, Entlassung)
- Verfügung und verfügungsfreies Handeln im öffentlichen Personalrecht – ein Praxisüberblick, in: AJP 7 (1998), S. 917 ff. (zit. POLEDNA, Verfügung)

PORTMANN WOLFGANG, Überlegungen zum bundesrechtlichen Kündigungsschutz, LeGes 13 (2002), S. 55-72.

PORTMANN WOLFGANG/STÖCKLI FRITZ, Kollektives Arbeitsrecht: mit einem Anhang zum öffentlichen Arbeitsrecht, Zürich 2004.

RAUSCH HERIBERT, Die Meinungsäusserungsfreiheit der Staatsangestellten, in ZBl 1979, S. 97 ff.

REHBINDER MANFRED, Schweizerisches Arbeitsrecht, 15. Aufl., Bern 2002.

REICHLIN PAUL, Die Schweigepflicht des Verwaltungsbeamten, in ZBl 1952, S. 473 ff. und S. 505 ff.

RHINOW RENÉ A., Privatrechtliche Arbeitsverhältnisse in der öffentlichen Verwaltung, in: FS Frank Vischer, Zürich 1983.

RHINOW RENÉ A./KRÄHENMANN BEAT, Schweizerische Verwaltungsrechtsprechung, Ergänzungsband zur 5. (und unveränderten 6. Auflage) der Schweizerischen Verwaltungsrechtsprechung von Max Imboden und René Rhinow, Basel/Frankfurt a.M. 1990.

RICHLI PAUL, Öffentliches Dienstrecht im Banne leerer Staatskassen: Sanierungsbeitrag durch privatrechtliche Anstellung des Personals?, in: ArbR 1998, S. 27 ff. (zit. RICHLI, ArbR 1998)
- Öffentliches Dienstrecht im Zeichen des New Public Management, Staatsrechtliche Fixpunkte für die Flexibilisierung und Dynamisierung des Beamtenverhältnisses, Bern 1996. (zit. RICHLI, New Public Management)
- New Public Management und Personalrecht, in: HELBLING PETER/POLEDNA TOMAS (Hrsg.), Personalrecht des öffentlichen Dienstes, S. 101 ff., Bern 1999.

RICHNER ERICH, Umfang und Grenzen der Freiheitsrechte der Beamten nach schweizerischem Recht, Diss. Zürich 1954.

SÄGESSER THOMAS, Kommentar zum 5. Titel der schweizerischen Bundesverfassung, in: SÄGESSER THOMAS, Die Bundesbehörden, Bern 2000.

SALADIN PETER, Das Verwaltungsverfahrensrecht des Bundes, Basel/Stuttgart 1979. (zit. SALADIN, Verwaltungsverfahrensrecht)
- Grundrechte im Wandel, 3. Aufl., Bern 1982. (zit. SALADIN, Grundrechte)

SCHROFF HERMAN/GERBER DAVID, Die Beendigung von Dienstverhältnissen in Bund und Kantonen, St. Gallen 1985.

THÜRER DANIEL, AUBERT JEAN-FRANCOIS, MÜLLER JÖRG PAUL (Hrsg.) unter Mitarbeit von OLIVER DIGGELMANN, Verfassungsrecht der Schweiz, Zürich 2001. (zit. Autor, Paragraph)

TRECHSEL STEFAN, Schweizerisches Strafgesetzbuch, Kurzkommentar, 2. Aufl., Zürich 1997.

TSCHANNEN PIERRE, Staatsrecht der Schweizerischen Eidgenossenschaft, Bern 2004.

TSCHANNEN PIERRE/ZIMMERLI ULRICH/KIENER REGINA, Allgemeines Verwaltungsrecht, Zürich 2000.

TSCHUDI HANS PETER, Die Ordnung der Arbeit durch die Bundesverfassung in: HALLER WALTER, KÖLZ ALFRED, MÜLLER GEORG, THÜRER DANIEL, Im Dienst an der Gemeinschaft, FS für Dietrich Schindler, Basel/Frankfurt am Main 1989.

VISCHER GEORG, Privatrechtliche Arbeitsverhältnisse bei staatlichen Organisationen, Diss. Basel 1989.

WEILER HAGEN, Verfassungstreue im öffentlichen Dienst. Dokumentation und Kritik politischer Justiz und Rechtslehre zur politischen Meinungsfreiheit des Beamten, Göttingen 1979.

Wyss Thomas, Die dienstrechtliche Stellung des Volksschullehrers im Kanton Zürich, Diss. Zürich 1986.

Zwicker Jacqueline, Geschlechterquoten, in: Helbling Peter/Poledna Tomas (Hrsg.), Personalrecht des öffentlichen Dienstes, S. 281 ff., Bern 1999.

# Rechtsquellenverzeichnis

Nachfolgend findet sich eine sich an die Systematik der SR-Nummern anlehnende Aufstellung der wichtigsten Rechtsquellen für das Personalrecht des Bundes. Die einschlägigen Erlasse werden im Text mit den angegebenen Abkürzungen zitiert; für einzelne spezifischere Gesetze und Verordnungen sei auf die Fussnoten verwiesen.

| | |
|---|---|
| 0.101 | Konvention zum Schutze der Menschenrechte und Grundfreiheiten vom 4. November 1950 (EMRK) |
| 101 | Bundesverfassung der Schweizerischen Eidgenossenschaft vom 18. April 1999 (BV) |
| 120.4 | Verordnung über die Personensicherheitsprüfungen vom 19. Dezember 2001 (PSPV) |
| 151 | Bundesgesetz über die Gleichstellung von Frau und Mann vom 24. März 1995 (GlG) |
| 170.32 | Bundesgesetz über die Verantwortlichkeit des Bundes sowie seiner Behördenmitglieder und Beamten (Verantwortlichkeitsgesetz) vom 14. März 1958 (VG) |
| 171.10 | Bundesgesetz über die Bundesversammlung vom 13. Dezember 2002 (ParlG) |
| 171.115 | Verordnung der Bundesversammlung zum Parlamentsgesetz und über die Parlamentsverwaltung vom 3. Oktober 2003 (ParlVV) |
| 172.010 | Regierungs- und Verwaltungsorganisationsgesetz vom 21. März 1997 (RVOG) |
| 172.010.321 | Verordnung über das Statut des Personals des Eidgenössischen Instituts für Geistiges Eigentum vom 30. September 1996 (IGE-PersV) |
| 172.021 | Bundesgesetz über das Verwaltungsverfahren vom 20. Dezember 1968 (VwVG) |
| 172.058.41 | Verordnung über die Zuteilung von Parkplätzen in der Bundesverwaltung vom 20. Mai 1992 |
| 172.058.42 | Verordnung über die Zuteilung von Parkplätzen bei den eidgenössischen Rekurs- und Schiedskommissionen vom 1. Mai 1997 |

| | |
|---|---|
| 172.121 | Bundesgesetz über Besoldung und berufliche Vorsorge der Magistratspersonen vom 6. Oktober 1989 |
| 172.121.1 | Verordnung der Bundesversammlung über Besoldung und berufliche Vorsorge der Magistratspersonen vom 6. Oktober 1989 |
| 172.217.2 | Verordnung über den Flugdienst beim eidgenössischen Departement für Umwelt, Verkehr, Energie und Kommunikation vom 4. Oktober 1999 (Flugdienstverordnung, FDO) |
| 172.220.1 | Bundespersonalgesetz vom 24. März 2000 (BPG) |
| 172.220.11 | Rahmenverordnung zum Bundespersonalgesetz vom 20. Dezember 2000 (Rahmenverordnung BPG) |
| 172.220.111.1 | Verordnung über die Überführung der nach dem Beamtengesetz begründeten Dienstverhältnisse in Arbeitsverhältnisse nach dem Bundespersonalgesetz vom 3. Juli 2001 (Überführungsverordnung BtG-BPG) |
| 172.220.111.2 | Verordnung über die Inkraftsetzung des Bundespersonalgesetzes für die Bundesverwaltung, das Bundesgericht und die Parlamentsdienste sowie über die Weitergeltung und Aufhebung von Bundesrecht vom 3. Juli 2001 (Inkraftsetzungsverordnung BPG für die Bundesverwaltung) |
| 172.220.111.3 | Bundespersonalverordnung vom 3. Juli 2001 (BPV) |
| 172.220.111.31 | Verordnung des EFD zur Bundespersonalverordnung vom 6. Dezember 2001 (VBPV) |
| 172.220.111.310.1 | Verordnung des EDA über die den Bundesangestellten bei ihrem Einsatz in internationalen Organisationen ausgerichteten Leistungen vom 8. März 2002 |
| 172.220.111.310.2 | Verordnung des VBS über das militärische Personal vom 9. Dezember 2003 (V Mil Pers) |
| 172.220.111.310.3 | Verordnung des EFD über zinsvergünstigte Hypothekardarlehen vom 10. Dezember 2001 (Hypothekardarlehensverordnung-EFD) |
| 172.220.111.342.1 | Verordnung des VBS über die Zulagen im Flug- und Fallschirmsprungdienst des VBS vom 15. Mai 2003 (Flugzulagenverordnung VBS) |
| 172.220.111.343.1 | Verordnung des VBS über die Bewertung der besonderen Funktionen im VBS vom 14. November 2001 (Funktionsbewertungsverordnung VBS) |

| | |
|---|---|
| 172.220.111.343.2 | Verordnung des EDI über die Bewertung der besonderen Funktionen im EDI vom 28. März 2002 (Funktionsbewertungsverordnung EDI) |
| 172.220.111.343.3 | Verordnung des EDA zur Bundespersonalverordnung vom 20. September 2002 (VBPV-EDA) |
| 172.220.111.4 | Verordnung über den Schutz von Personaldaten in der Bundesverwaltung vom 3. Juli 2001 |
| 172.220.111.6 | Verordnung über die auf Amtsdauer gewählten Angestellten vom 17. Oktober 2001 (Amtsdauerverordnung) |
| 172.220.111.7 | Verordnung über das Personal der Reinigungsdienste vom 30. November 2001 |
| 172.220.112 | Verordnung über die Inkraftsetzung des Bundespersonalgesetzes für die SBB und über die Weitergeltung von Bundesrecht vom 20. Dezember 2000 (Inkraftsetzungsverordnung BPG für die SBB) |
| 172.220.113 | Personalverordnung für den Bereich der Eidgenössischen Technischen Hochschule vom 15. März 2001 (Personalverordnung ETH-Bereich) |
| 172.220.113.11 | Verordnung über das wissenschaftliche Personal der Eidgenössischen Technischen Hochschule vom 4. Dezember 2001 |
| 172.220.113.40 | Verordnung des ETH-Rates über die Professorinnen und Professoren der Eidgenössischen Technischen Hochschulen vom 18. September 2003 (Professorenverordnung ETH) |
| 172.220.114 | Personalverordnung des Bundesgerichts vom 27. August 2001 (PVBger) |
| 172.220.114.1 | Verordnung des Bundesgerichts betreffend die Eidgenössischen Untersuchungsrichter vom 10. Januar 2002 (UR-Verordnung Bundesgericht; URVBger) |
| 172.220.115 | Personalverordnung des Eidgenössischen Versicherungsgerichts vom 23. Oktober 2001 (PVEVG) |
| 172.220.116 | Verordnung über die Inkraftsetzung des Bundespersonalgesetzes für die Post und über die Weitergeltung von Bundesrecht vom 21. November 2001 (Inkraftsetzungsverordnung BPG für die Post) |
| 172.220.117 | Verordnung über die Arbeitsverhältnisse des Personals des Bundesstrafgerichts (PVSG) |

| | |
|---|---|
| 172.220.12 | Verordnung über die Entlöhnung und weitere Vertragsbedingungen der obersten Kader und Leitungsorgane von Unternehmen und Anstalten des Bundes vom 19 Dezember 2003 (Kaderlohnverordnung) |
| 172.221.10 | Beamtengesetz vom 30. Juni 1927 (BtG) |
| 172.221.104.4 | Verordnung über den Einsatz von Personal bei friedenserhaltenden Aktionen und Guten Diensten vom 24. April 1996 |
| 172.221.110 | Verordnung über die Überführung des beamtenrechtlichen Besoldungssystems in das Lohnsystem nach der Bundespersonalverordnung und über die Versicherung des Lohnes vom 30. November 2001 (Lohnüberführungsverordnung, LÜV) |
| 172.222.0 | Bundesgesetz über die Pensionskasse des Bundes vom 23. Juni 2000 (PKB-Gesetz) |
| 173.110 | Bundesgesetz über die Organisation der Bundesrechtspflege (Bundesrechtspflegegesetz) vom 16. Dezember 1943 (OG) |
| 210 | Schweizerisches Zivilgesetzbuch vom 10. Dezember 1907 |
| 220 | Bundesgesetz vom 30. März 1911 betreffend die Ergänzung des Schweizerischen Zivilgesetzbuches (Fünfter Teil: Obligationenrecht) (OR) |
| 235.1 | Bundesgesetz über den Datenschutz vom 19. Juni 1992 (DSG) |
| 311.0 | Schweizerisches Strafgesetzbuch vom 21. Dezember 1937 (StGB) |
| 784.11 | Bundesgesetz über die Organisation der Telekommunikationsunternehmung des Bundes vom 30. April 1997 (Telekommunikationsunternehmensgesetz, TUG) |
| 812.215.4 | Verordnung über das Personal des Schweizerischen Heilmittelinstituts vom 28. September 2001 |
| 934.21 | Bundesgesetz vom 10. Oktober 1997 über die Rüstungsunternehmen des Bundes (BGRB) |
| GAV-Post | Gesamtarbeitsvertrag der Schweizerischen Post, gültig ab 1. Januar 2002 |
| GAV-SBB | Gesamtarbeitsvertrag der Schweizerischen Bundesbahnen, Juli 2000 |

# Materialien

Botschaft zu einem Postorganisationsgesetz und zu einem Telekommunikationsunternehmungsgesetz vom 10. Juni 1996, BBl 1996 III 1306.

Botschaft über eine neue Bundesverfassung vom 20. November 1996, BBl 1997 I 1.

Botschaft zum Bundespersonalgesetz (BPG) vom 14. Dezember 1998, BBl 1999 II 1597.

Bericht der Geschäftsprüfungskommission des Nationalrates über Nebenbeschäftigungen von Beamten und die beruflichen Aktivitäten ehemaliger Beamter unter dem besonderen Blickwinkel der Interessenkonflikte, BBl 1999 X 9734.

Botschaft zum Bundesgesetz über die Öffentlichkeit der Verwaltung, BBl 2003 II 1963.

Verhaltenskodex der allgemeinen Bundesverwaltung. Der Verhaltenskodex ist im personalpolitischen Leitbild verankert, BBl 2004 2233

Personalpolitische Leitsätze für die Bundesverwaltung, BBl 2004 2235.

# Abkürzungsverzeichnis

Für die einschlägigen Erlasse zum Personalrecht des Bundes wird auf das Rechtsquellenverzeichnis verwiesen.

| | |
|---|---|
| aBV | Bundesverfassung der Schweizerischen Eidgenossenschaft vom 29. Mai 1874 |
| AG | Kanton Aargau |
| AHV | Alters- und Hinterlassenenversicherung |
| a.M. | anderer Meinung |
| AmtlBull (NR/StR) | Amtliches Bulletin der Bundesversammlung (Nationalrat/Ständerat) |
| Anh. | Anhang |
| Abs. | Absatz |
| AJP | Aktuelle Juristische Praxis |
| a.M. | anderer Meinung |
| ArbR | Mitteilungen des Instituts für Schweizerisches Arbeitsrecht |
| Art. | Artikel |
| Aufl. | Auflage |
| BBl | Schweizerisches Bundesblatt |
| Bd. | Band |
| BFF | Bundesamt für Flüchtlingswesen |
| BG | Bundesgesetz |
| BGE | Amtliche Sammlung der Entscheidungen des Schweizerischen Bundesgerichts |
| BGer | Bundesgericht |
| BGÖ-Entwurf | Entwurf Bundesgesetz über die Öffentlichkeit der Verwaltung |
| BL | Kanton Basel-Landschaft |
| BR | Bundesrat |
| BRB | Bundesratsbeschluss |
| BSK | Basler Kommentar |
| BVR | Bernische Verwaltungsrechtsprechung |
| bzw. | beziehungsweise |
| DEZA | Direktion für Entwicklung und Zusammenarbeit |
| d.h. | das heisst |
| Diss. | Dissertation |
| E | Entwurf |
| E. | Erwägung |
| EBGG | Entwurf Bundesgerichtsgesetz |
| EDA | Eidgenössisches Departement für auswärtige Angelegenheiten |
| EDI | Eidgenössisches Departement des Innern |

## Abkürzungsverzeichnis

| | |
|---|---|
| EFD | Eidgenössisches Finanzdepartment |
| Eidg. | Eidgenössisch(e) |
| EJPD | Eidgenössisches Justiz- und Polizeidepartement |
| EPA | Eidgenössisches Personalamt |
| ETH | Eidgenössische Technische Hochschulen |
| EU | Europäische Union |
| EuGH | Gerichtshof der Europäischen Gemeinschaft |
| EVGG | Entwurf Verwaltungsgerichtsgesetz |
| f., ff. | folgende, fortfolgende |
| Fn | Fussnote |
| FS | Festschrift, Festgabe |
| GAV | Gesamtarbeitsvertrag |
| GD | Generaldirektion |
| GPK | Geschäftsprüfungskommission |
| Hrsg. | Herausgeber |
| IGEG | Eidgenössisches Institut für geistiges Eigentum |
| IV | Invalidenversicherung |
| i.V.m. | in Verbindung mit |
| JAR | Jahrbuch des schweizerischen Arbeitsrechts |
| LeGes | LeGes – Gesetzgebung & Evaluation |
| LGVE | Luzerner Gerichts- und Verwaltungsentscheide |
| LU | Kanton Luzern |
| lit. | litera (Buchstabe) |
| m.E. | meines Erachtens |
| N | Note |
| NR | Nationalrat |
| Nr. | Nummer |
| NZZ | Neue Zürcher Zeitung |
| o. | oben |
| PKB | Pensionskasse des Bundes |
| Post | Die Schweizerische Post |
| PRK | Personalrekurskommission |
| RB ZH | Rechenschaftsbericht des Verwaltungsgerichts des Kantons Zürich |
| RDAF | Revue de droit administratif et de droit fiscal |
| RDAT | Rivista di diritto amministrativo ticinese |
| resp. | respektive |
| RJJ | Revue jurassienne de jurisprudence |
| RJN | Revue de Jurisprudence Neuchâteloise |
| RRat | Regierungsrat |
| Rs. | Rechtssache |
| RUAG | Rüstungs AG Schweiz |
| Rz. | Randziffer |
| S. | Seite |
| SBB | Schweizerische Bundesbahnen |

## Abkürzungsverzeichnis

| | |
|---|---|
| SBVR | Schweizerisches Bundesverwaltungsrecht |
| SGGVP | St. Gallische Gerichts- und Verwaltungspraxis |
| SGVW | Schriftenreihe der Schweizerischen Gesellschaft für Verwaltungswissenschaften |
| SJ | Semaine Judiciaire |
| SJZ | Schweizerische Juristen-Zeitung |
| sog. | sogenannt(e) |
| StR | Ständerat |
| SUVA | Schweizerische Unfallversicherungsanstalt |
| SZ | Kanton Schwyz |
| u. | unten |
| u.a. | unter anderem (anderen) |
| unv. | unveröffentlicht(e) |
| usw. | und so weiter |
| u.U. | unter Umständen |
| V | Verordnung |
| VBS | Eidgenössisches Departement für Verteidigung, Bevölkerungsschutz und Sport |
| VE 95 | Verfassungsentwurf des Bundesrats 1995 (Vernehmlassungsentwurf) |
| VE 96 | Verfassungsentwurf 1996 (BBl 1997 I 589 ff.) |
| VerwGer | Verwaltungsgericht |
| vol. | volume = Band |
| vgl. | vergleiche |
| VPB | Verwaltungspraxis der Bundesbehörden (ab 1964) |
| z.B. | zum Beispiel |
| ZBl | Schweizerisches Zentralblatt für Staats- und Verwaltungsrecht |
| Ziff. | Ziffer |
| zit. | zitiert |
| ZR | Blätter für Zürcherische Rechtsprechung |
| ZSR | Zeitschrift für Schweizerisches Recht |

# Erstes Kapitel
# Grundlagen

## § 1 Überblick und einleitende Vorbemerkungen

### I. Überblick

Der Ruf von Wirtschaft und Gesellschaft nach mehr Effizienz und Effektivität hat in den Verwaltungen in Bund und Kantonen schon vor einigen Jahren einen tief greifenden *Wandel* eingeleitet. Nie zuvor war das Tempo der Entwicklung so hoch und selten sind die Anforderungen an den Service public so schnell gestiegen. Der Staat soll seine Aufgaben stärker nach wirtschaftlichen Kriterien richten, ohne dabei seine Dienstleistungen zu reduzieren. Von ihm wird ein zielgerichtetes und angesichts der knappen finanziellen Ressourcen möglichst kostengünstiges Agieren erwartet. Das erfordert unter anderem auch ein modernes und dynamisches Personalmanagement. Zahlreiche kantonale und kommunale Dienstordnungen, die diesen Kriterien nicht mehr zu genügen vermochten, wurden bereits revidiert oder ersetzt.

Auch der Bund hat seine Gesetzgebung angepasst. Das mehrfach teilrevidierte Beamtengesetz von 1924 musste dem neuen Bundespersonalgesetz vom 24. März 2000 (BPG) weichen. Das neue Gesetz bestimmt die zu verfolgenden Ziele, ohne den Weg zum gewünschten Resultat vorzugeben, und verschafft damit der Verwaltung den nötigen Handlungsspielraum für eine zeitgemässe, soziale Personalwirtschaft mit flexiblen Regelungen. Es soll die Erfüllung der arbeitsrechtlichen Aufgaben des Bundes ermöglichen, indem es den Beamtenstatus abschafft und durch kündbare öffentlichrechtliche Anstellungsverhältnisse mit ausgebautem Kündigungsschutz auf der Grundlage von individuellen Arbeitsverträgen ersetzt. Die Annäherung an die obligationenrechtlichen Normen ist nicht zu verkennen. Zu den weiteren wichtigen *Neuerungen* gehören das Lohnsystem mit Berücksichtigung von Leistungskriterien, die Vereinfachung des Beschwerdeverfahrens sowie die Möglichkeit, Gesamtarbeitsverträge abzuschliessen.

Das BPG ist ein bewusst kurz gehaltener Erlass mit nur 42 Artikeln. Viele Kompetenzen, die unter dem BPG dem Parlament zustanden, wurden der Exekutive übertragen. Auch Subdelegationen an Departemente, Ämter oder sogar private Unternehmungen und Organisationen sind möglich. Zu erwähnen ist auch, dass bei der Ausarbeitung des Gesetzes bewusst auf die Kompatibilität mit dem *europäischen Standard* Rücksicht genommen wurde.

## II. Vorbemerkungen

4   Der vorliegende Kommentar befasst sich grundsätzlich nur mit der Situation *de lege lata*. Mit dem BPG ist der wichtigste Teil der Revision des Dienstrechts des Bundes verabschiedet worden. Es werden jedoch noch immer Teilbereiche und gewisse spezifische Fragen in Hinblick auf eine Neuregelung bearbeitet, so zum Beispiel die Frage der Nebenbeschäftigungen von Angehörigen des diplomatischen Korps. Wo nötig wird auf den Stand der Arbeiten hingewiesen.

5   Eine *zweite* Vorbemerkung betrifft die Art und Weise des hier eingeschlagenen Vorgehens. Im Unterschied zu der namentlich vom Privatrecht her bekannten Kommentierungsweise, wo Artikel für Artikel eines bestimmten Gesetzes behandelt werden, ist dieses Vorgehen im vorliegenden Kontext kaum sinnvoll. Dies hat seinen (Haupt-)Grund darin, dass die zu kommentierenden Gesetzesbestimmungen nicht einer so strengen Systematik gehorchen, wie das beispielsweise für das OR oder das ZGB zutrifft. Zudem gilt es, für das Verständnis von Artikeln des Bundespersonalgesetzes auch die ausführenden Erlasse heranzuziehen. Schliesslich erlaubt auch der zur Verfügung stehende Raum eine umfassende wörtliche Wiedergabe der einschlägigen Gesetzes- und Verordnungsvorschriften nicht, d.h., es muss aus der Gesamtheit der bestehenden Regelungen eine nach Relevanzkriterien vorgenommene Auswahl erfolgen. Dabei bilden die für die allgemeine Bundesverwaltung geltenden Bestimmungen den Normalfall, von dem grundsätzlich auszugehen ist. Besondere Vollzugsbestimmungen werden nur behandelt, wenn sie davon abweichen. Der konkreten Darstellung des Personalrechts des Bundes wird deshalb die oben erwähnte eigene Systematik zugrunde gelegt, die mit derjenigen des Bundespersonalgesetzes nicht ganz übereinstimmt. Für die Kommentierung von grosser Bedeutung ist sodann die Gerichts- und Verwaltungspraxis, obwohl zum BPG erst wenige Entscheide ergangen sind. Diese werden selbstverständlich berücksichtigt, und wo die Rechtsprechung zum alten Beamtengesetz ihre Gültigkeit behält, wird darauf hingewiesen.

6   Die *dritte* Vorbemerkung hängt mit diesen Überlegungen unmittelbar zusammen. Im Rahmen der Kommentierung wird nicht der Anspruch erhoben, eine in sich geschlossene Theorie des öffentlichen Dienstrechts vorzustellen, denn ein solcher Anspruch wäre zum einen kaum einlösbar, und zum anderen würde er die Gefahr mit sich bringen, der mehr an pragmatischen Gesichtspunkten orientierten Gerichts- und Verwaltungspraxis nicht gerecht werden zu können. Das soll umgekehrt nicht heissen, dass überhaupt keine theoretisch-dogmatischen Überlegungen in die Kommentierung einfliessen werden, doch bilden solche Überlegungen kein in sich geschlossenes abstraktes Denkgebäude, auf das im Sinne eines generellen Erklärungsmusters für das Verständnis des Personalrechts des Bundes zurückgegriffen werden könnte.

7   Eine *letzte* Vorbemerkung bezieht sich auf die sprachliche Gleichbehandlung von Frau und Mann in diesem Kommentar. Es soll versucht werden, diesem An-

liegen in geeigneter Weise Rechnung zu tragen, indem weibliche und männliche oder geschlechtsneutrale Formulierungen verwendet werden. Dennoch wird es sich gelegentlich nicht vermeiden lassen, sich ausschliesslich der herkömmlichen männlichen Form zu bedienen, um dadurch die Lesbarkeit oder die Verständlichkeit des Textes zu gewährleisten. Wir bitten deshalb die Leserinnen um Nachsicht.

## III. Das Eidgenössische Personalamt

Im Sinne einer einleitenden Vorbemerkung eigener Art drängt sich ein Hinweis auf das Eidgenössische Personalamt (EPA) auf. Grundsätzlich ist der Bundesrat für die Koordination und das Controlling der Personalpolitik zuständig (Art. 5 BPG). Er hat jedoch in Art. 18 BPV von seiner Delegationsbefugnis[1] Gebrauch gemacht und die Steuerungskompetenzen dem Eidgenössischen Finanzdepartement und dem diesem unterstellten EPA übertragen. Das EPA hat dabei gemäss Art. 18 Abs. 3 BPV zahlreiche Aufgaben wahrzunehmen. Unter anderem erarbeitet und formuliert es die Personalpolitik, bereitet die personalpolitischen Vorlagen des Bundesrates vor, stellt Ausbildungs- und Beratungsangebote bereit, führt ein Personalinformationssystem, stellt das Controlling sicher, stellt die Grundlagen für die Berichterstattung bereit, führt einen Dienst für die Personal- und Sozialberatung und ist zuständig für die Ausschreibung offener Stellen. Vor diesem Hintergrund wird deutlich, dass das EPA die zentrale Drehscheibe in Fragen des Bundespersonalrechts darstellt, dessen Bedeutung mit dem In-Kraft-Treten des BPG noch gestiegen ist und kaum mehr unterschätzt werden kann.

8

## § 2 Die verfassungsrechtlichen Rahmenbedingungen

Die Bundesverfassung enthält eine Anzahl von nicht zusammenhängenden Bestimmungen, die sich unmittelbar oder mittelbar auf das Dienstrecht des Bundespersonals beziehen. Die BV regelt zunächst die Kompetenzabgrenzung zwischen Bundesversammlung und Bundesrat (Art. 164 Abs. 1 lit. g, Art. 167–173 bzw. Art. 180, Art. 183, Art. 187 BV). Sodann enthält die Verfassung Unvereinbarkeitsbestimmungen (Art. 144). Weiter finden sich Vorschriften über das Verfahren (Art. 190 Abs. 1 und Art. 188 Abs. 2) sowie über die Verantwortlichkeit der Bundesorgane (Art. 146). Schliesslich hat das Dienstrecht den materiellen Bestimmungen der Verfassung Rechnung zu tragen, namentlich den geschriebenen und ungeschriebenen Grundrechten, den Grundsätzen des Verwaltungshandelns unter Einbezug der Verfahrensgarantien sowie den Bestimmungen der EMRK. Das materielle Verfassungsrecht bildet zugleich die inhaltliche und for-

9

---

1 Vgl. Art. 5 Abs. 3 BPG.

melle Schranke für die Bestimmung des Umfangs der Dienst- und Treuepflichten der Bediensteten und ist daher bei den Pflichten des Bundespersonals zu behandeln. Hier sollen nur die Zuständigkeitsordnung, die Unvereinbarkeits-, Verfahrens- und Verantwortlichkeitsbestimmungen kurz dargestellt werden.

## I. Die Zuständigkeitsordnung

### 1. Die Kompetenzen der Bundesversammlung

10   Die Bundesversammlung ist zuständig für die *Regelung der Dienstverhältnisse* des Bundespersonals und für die Besoldung und Entschädigung der Mitglieder der Bundesbehörden. Das wird zwar in der Bundesverfassung nicht mehr ausdrücklich erwähnt[2], kann aber als Wahrnehmung der Organisationsgewalt des Parlamentes im Sinne von Art. 164 Abs. 1 lit. g BV betrachtet werden[3]. Damit drängt sich die Frage nach dem erfassten Personenkreis auf. Sodann ist zu prüfen, was unter Besoldung und Entschädigung zu verstehen ist, und schliesslich muss die Form bestimmt werden, in der das Parlament diese Verantwortung wahrnehmen soll. Daneben sind die Zuständigkeiten für das Budget, die Wahl und die *Oberaufsicht* der Bundesversammlung gemäss Art. 167–169 BV zu erwähnen.

*a) Die Regelung der Dienstverhältnisse des Bundespersonals*

11   Was den erfassten Personenkreis angeht, steht ohne weiteres fest, dass damit zunächst alle Personen gemeint sind, die dem BPG unterstehen[4]. Dabei handelt es sich um das Personal der Bundesverwaltung, der Parlamentsdienste, der Post und der SBB[5], der dezentralisierten Verwaltungseinheiten, der eidgenössischen Schieds- und Rekurskommissionen sowie des Bundesgerichts. Ebenfalls zu diesem Kreis gehören die von der Bundesversammlung gewählten Personen[6], obwohl das BPG auf diese nicht anwendbar ist[7]. Nicht unter diese Vorschrift fallen die mittels privatrechtlichem Vertrag in Dienst genommenen Mitarbeiter, die vorübergehend angestellten Personen sowie die Lehrlinge[8].

12   Art. 164 Abs. 1 lit. g BV statuiert eine klare Vorgabe zur Planung und Organisation des Personalwesens, ist aber sehr weit gefasst. Er schweigt sich über die Anstellungsform und über die Kriterien für eine mögliche Differenzierung zwischen

---

2  Vgl. demgegenüber Art. 85 Ziff. 3 aBV.
3  BBl 1997 I 398.
4  Art. 2 BPG.
5  Vgl. Art. 1 Inkraftsetzungsverordnung BPG für die SBB; BGE vom 10. Februar 2004 (2A. 518/2003), E. 3.1.
6  Vgl. Art. 168 Abs. 1 BV.
7  Art. 2 Abs. 2 BPG.
8  So schon die Auffassung des Bundesamtes für Justiz zu Art. 85 Abs. 3 aBV in einem Rechtsgutachten zuhanden des Eidgenössischen Personalamtes vom 12. Juli 1991, S. 6 f.

verschiedenen *Dienstformen* aus. Die BV schreibt auch nicht vor, dass die Dienstverhältnisse öffentlichrechtlicher Natur sein müssen[9]. Sie überlässt es dem gesetzgeberischen Ermessen der Bundesversammlung, die Anstellungen dem öffentlichen Recht zu unterstellen oder die privatrechtlichen Bestimmungen des Obligationenrechts für anwendbar zu erklären. Gewisse Kreise sehen darin die Möglichkeit, die begonnene Reform des Personalrechts weiter zu führen und dieses in Zukunft privatrechtlich zu regeln[10]. Anstellungen auf privatrechtlicher Grundlage dürfen allerdings nicht dazu dienen, die Pflichten zu umgehen, die dem Staat – auch als Arbeitgeber – aus Art. 35 BV erwachsen. Das Legalitätsprinzip, die Rechtsgleichheit, das Willkürverbot und das Verhältnismässigkeitsprinzip beanspruchen auch in diesem Fall ihre volle Gültigkeit. Die aktuelle Rechtsprechung und die herrschende Lehre geben denn auch der öffentlichrechtlichen Regelung des Personalrechts den Vorzug[11].

*b) Die Festsetzung der Löhne*

Die Bundesversammlung ist grundsätzlich zuständig für die Besoldung und Entschädigung der Mitglieder der Bundesbehörden, sie hat aber ihre Kompetenz für alle dem BPG unterstellten Bediensteten an den Bundesrat delegiert[12]. Dieser hat die Löhne, die Zulagen und das Verfahren für die Einteilung in die Lohnklassen in den Art. 36 bis 55 BPV eingehend geordnet. Diese Delegation ist verfassungsrechtlich ohne weiteres zulässig. Die Bundesversammlung verfügt insbesondere bei der Festsetzung des Budgets über adäquate Instrumente zur Steuerung der Lohnstruktur[13]. Die Höhe der Besoldung der Mitglieder des Bundesrats und des Bundesgerichts sowie des Bundeskanzlers oder der Bundeskanzlerin hat sie in einem besonderen Gesetz und der dazugehörigen parlamentarischen Verordnung geregelt[14].  13

*c) Die Erlassformen*

Gemäss Art. 164 Abs. 1 BV sind alle wichtigen rechtsetzenden Bestimmungen in der Form des Bundesgesetzes zu erlassen[15]. Dazu gehören, neben den Bestimmungen über die Ausübung politischer Rechte, die Aufgaben des Bundes oder die Verpflichtungen der Kantone, namentlich auch die grundlegenden Bestimmungen über die Einschränkungen verfassungsmässiger Rechte, über die Rechte und Pflichten von Personen sowie über die Organisation und das Verfahren der  14

---

9 Zur Rechtsnatur des Dienstverhältnisses vgl. HAFNER, Rechtsnatur, S. 181 ff.
10 Parlamentarische Initiative ALLENSPACH, AmtlBull NR 1991, 1489.
11 BGE 118 II 213, S. 217 f. mit Hinweisen; statt vieler MICHEL, S. 195 f. und POLEDNA, Annäherungen, S. 211.
12 Art. 15–17 i.V.m. Art. 37 Abs. 1 BPG.
13 Vgl. unten Rz 16.
14 BG und V der Bundesversammlung über Besoldung und berufliche Vorsorge der Magistratspersonen (SR 172.121 resp. SR 172.121.1).
15 Art. 164 Abs. 1 Satz 1 BV wird in Art. 22 Abs. 1 ParlG wiederholt.

Bundesbehörden. Das bedeutet für das Personalrecht, dass zumindest die Grundsätze der aus dem Arbeitsverhältnis entstehenden Rechte und Pflichten in einem referendumspflichtigen Erlass festgelegt sein müssen. Das BPG regelt alle Grundsätze des Bundespersonalrechts, beschränkt sich aber weitgehend auf die grundlegenden Bestimmungen im Sinne von Art. 164 Abs. 1 lit. b, c und g BV. Was die Regelung der einzelnen Dienstverhältnisse angeht, ist davon auszugehen, dass die zur alten BV ergangene Praxis, wonach auch ein einfacher Bundesbeschluss möglich ist[16], weiterhin Gültigkeit hat[17]. Die erforderliche Wichtigkeit für eine formell-gesetzliche Regelung dürfte bei den Dienstverhältnissen allgemein wohl nicht erreicht sein[18].

### d) Die Zuständigkeit für die Wahlen, die Finanzen und die Oberaufsicht

15 Art. 168 BV sieht die Möglichkeit vor, dass das Gesetz der Bundesversammlung – neben der Wahl des Bundesrates, des Bundesgerichtes, des Kanzlers und im Kriegsfall des Generals – weitere Wahlkompetenzen überträgt oder für Wahlen, die von anderen Behörden vorgenommen werden, eine Bestätigung durch die Bundesversammlung verlangt wird[19]. Das BPG hat von diesen Möglichkeiten wie schon das BtG keinen Gebrauch gemacht[20].

16 Von ungleich grösserer Bedeutung ist die in Art. 167 BV enthaltene Kompetenz der Bundesversammlung, über den vom Bundesrat aufgestellten Voranschlag[21] sowie über die Ausgaben des Bundes zu beschliessen. Zusammen mit der sich aus Art. 164 Abs. 1 lit. g BV ergebenden Möglichkeit der Personalkontingentierung stellt diese Zuständigkeit des Parlamentes ein effizientes Steuerungs- und Kontrollmittel im Bereich des Bundespersonalrechts dar[22].

17 Schliesslich kann die Bundesversammlung kraft ihres Oberaufsichtsrechts nach Art. 169 BV auch im Sinne einer auf die Zukunft gerichteten Korrektur in die im Übrigen der Exekutive vorbehaltenen Zuständigkeiten eingreifen. Damit kann das Parlament zwar die Verwaltung nicht selber führen, aber immerhin mittels nachträglicher Kontrollen das Handeln des Bundesrats auf seine Recht- und Zweckmässigkeit hin prüfen[23]. In den gleichen Kontext gehört das Kontrollrecht

---

16 AUBERT, Kommentar zu Art. 85 (a)BV, Rz 22 ff.; FLEINER/GIACOMETTI, S. 463 ff.
17 In diesem Sinne auch AUBERT/MAHON, Kommentar zu Art. 164 BV, Rz 42.
18 Vgl. zum Wichtigkeitskriterium SUTTER-SOMM, St. Galler Kommentar zu Art. 164, Rz 19 f.; AUBERT/MAHON, Kommentar zu Art. 164, Rz 25.
19 Vgl. dazu SÄGESSER, Rz 566 ff., S. 327 ff.
20 Anders z.B. das OG für die Wahl des Präsidenten und des Vizepräsidenten des Bundesgerichtes und des eidgenössischen Versicherungsgerichts (Art. 6 Abs. 1 und Art. 132 OG). Weitere Ausnahmen bei EHRENZELLER, St. Galler Kommentar zu Art. 168, N 15.
21 Art. 183 Abs. 1 BV; vgl. auch Art. 25 ParlG.
22 HELBLING, AJP 2 (1993), S. 650; vgl. dazu auch ZIMMERLI, § 66 Bundesversammlung, Rz 28, S. 1040 f.
23 Art. 26 ParlG. Vgl. auch BBl 1997 I 396; STAUFFER, Art. 167 St. Galler Kommentar zu Art. 167 BV, Rz 27; ZIMMERLI, § 66 Bundesversammlung, Rz 30 f., S. 1041 ff. Als Beispiel ist der Bericht der GPK NR über die Nebenbeschäftigungen von Beamten, BBl 1999 X 9734 ff., zu erwähnen, in

der Bundesversammlung über die Koordination und Steuerung der Umsetzung der Personalpolitik durch den Bundesrat[24].

## 2. Die Zuständigkeiten des Bundesrates

Art. 180 ff. BV ordnet die Zuständigkeiten des Bundesrates in einer nicht abschliessenden Auflistung. Für das Dienstrecht des Bundes von Bedeutung sind die Art. 180 Abs. 1 (Regierungspolitik), Art. 183 (Finanzen), Art. 187 Abs. 1 lit. a (Aufsicht) und Art. 187 Abs. 1 lit. c (Wahlen).  18

*Art. 180 Abs. 1 BV* weist dem Bundesrat die Aufgabe zu, die Ziele und die Mittel seiner Regierungspolitik zu bestimmen. Der Begriff der «Regierungspolitik» meint die Gesamtheit der staatsleitenden Entscheide und des staatsleitenden Verhaltens[25]. Er beinhaltet namentlich die zentralen Aufgaben der Planung – eventuell unter Mitwirkung der Bundesversammlung[26] – und Koordination der staatlichen Tätigkeiten. Gemäss der Präzisierung von Art. 8 RVOG ist der Bundesrat für die Organisation und die Führung der Bundesverwaltung zuständig. Er muss für eine zweckmässige, den Verhältnissen angepasste «Organisation» sorgen. Dazu gehört u.a. das Bundespersonalrecht.  19

Die in *Art. 183 BV* verankerte Zuständigkeit des Bundesrates für die Finanzverwaltung, den Voranschlag und die Staatsrechnung gibt ihm die notwendigen Mittel in die Hand, um – in Zusammenarbeit mit der Bundesversammlung[27] – auf das Personalwesen in adäquater Weise steuernd und planend Einfluss zu nehmen. Die Vorgabe der ordnungsgemässen Haushaltführung, d.h. nach den Grundsätzen der Gesetzmässigkeit, der Dringlichkeit sowie der Wirtschaftlichkeit und Sparsamkeit[28], schränkt den finanziellen Handlungsspielraum im Personalmanagement ein.  20

Der Bundesrat beaufsichtigt sodann gemäss *Art. 187 Abs. 1 lit. a BV* die Bundesverwaltung und die anderen Träger von Aufgaben des Bundes. Er verfügt dazu über ein vielfältiges Instrumentarium, das von Kontroll- und Weisungsrechten bis hin zu Selbsteintrittsrechten geht[29]. Die Aufsichtsaufgabe des Bundesrates ist dem Kollegium aufgetragen, welches sich dieser verfassungsrechtlichen Pflicht nicht durch eine systematische Delegation entziehen kann, weil sonst die Verantwortlichkeit des Bundesrates für die Verwaltung in Frage gestellt wäre. In  21

---

dem die Kommission untersucht, ob nebenamtliche Tätigkeiten zu Interessenkonflikten führen können und inwiefern die Unabhängigkeit und das Ansehen der Verwaltung davon beeinträchtigt werden.
24 Art. 5 Abs. 1 BPG.
25 BBl 1993 III 1064.
26 Vgl. Art. 173 Abs. 1 lit. g BV.
27 Zur Abgrenzung der jeweiligen Zuständigkeiten vgl. o. Rz 7 ff.
28 Vgl. Art. 2 Bundesgesetz vom 6. Oktober 1989 über den eidgenössischen Finanzhaushalt (FHG); Personalpolitische Leitsätze für die Bundesverwaltung, BBl 2004 2235.
29 Vgl. TSCHANNEN, § 38 Rz 7 f.

der Praxis nimmt der Bundesrat seine Aufsichtspflichten durch ein Kontrollsystem wahr, welches sich auf die oberste Verwaltungsebene sowie auf bedeutende Situationen beschränkt und im Übrigen durch eine Aufsicht über die Aufsicht sichergestellt wird. Das bedeutet, dass jeweils die obere Verwaltungsinstanz die Aufsicht über die untere ausübt[30]. Der Bundesrat und die Bundesverwaltung unterliegen zudem der Oberaufsicht durch die Bundesversammlung nach Art. 169 Abs. 1 BV[31]. Parallel zur Aufsicht führt der Bundesrat auch eine Verwaltungskontrolle im Sinne eines steuernden Controllings durch. Seit der Auflösung der Verwaltungskontrollstelle des Bundesrates Ende 2000, obliegt diese Aufgabe der Bundeskanzlei[32].

22 Schliesslich nimmt der Bundesrat nach *Art. 187 Abs. 1 lit. c BV* alle Wahlen vor, die nicht einer anderen Behörde zustehen. Das bedeutet nicht, dass der Bundesrat nun alle ihm nach dieser Ordnung verbleibenden Wahlkompetenzen selber wahrzunehmen hätte. Vielmehr besteht die Möglichkeit, diese Kompetenz auf Departemente, nachgeordnete Amtsstellen, Anstalten und Betriebe zu übertragen, wobei die Berufung von Führungskräften für Schlüsselpositionen zu den Regierungsaufgaben des Bundesrates gehört und von der Delegationsmöglichkeit ausgenommen ist[33]. Die einzigen vom BPG erfassten Personen, die aus Gründen der richterlichen Unabhängigkeit noch auf Amtsdauer gewählt werden, sind die Mitglieder der eidgenössischen Schieds- und Rekurskommissionen[34].

## II. Die Unvereinbarkeitsregeln

23 Die Unvereinbarkeitsregeln der Bundesverfassung stellen eine Konkretisierung des Grundsatzes der (personellen) Gewaltenteilung dar. Es soll verhindert werden, dass die Staatsmacht in einer einzigen oder einigen wenigen Personen konzentriert wird[35]. Demnach enthält Art. 144 BV Unvereinbarkeitsregeln für alle Bundesbehörden.

24 In *Art. 144 Abs. 1 BV* ist vorgesehen, dass die Mitglieder der Bundesversammlung und des Bundesrates sowie die Richterinnen und Richter des Bundesgerichts nicht gleichzeitig einer anderen dieser Behörden angehören dürfen.

---

30 BBl 1997 I 421 f.; im Einzelnen EICHENBERGER, Kommentar zu Art. 102 (a)BV, Rz 194 ff., insbesondere Rz 196 ff. und BIAGGINI, St. Galler Kommentar zu Art. 187 BV, Rz 7 ff.
31 Vgl. TSCHANNEN, § 35 Rz 7 ff.
32 Art. 4 lit. b Organisationsverordnung für die Bundeskanzlei vom 5. Mai 1999 (SR 172.210.10).
33 Botschaft zum VE 96, BBl 1997 I 422. Die Delegationsbefugnis war im BtG von grosser Bedeutung, weil die Wahl der zahlreichen Bundesbeamten einen erheblichen Aufwand bedeutete, vgl. BIAGGINI, St. Galler Kommentar zu Art. 187, Rz 33.
34 Art. 9 Abs. 3 BPG i.V.m. Art. 71a ff. VwVG; BBl 1999 II 1611 f. Gemäss Art. 9 Abs. 4 und 5 BPG können der Bundesrat, die Bundesversammlung und das Bundesgericht in ihren Zuständigkeitsbereichen die Wahl auf Amtsdauer für jenes Personal vorsehen, das vom Anstellungsorgan unabhängig sein muss.
35 BBl 1997 I 369.

Dies gilt auch für die in der Bundesverfassung nicht explizit genannten nebenamtlichen Richterinnen und Richter des Bundesgerichts, für die Richterinnen und Richter des eidgenössischen Versicherungsgerichts oder für die Mitglieder der Armeeleitung[36].

Noch restriktiver ist die Regelung von Art. 144 Abs. 2 BV i.V.m. Art. 60 RVOG, wonach die Mitglieder des Bundesrates sowie die vollamtlichen Bundesrichter und Bundesrichterinnen während ihrer Amtszeit kein anderes Amt des Bundes oder eines Kantons bekleiden dürfen und von der Ausübung jeder weiteren Erwerbstätigkeit ausgeschlossen sind. Verboten ist grundsätzlich auch jede Nebenerwerbstätigkeit. Mit dieser Regelung sollen Interessenskollisionen vermieden und die Unabhängigkeit der genannten Behörden gewahrt werden[37].  25

Nach *Art. 144 Abs. 3 BV* kann das Gesetz weitere Unvereinbarkeiten vorsehen. Als wichtigster Fall ist die gesetzliche Regelung der Unvereinbarkeit in Art. 14 ParlG zu nennen. Weitere gesetzliche Unvereinbarkeitsbestimmungen aus beruflichen und familiären Gründen sind im RVOG, im OG, im VwVG und im BtG geregelt[38].  26

## III. Die Bestimmungen über die Verwaltungsgerichtsbarkeit und die Verantwortlichkeit

*Art. 190 BV* bestimmt generell die Zuständigkeit des Bundesgerichts für die Beurteilung von Verwaltungssachen. Die Kompetenz des Gerichtes zur Beurteilung von Beschwerden gegen Disziplinarentscheide, die gegen Personen ausgesprochen werden, welche in einem Dienstverhältnis zum Bund stehen, ist auf Gesetzesstufe in den Art. 97 ff. OG geregelt[39].  27

Die BV enthält schliesslich in *Art. 146* auch eine Norm über die Verantwortlichkeit der «Organe» des Bundes. Der Begriff des Organs ist weit gefasst und be-  28

---

36 Vgl. Art. 14 ParlG; BBl 1997 I 372; TSCHANNEN, § 31 Rz 12 ff. Die gleichzeitige Ausübung eines militärischen und eines zivilen Richteramtes zum Beispiel am Bundesgericht ist zulässig. Vgl. zum Bewilligungsverfahren das Reglement vom 22. Februar 1993 über die Nebenbeschäftigung der Mitglieder des Bundesgerichts.
37 BBl 1997 I 372.
38 Art. 60f. RVOG; Art. 3 und 4 OG; Art. 71c VwVG; Art. 14a BtG. Die Bedeutung von Art. 14a BtG ist seit der Abschaffung des Beamtenstatus relativ gering. Vgl. dazu SÄGESSER, Rz 41 ff., S. 154 ff.; LOMBARDI ALDO, Volksrechte und Bundesbehörden, AJP 1999, S. 715. Die kantonalen Vorschriften können weitere Unvereinbarkeiten vorschreiben, z.B. dass Mitglieder der kantonalen Regierung nicht gleichzeitig als National- oder Ständeräte tätig sein dürfen. Die Sanktionen des kantonalen Rechts dürfen aber nur das kantonale und nicht das Bundesamt betreffen. In diesem Sinne gelten die Unvereinbarkeitsbestimmungen nur für Staatsorgane der selben Ebene. HÄFELIN/HALLER, Rz 1415, S. 406 f. Vgl. auch RJJ 2002 45 und die Praxis zu den kantonalen Unvereinbarkeitsbestimmungen in HÄNNI, Fallsammlung, S. 16 ff.
39 Insbesondere Art. 98 lit. a und lit. f^bis, Art. 100 Abs. 1 lit. e und Art. 100 Abs. 2 lit. b. Vgl. unten Rz 255 ff.

zeichnet alle Funktionsträger des Bundes[40]. Inhaltlich bezieht sich die Bestimmung nur auf die haftpflichtrechtliche, nicht auch auf die disziplinarische und die strafrechtliche Verantwortlichkeit, die im Strafgesetzbuch und im Verantwortlichkeitsgesetz geregelt sind[41]. Die Regelung geht vom Grundsatz der ausschliesslichen Staatshaftung aus, die keinen Platz für eine direkte Haftung des Bediensteten des Bundes gegenüber dem Geschädigten übrig lässt.

---

40 Vgl. Art. 1 VG.
41 Art. 312 ff. StGB und Art. 13 ff. VG.

# Zweites Kapitel
# Begründung und Beendigung von Dienstverhältnissen

Im Rahmen dieses zweiten Kapitels geht es darum, Begründung und Beendigung von Dienstverhältnissen darzustellen. Dabei ist zunächst auf die verschiedenen Kategorien von Dienstverhältnissen einzugehen, nicht zuletzt um die terminologischen Grundlagen zu erarbeiten, die für die weiteren Kapitel ebenfalls ihre Gültigkeit behalten werden.

## § 3 Kategorien bundesrechtlicher Dienstverhältnisse

### I. Überblick

Das Bundesrecht kennt eine grosse Anzahl verschiedener Dienstverhältnisse, die es – mindestens im Hinblick auf ihre Begründung und Beendigung – auseinanderzuhalten gilt. Im Vordergrund steht die zahlenmässig wichtigste Kategorie der öffentlichrechtlichen Dienstverhältnisse. Darunter fallen das Angestelltenverhältnis, das Dienstverhältnis mit Sonderregelungen und das Dienstverhältnis der Magistraten. Zu erwähnen sind ferner privatrechtliche Dienstverhältnisse und schliesslich, mit Blick auf die Verantwortlichkeit, jene Gruppe Personen, die mit der Erfüllung von Aufgaben des Bundes betraut sind.

### II. Öffentlichrechtliche Dienstverhältnisse

Bevor auf die einzelnen Kategorien bundesrechtlicher Dienstverhältnisse eingegangen wird, soll an dieser Stelle der im BPG nicht genau definierte Oberbegriff des Bundespersonals kurz erläutert werden. «Bundespersonal» im Sinne des BPG umfasst alle Personen, die in einem in der Regel öffentlichrechtlichen Dienstverhältnis zum Bund stehen, d.h. die Beamten, die Angestellten, die in einem Dienstverhältnis mit Sonderregelungen stehenden Personen und die Magistraten. Nicht dazu zählen die Mitglieder der Bundesversammlung, die Mitglieder von Kommissionen des Bundes und das Personal privatrechtlicher Organisationen, die Aufgaben des Bundes erfüllen[42].

---

42 Diese unterliegen besonderen Bestimmungen. Das Verantwortlichkeitsgesetz (Art. 1 Abs. 1 VG) und der strafrechtliche Beamtenbegriff von Art. 110 Ziff. 4 StGB sind aber auch auf sie anwendbar.

Zweites Kapitel: Begründung und Beendigung von Dienstverhältnissen

## 1. Das Beamten- und das Angestelltenverhältnis

32  Der Begriff des *Beamten* muss präzisiert werden. Er umfasst unterschiedliche Dienstverhältnisse, die je eigenen Regeln unterstehen. Im weiten Sinne umfasst er die Gesamtheit der öffentlichrechtlichen Dienstverhältnisse, also die Beamten im Sinne des alten BtG, die Angestellten sowie das Bundespersonal, für welches Sonderregelungen gelten, nicht aber die Magistraten. So versteht das Verantwortlichkeitsgesetz den Begriff. In einem engeren Sinne bezeichnet er das durch die Amtsdauer charakterisierte und heute abgeschaffte Beamtenverhältnis[43]. In einem dritten Sinne verwendet ihn das Strafgesetzbuch[44]. Er umfasst dann alle Personen, die – eventuell auch nur vorübergehend – Aufgaben des Bundes erfüllen.

33  *Angestellte* unterschieden sich von den Beamten nach dem früheren BtG durch das Fehlen einer Wahl auf Amtsdauer[45]. Nach dem BPG gibt es diesen Unterschied nicht mehr. Das gesamte Bundespersonal steht in einem Angestelltenverhältnis. Die altrechtlichen Dienstverhältnisse nach dem BtG wurden per 1. Januar 2002 in Arbeitsverhältnisse nach dem BPG überführt. Dem alten Recht bleiben nur jene Dienstverhältnisse weiter unterstellt, die spätestens am 30. September 2002 endeten, sowie befristete Arbeitsverträge, die bis am 31. Dezember 2001 gestützt auf die (aufgehobene) Verordnung vom 9. Dezember 1996 über den öffentlichen Arbeitsvertrag in der allgemeinen Bundesverwaltung begründet worden waren[46].

34  Zusammenfassend kann also festgehalten werden, dass nicht mehr zwischen Beamten und Angestellten differenziert wird. In der Literatur wird mal der eine, mal der andere Begriff verwendet, und oft werden beide als synonym betrachtet. In diesem Kommentar wird für die vertraglich angestellten Personen grundsätzlich der Terminus Angestellte verwendet. Der Begriff des Beamten wird nur im Sinne des Verantwortlichkeitsgesetzes und des Strafgesetzbuches verwendet.

## 2. Dienstverhältnisse mit Sonderregelungen

35  Das Parlament, der Bundesrat, das Bundesgericht und das eidgenössische Versicherungsgericht können auf dem Verordnungsweg die Dienstverhältnisse bestimmter Personen einer Sonderregelung unterstellen[47]. Gewisse Bundesbedienstete werden daher entgegen der allgemeinen Regelung des BPG auf *Amtsdauer* gewählt. Erwähnung verdienen in diesem Zusammenhang die Regelungen betreffend die Generalsekretäre oder Generalsekretärinnen von Bundes-

---

[43] Es galten nur diejenigen Personen als Beamte, die gewählt und Träger eines im Beamtenverzeichnis aufgeführten Amtes waren. Vgl. den BRB über das Ämterverzeichnis vom 18. Oktober 1972 (aufgehoben).
[44] Vgl. die Legaldefinition von Art. 110 Ziff. 4 StGB.
[45] Vgl. die Angestelltenordnung vom 10. November 1959 (aufgehoben).
[46] Art. 2f. Überführungsverordnung BtG-BPG.
[47] Vgl. Art. 9 Abs. 4 und 5 BPG.

§ 3 Kategorien bundesrechtlicher Dienstverhältnisse

gericht[48] und eidgenössischem Versicherungsgericht[49], die eidgenössischen Untersuchungsrichter und Untersuchungsrichterinnen[50], den Oberauditor oder die Oberauditorin der Armee, den Bundesanwalt oder die Bundesanwältin sowie die stellvertretenden Bundesanwälte und Bundesanwältinnen, die Staatsanwälte und Staatsanwältinnen sowie deren Stellvertreter und Stellvertreterinnen[51]. Im ETH-Bereich gelten noch gewisse Spezialvorschriften für die Dozenten an der ETH, jedoch nicht mehr für Assistenten und wissenschaftliche Mitarbeiter[52]. Ferner sieht Art. 8 des Bundesgesetzes vom 24. März 1995 über Statut und Aufgaben des Eidgenössischen Instituts für Geistiges Eigentum (IGEG) in Verbindung mit Art. 1 der Verordnung über die Organisation des Eidgenössischen Instituts für Geistiges Eigentum (IGE-OV) eine Sonderregelung für das Personal vor. Schliesslich sind Sonderregelungen anwendbar auf Mitglieder der eidgenössischen Schieds- und Rekurskommissionen[53] sowie auf die Mitglieder der schweizerischen Asylrekurskommission[54]. Ungeachtet der jeweils geltenden Abweichungen handelt es sich dabei immer um öffentlichrechtliche Dienstverhältnisse.

Gesondert zu behandeln sind die Anstellungsverhältnisse bei den schweizerischen Bundesbahnen und bei der Schweizerischen Post. Sowohl das POG als auch das SBBG erklären das Bundespersonalgesetz für die Dienstverhältnisse ihrer Bereiche als anwendbar. Das BPG sieht in Art. 38 für beide Betriebe die Pflicht vor, mit den Personalverbänden Gesamtarbeitsverträge abzuschliessen[55]. 36

### 3. Das Magistratsverhältnis

In einem öffentlichrechtlichen *Dienstverhältnis sui generis* stehen die Mitglieder der Bundesversammlung, die Mitglieder des Bundesrates und die Bundeskanzlerin oder der Bundeskanzler, die Mitglieder und Ersatzmänner des Bundesgerichtes und des Eidgenössischen Versicherungsgerichtes. Für die Wahl der Mitglieder der Bundesversammlung gelten Art. 149 Abs. 2 und Art. 150 Abs. 2 BV, während die anderen, die so genannten Magistratspersonen, welche hierarchisch gesehen die obersten Angestellten des Staates sind, von der vereinigten Bundesversammlung gewählt werden. Diese hat auch über ihre Besoldung zu befinden[56]. Die Art und Weise ihrer Wahl, ihre Aufgaben, Rechte und Pflichten ergeben sich aus der Bundesverfassung und aus den einschlägigen Spezialgesetzen. 37

---

48 Art. 19 Abs. 1 PVBger.
49 Art. 3 Abs. 1 PVEVG.
50 Art. 5 URVBger.
51 Art. 32 Abs. 1 BPV.
52 Art. 7 ff. Professorenverordnung ETH. Für die Assistenten vgl. Art. 16 Abs. 1 Personalverordnung ETH-Bereich.
53 Art. 9 Abs. 3 BPG i.V.m. Art. 71b VwVG.
54 Art. 104 Abs. 1 Asylgesetz vom 26. Juni 1998 (AsylG) i.V.m. Art. 8 Abs. 1 Verordnung vom 11. August über die Schweizerische Asylrekurskommission (VOARK).
55 Siehe u. Rz 64 ff.
56 Vgl. Bundesgesetz und Verordnung der Bundesversammlung über die Besoldung und berufliche Vorsorge der Magistratspersonen (SR 171.121 und 171.121.1).

Umgekehrt richtet sich ihre vermögens- und strafrechtliche Verantwortlichkeit grundsätzlich nach den für alle Bundesangestellten aufgestellten Regeln des Verantwortlichkeitsgesetzes, soweit dieses oder andere Spezialgesetze nicht abweichende Bestimmungen enthalten[57].

## III. Dienstverhältnisse auf privatrechtlicher Grundlage

### 1. Der Grundsatz: Ausschluss privatrechtlicher Anstellungsformen

38  Die Verfassung verbietet weder ausdrücklich noch implizit die privatrechtliche Anstellungsform für die öffentliche Verwaltung. Im Rahmen der letzten Revision des BtG wurde von den Vertretern des New Public Management denn auch vermehrt die Einführung von privatrechtlichen Arbeitsverhältnissen in der Bundesverwaltung gefordert. Davon erhoffen sie sich Effizienzsteigerungen, erhöhte Flexibilität und Spareffekte[58]. Das BPG folgt jedoch der Mehrheit der Lehre[59] und sieht in Art. 8 Abs. 1 Satz 1 vor, dass das Arbeitsverhältnis des Bundespersonals öffentlichrechtlicher Natur ist. Dies wird einerseits damit begründet, dass der Bund auch als Vertragspartner an die verfassungsmässigen Grundsätze der Rechtsgleichheit und des Willkürverbots gebunden ist, und andererseits damit, dass die Erledigung von Streitigkeiten auf dem verwaltungsrechtlichen Wege für beide Parteien Vorteile bringt[60].

### 2. Die Ausnahmen

39  Dennoch gibt es Dienstverhältnisse auf privatrechtlicher Grundlage. Sie stellen aber seltene Einzelfälle dar und bedürfen einer Begründung[61]. In der Verwaltung dürfen gemäss Art. 6 Abs. 5 BPG nur bestimmte Personalkategorien dem OR unterstellt werden, namentlich Aushilfspersonal, Praktikantinnen und Praktikanten, sowie im Ausland rekrutiertes und angestelltes Personal. Etwas weniger eng wird die privatrechtliche Anstellungsform in Art. 17 Abs. 1 ETH-Gesetz geregelt. Es verlangt explizit die Möglichkeit von öffentlichrechtlichen und privatrechtlichen Arbeitsverhältnissen. Damit entsteht für die Anstellungsbehörden ein Spielraum, der es ihnen erlauben soll, flexibler auf die Bedürfnisse der

---

57 Z. B. das BG vom 26. März 1934 über die politischen und polizeilichen Garantien zugunsten der Eidgenossenschaft (SR 170.21) oder Art. 13 ParlG. Die Magistraten unterstehen keiner disziplinarrechtlichen Verantwortlichkeit, vgl. Gutachten des BJ vom 14. August 2003, VPB 2004-www2, S. 8.
58 RICHLI, ArbR 1998, S. 27 f.
59 Vgl. GRISEL, Traité II, S. 116, 196 und 477 f.; JAAG, ZBl 1994, S. 439 f.; KNAPP, RDAF 1982, S. 245 ff., 261; ferner BELLWALD, S. 39 f.; HAFNER, ZBl 1992, S. 486 f.; MOOR, S. 203 ff.; IMBODEN/RHINOW, Nr. 147 B I; RHINOW/KRÄHENMANN, Nr. 147 B I; SCHROFF/GERBER, Rz 2; RHINOW, S. 442.
60 BBl 1999 II 1610 f.
61 Vgl. BPG Art. 6 Abs. 6, POG Art. 15 Abs. 2 und SBBG Art. 15 Abs. 3. Ähnlich Rahmenverordnung BPG Art. 5 Abs. 3$^{bis}$ betreffend Angestellte der Post und der SBB, an die spezielle Anforderungen gestellt werden.

ETH in Lehre und Forschung reagieren zu können. Weitere Ausnahmen betreffen die Bediensteten der SUVA, der Rüstungsbetriebe und der Schweizerischen Nationalbank[62].

## IV. Personen, die mit der Erfüllung von Bundesaufgaben betraut sind

Der Bund erfüllt nicht notwendigerweise alle Bundesaufgaben mit eigenen personellen Mitteln, sondern er kann privatrechtliche Organisationen damit betrauen. In Frage kommen dabei gemischtwirtschaftliche Unternehmungen sowie private Rechtsträger mit öffentlichen Aufgaben[63]. Die Dienstverhältnisse der betreffenden Mitarbeiterinnen und Mitarbeiter unterstehen dem Privatrecht; das Bundespersonalgesetz ist auf sie nicht anwendbar. Dennoch sind sie mit Blick auf ihre vermögensrechtliche und strafrechtliche Verantwortlichkeit den Beamten gleichgestellt, soweit sie unmittelbar öffentlichrechtliche Aufgaben des Bundes wahrnehmen[64]. In diesem Zusammenhang namentlich zu erwähnen sind die Angestellten des Schweizerischen Elektrotechnischen Vereins, der Milchverbände, der Verbandsausgleichskassen und der privatrechtlich organisierten Krankenkassen, welche die Grundversicherung betreiben[65]. 40

# § 4 Die Begründung von Dienstverhältnissen

## I. Die Begründung von Angestelltenverhältnissen

Nach Art. 8 Abs. 1 BPG entsteht das öffentlichrechtliche Arbeitsverhältnis beim Bund durch den Abschluss eines *schriftlichen Arbeitsvertrags*. Das Arbeitsverhältnis gilt erst als zustande gekommen, wenn der Vertrag von der anzustellenden Person und vom Arbeitgeber unterzeichnet worden ist[66]. Es besteht kein Anspruch auf Anstellung, selbst wenn sämtliche Voraussetzungen erfüllt sind[67]. 41

---

62 Vgl. Art. 63 Abs. 4 lit. a UVG i.V.m. Art. 20 des vom Verwaltungsrat erlassenen Reglements vom 24. März 1983 über die Organisation der SUVA (SR 832.207), bzw. Art. 16 Abs. 1 TUG und Art. 6 Abs. 1 BGRB. Das Personal der Schweizerischen Nationalbank ist seit jeher privatrechtlich angestellt, vgl. schon BBl 1924 III 40f.; für die Beurteilung der Rechtsnatur der Direktoren der Nationalbank vgl. VPB 68 Nr. 9 E. 2c/aa.
63 Vgl. dazu HÄFELIN/MÜLLER, Grundriss, Rz 1483ff.
64 Vgl. dazu Art. 1 Abs. 1 lit. f und Art. 19 Abs. 1 und 2 VG bzw. Art. 110 Ziff. 4 StGB; zum Ganzen u. 252ff.
65 RICHLI, ArbR 1998, S. 40; HAFNER, Rechtsnatur, S. 186f.
66 Art. 25 Abs. 1 BPV.
67 Vgl. BGE 118 Ib 289.

Zweites Kapitel: Begründung und Beendigung von Dienstverhältnissen

## 1. Formelle Voraussetzungen

### a) Zuständige Behörden

42  Arbeitgeber im Sinne des BPG sind der Bundesrat, die Bundesversammlung, die Post, die SBB und das Bundesgericht. Soweit der Bundesrat ihnen die entsprechenden Befugnisse delegiert, können auch das Bundesstrafgericht, die Schieds- und Rekurskommissionen, die Departemente, die Bundeskanzlei, die Gruppen, die Ämter und die dezentralisierten Verwaltungseinheiten *Arbeitgeber* sein[68]. Die ihnen zustehende und für die Erfüllung ihrer Aufgaben notwendige Autonomie darf durch die Ausführungsbestimmungen des Bundesrats zum BPG nicht übermässig eingeschränkt werden[69].

43  Der *Bundesrat* ist als oberstes Führungsorgan der Bundesverwaltung zuständig für die Begründung, die Änderung und die Beendigung der Arbeitsverhältnisse der in Art. 2 Abs. 1 BPV aufgezählten Personen. Alle weiteren personalrechtlichen Entscheide für diese Personen fällen die Departemente. Diese sind, unter Vorbehalt von abweichenden Gesetzes- oder Verordnungsbestimmungen[70], auch zuständig für die Regelung der Arbeitsverhältnisse des übrigen Personals.

44  Die *Bundesversammlung* hat von der ihr in Art. 37 BPG verliehenen Kompetenz ebenfalls Gebrauch gemacht und in Art. 66 ParlG i.V.m. Art. 25 ff. ParlVV die Arbeitsverhältnisse für das ihm unterstellte Personal geregelt. Für die wichtigsten personalrechtlichen Entscheide sind die Vereinigte Bundesversammlung oder die Verwaltungsdelegation zuständig, für weniger wichtige die Generalsekretärin oder der Generalsekretär beziehungsweise der oder die Delegierte der Verwaltungsdelegation[71]. Gemäss Art. 25 ParlVV werden die Ausführungsbestimmungen zum BPG angewendet, sofern die Verordnung nichts anderes vorsieht.

45  Die *Schweizerische Post* und die *Schweizerischen Bundesbahnen* sind nach Art. 38 BPG berechtigt und verpflichtet, für ihren Bereich mit den Personalverbänden Gesamtarbeitsverträge (GAV) abzuschliessen, wobei grundsätzlich sämtliches Personal dem GAV zu unterstellen ist. Sowohl der GAV der Post als auch jener der SBB folgen weitgehend den Regelungen der BPV.

46  Das *Bundesgericht* und das *Eidgenössische Versicherungsgericht* haben gestützt auf Art. 37 Abs. 2 und Art. 37 Abs. 4 BPG die Arbeitsverhältnisse für ihr Personal und für die ihnen administrativ unterstellten Verwaltungseinheiten in zwei Verordnungen sowie in ergänzenden Weisungen und Richtlinien geregelt. Die Personalverordnung des eidgenössischen Versicherungsgerichts sieht die subsidiäre Anwendung der Personalverordnung des Bundesgerichts vor, und ver-

---

[68] Art. 3 BPG.
[69] Vgl. Art. 37 Abs. 1 BPG.
[70] Vgl. Art. 2 BPV, Art. 1 VBPV, Art. 1 VBPV-EDA.
[71] Vgl. Art. 26–28 ParlVV.

§ 4 Die Begründung von Dienstverhältnissen

weist, falls diese auch keine Regelung enthält, generell auf die für die allgemeine Bundesverwaltung geltenden Bestimmungen der BPV[72]. Demgegenüber will das Bundesgericht in Lausanne die BPV nur zur Anwendung kommen lassen, soweit auf sie verwiesen wird[73]. Intern haben beide Gerichte besondere Zuständigkeitsregeln erlassen. Für die wichtigsten arbeitsrechtlichen Entscheide ist jeweils das Gesamtgericht zuständig, weniger wichtige werden der Präsidentenkonferenz, der Verwaltungskommission oder dem Generalsekretär übertragen[74].

Neben den genannten gesetzlichen Arbeitgebern ist auch der ETH-Rat als dezentralisierte Verwaltungseinheit im Sinne von Art. 3 Abs. 2 BPG Arbeitgeber. Die entsprechenden Befugnisse hat ihm der Bundesrat gestützt auf Art. 2 Rahmenverordnung BPG eingeräumt. Damit kann der ETH-Rat die für das Personal des ETH-Bereichs erforderlichen sozialen und arbeitsrechtlichen Bestimmungen erlassen. Die Regelung von Einzelheiten darf an die Leitungen der beiden ETH und der Forschungsanstalten weiterdelegiert werden[75]. 47

*b) Ausschreibung*

Art. 7 BPG verlangt die öffentliche Ausschreibung der zu besetzenden Stellen. Damit wird die Chancengleichheit der potentiellen Kandidaten für eine Stelle beim Bund gewahrt. Grundsätzlich gelten für Stellen bei der allgemeinen Bundesverwaltung als öffentliche Ausschreibungen nur jene im Stellenanzeiger des Bundes «Die Stelle, L'emploi, Il posto». Es ist jedoch üblich, die zu besetzenden Stellen auch in den bedeutenderen Tageszeitungen und im Internet zu publizieren[76]. Ausnahmsweise kann, wenn wichtige Gründe vorliegen, eine andere Art der Veröffentlichung gewählt werden. Aus wichtigen Gründen und im Einzelfall kann sogar ganz auf die öffentliche Ausschreibung verzichtet werden[77]. Von der Publikationspflicht ausgenommen sind in Art. 22 Abs. 2 BPV die bis zu einem Jahr befristeten Stellen, die Stellen, die in den Verwaltungseinheiten intern besetzt werden, und die Stellen für die interne Jobrotation. 48

Bei der Ausschreibung muss die Chancengleichheit von Frau und Mann gewährleistet sein. Gemäss Ziff. 411f. der Chancengleichheitsweisungen muss die Personalwerbung so gestaltet sein, dass sie beide Geschlechter gleichermassen 49

---

72 Vgl. Art. 1 PVEVG.
73 Vgl. Art. 1 Abs. 2 PVBger.
74 Vgl. Art. 82ff. PVBger und Art. 7ff. PVEVG.
75 Die so entstandenen Regelwerke bedürfen zu ihrer Gültigkeit jedoch der Genehmigung des Bundesrates, Art. 2 Abs. 2 und 3 Rahmengesetz BPG.
76 Art. 7 VBPV. Vgl. ferner Art. 14 Abs. 1 Personalverordnung ETH-Bereich. Für die Post und die SBB ist auch eine anderweitige Publikation der freien Stellen zulässig, die unter Umständen nur einem beschränkten Kreis der Öffentlichkeit zugänglich ist, vgl. Art. 21 GAV SBB und Ziff. 210 GAV Post.
77 Vgl. Art. 22 Abs. 3 BPV, Art. 11 Abs. 2 und 3 PVBger, Art. 14 Abs. 2 Personalverordnung ETH-Bereich.

anspricht, und das Anforderungsprofil so formuliert, dass es sich an beide Geschlechter richtet.

*c) Einschränkungen im Stellenzugang*

50 Der Bundesrat kann gemäss Art. 8 Abs. 3 BPG den Stellenzugang auf Personen mit schweizerischem Bürgerrecht beschränken, wenn dies zur Erfüllung hoheitlicher Aufgaben notwendig ist. Er kann wahlweise ein Arbeitsverhältnis der einfachen oder der qualifizierten Beschränkung unterstellen. Die einfache Beschränkung lässt nur Personen mit Schweizer Bürgerrecht an eine Stelle zu, wogegen die qualifizierte Beschränkung den Stellenzugang all jenen Personen verbietet, die nicht ausschliesslich über das Schweizer Bürgerrecht verfügen. Betroffen von diesen Einschränkungen sind insbesondere das Personal des EJPD für die Verbrechensbekämpfung, das in der Strafverfolgung, in der Landesverteidigung und im Ausland eingesetzte Personal, sowie die Mitarbeiter des Grenzwachtkorps und von Rekurs- oder Schiedskommissionen[78]. Die Entscheidungskompetenz im Einzelfall liegt bei den Departementen[79].

51 Die erwähnte Einschränkung ist mit dem EU-Recht kompatibel. Art. 39 (Ex Art. 48) EG-Vertrag regelt die Freizügigkeit der Arbeitskräfte und schafft auf Staatszugehörigkeit beruhende Unterschiede zwischen Arbeitnehmern in Bezug auf deren Anstellung ab. Art. 8 Abs. 3 BPG lässt Einschränkungen nur im engen Rahmen von «für die Erfüllung notwendiger Aufgaben notwendig» zu und entspricht damit der Praxis des EuGH[80].

*d) Formvorschriften*

52 Das Arbeitsverhältnis entsteht aus Gründen der Rechtssicherheit erst durch den Abschluss eines schriftlichen Arbeitsvertrags[81]. Die Formvorschrift von Art. 8 Abs. 1 BPG weicht zwar von der entsprechenden Bestimmung für obligationenrechtliche Arbeitsverträge ab, folgt aber der gängigen privatrechtlichen Praxis, Arbeitsverträge schriftlich abzuschliessen. Ebenfalls der Schriftlichkeit bedürfen die Verlängerung des Arbeitsverhältnisses, die Befristung, die Beendigung, die Auflösung sowie jede Vertragsänderung[82].

---

78 Ebenfalls Schweizer Bürgern vorbehalten sind die Stellen des Generalsekretärs oder Generalsekretärin des Bundesgerichts oder des Eidgenössischen Versicherungsgerichts sowie deren Stellvertreter oder Stellvertreterinnen.
79 Vgl. Art. 23 BPV.
80 Vgl. dazu BBl 1999 II 1635 und EuGH, Rs. 66/85 (Fall Lawrie-Blum) insbesondere N 27, mit weiteren Hinweisen. Der EuGH sieht als Ausnahme vom Grundprinzip der Freizügigkeit und der Nichtdiskriminierung der Arbeitnehmer alle Stellen vor, die eine «unmittelbare oder mittelbare Teilnahme an der Ausübung hoheitlicher Befugnisse und an der Wahrnehmung solcher Aufgaben mit sich bringen».
81 BBl 1999 II 1611.
82 Vgl. Art. 13 BPG und Art. 30 Abs. 1 BPV.

§ 4 Die Begründung von Dienstverhältnissen

Der Arbeitsvertrag muss mindestens die Namen der Vertragsparteien, den Beginn und die Dauer des Arbeitsverhältnisses, die Funktion bzw. den Arbeitsbereich, den Arbeitsort und die Bedingungen über die Versetzbarkeit, die Probezeit, den Beschäftigungsgrad, den Lohn, die Vorsorgeeinrichtung und den Vorsorgeplan beinhalten[83]. Gewisse Arbeitgeber des Bundes sehen noch weitere Punkte vor, die im Arbeitsvertrag festgehalten werden müssen. So regelt das Bundesgericht in den Verträgen mit seinem Personal auch die allfällige Verpflichtung zu regelmässiger Wochenend-, Nachtarbeit oder Pikettdienst[84] und die Personalverordnungen der Post, der SBB und der ETH sehen die Schriftlichkeit für weitere spezifische Punkte vor[85]. Sollten Widersprüche zwischen dem Arbeitsvertrag und den Ausführungsbestimmungen bzw. dem Gesamtarbeitsvertrag bestehen, bestimmt Art. 6 Abs. 4 BPG, dass die für die angestellte Person günstigere Bestimmung anwendbar ist.

53

## 2. Materielle Voraussetzungen

### a) Allgemeine Voraussetzungen

Die Anstellung beim Bund kann von verschiedenen Kriterien wie beispielsweise Minimalalter, bestandener Prüfung oder ärztlicher Tauglichkeitsprüfung abhängig gemacht werden[86]. Eine erschöpfende Aufzählung aller möglichen Voraussetzungen an dieser Stelle würde zu weit führen. Es wird deshalb auf die einschlägigen Bestimmungen in den Verordnungen der Departemente und der Ämter sowie auf die Richtlinien des Bundesgerichts verwiesen. Insgesamt sollen materielle Voraussetzungen zu einer optimalen Stellenbesetzung aufgrund von transparenten, nachvollziehbaren und sachlich begründeten Kriterien führen[87]. Notwendig ist immerhin, dass die vorgesehene Funktion die verlangte Eigenschaft erfordert[88].

54

### b) Quotenregelung und Förderung der tatsächlichen Gleichstellung der Frau

Der Grundsatz der Gleichberechtigung von Mann und Frau ist in Art. 8 Abs. 3 BV geregelt. Er wird bezüglich der rechtlichen und tatsächlichen Gleichstellung in der Arbeit namentlich durch die Bestimmungen des Gleichstellungsgesetzes konkretisiert. Gemäss Art. 3 GlG dürfen die Arbeitnehmerinnen und Arbeitnehmer aufgrund des Geschlechts weder direkt noch indirekt diskriminiert wer-

55

---

83 Art. 25 BPV.
84 PVBger Art. 13 Abs. 2.
85 Vgl. Ziff. 20 GAV Post, Art. 20 Abs. 1 GAV SBB und Art. 16 Abs. 2 Personalverordnung ETH-Bereich.
86 Vgl. u.a. Art. 13 f. VBPV-EDA und Art. 5 ff. V Mil Pers. In Spezialgesetzen und -verordnungen sind zahlreiche Voraussetzungen zu finden.
87 Darunter fallen vor allem fachliche Anforderungen. Diese allein genügen jedoch nicht. Es besteht kein Anspruch auf Wahl bzw. Anstellung, BGE 118 Ib 289; VPB 62 Nr. 33.
88 Art. 24 Abs. 1 BPV.

den. Das gilt insbesondere auch für eine Anstellung beim Bund[89]. Bei der Ablehnung einer Anstellung in einem öffentlichrechtlichen Dienstverhältnis geniesst die Bewerberin oder der Bewerber einen besonderen Rechtsschutz. Die Ablehnung wird einer Verfügung gleichgestellt, sogar wenn das Arbeitsverhältnis durch einen öffentlichrechtlichen Vertrag begründet wird. Die Entschädigung[90] kann direkt mit Beschwerde gegen die abweisende Verfügung verlangt werden[91].

56  Das Bundespersonalrecht hat mit *Art. 4 Abs. 2 lit. d BPG* eine eigene, spezifische Bestimmung zur Gleichstellung von Mann und Frau erhalten[92]. Danach müssen die Arbeitgeber ihr Personal auf zweckmässige, wirtschaftliche und sozial verantwortbare Weise einsetzen. Sie müssen insbesondere geeignete Massnahmen treffen, um die Chancengleichheit und die Gleichstellung von Mann und Frau zu gewährleisten. Das soll mit dem Erlass von Förderungsprogrammen sowie dem Einsatz von Fachpersonen und Zielquoten[93] verwirklicht werden. Zur Durchsetzung des Diskriminierungsverbots und um jeder Form von sexueller Belästigung vorbeugen zu können, dürfen auch weitere geeignete Massnahmen getroffen werden[94].

57  Von besonderer Bedeutung im Hinblick auf Anstellungen beim Bund sind die *Weisungen des Bundesrates zur Verwirklichung der Chancengleichheit von Frau und Mann* in der Bundesverwaltung vom 22. Januar 2003[95]. Diese Weisungen enthalten eine Reihe von Vorschriften, durch welche die berufliche Stellung der Frauen gefördert werden soll. Im Einzelnen betrifft dies namentlich die Gewinnung, die Auswahl, den Einsatz, die Beurteilung und die Entwicklung des Personals sowie speziell zum Zwecke der Förderung der Gleichstellung der Geschlechter getroffene Massnahmen. In Ziff. 421 der Weisungen wird eine Quotenregelung festgelegt. Die für die Anstellung Verantwortlichen haben Bewerbungen des untervertretenen Geschlechts bei gleichwertiger Qualifikation so lange vorrangig zu berücksichtigen, bis innerhalb einer Organisationseinheit ein paritätisches Verhältnis zwischen Frauen und Männern besteht. Dies gilt insbesondere auch für die Besetzung von Lehr- und Kaderstellen. Weiter wird ausgeführt, dass für die Beurteilung der Gleichwertigkeit der Qualifikation neben der Ausbildung und Berufserfahrung insbesondere auch ausserberufliche Tätigkeiten massgebend sind, wie z.B. Betreuungsaufgaben und Aufgaben im sozialen Bereich[96]. Ein Controlling soll garantieren, dass der Fortschritt bei der Zielerreichung gemessen wird[97].

---

89 Vgl. Art. 2 und Art. 3 Abs. 2 GlG; Personalpolitische Leitsätze für die Bundesverwaltung, BBl 2004 2235 f.; RDAF 2003 III 328; ferner RDAF 2003 III 345.
90 Art. 5 Abs. 2 GlG sieht für die bei der Anstellung diskriminierte Person eine Entschädigung vor.
91 Art. 13 Abs. 2 GlG. Vgl. LGVE 2001 II 2; zum Ganzen ARIOLI, S. 260 f.
92 Zur Gleichberechtigung von Mann und Frau in den kantonalen Verwaltungen vgl. HÄNNI, Fallsammlung, S. 283 ff.
93 Zu den möglichen Massnahmen und zur Problematik der Quotenregelungen insbesondere vgl. ZWICKER, S. 287 und 298 ff.
94 Vgl. Art. 6 BPV.
95 BBl 1992 II 604 ff.
96 Ziff. 422 Chancengleichheitsweisungen.

## c) Förderung der Mehrsprachigkeit

Bei der Stellenbesetzung ebenfalls zu beachten sind die Weisungen des Bundesrates zur Förderung der Mehrsprachigkeit in der Bundesverwaltung vom 22. Januar 2003. Mit diesen Vorschriften sollen die Mehrsprachigkeit am Arbeitsplatz gefördert und die multikulturellen Eigenschaften der Verwaltung genutzt werden. Jeder Bewerber oder Angestellte soll unabhängig von seiner Landessprache die gleichen Chancen haben. Die zentrale Bestimmung der Weisungen ist Ziff. 823, wonach bei gleichwertiger Qualifikation die Bewerberinnen und Bewerber aus jener Sprachgemeinschaft, die in der betreffenden Verwaltungseinheit verhältnismässig[98] untervertreten sind, besonders berücksichtigt werden. Es handelt sich dabei um eine sprachliche Quotenregelung, die auf allen Stufen der Bundesverwaltung gilt. Der Aufbau ist jenem der Chancengleichheitsweisungen sehr ähnlich. Den Mehrsprachigkeitsweisungen spezifisch sind nur die Bestimmungen zur Arbeitssprache, zum Übersetzungs- und Redaktionswesen und zu den sprachlichen Anforderungen an die Angestellten.

58

## d) Sicherheitsprüfung

Als weiteres Kriterium, auf das bei der Neubesetzung von Stellen abgestellt werden darf, ist das Ergebnis einer Personensicherheitsprüfung zu erwähnen. Nach der geltenden Regelung des vierten Abschnitts des Bundesgesetzes über Massnahmen zur Wahrung der inneren Sicherheit (BWIS) können Bedienstete des Bundes, Angehörige der Armee und Dritte, die an klassifizierten Projekten im Bereich der inneren oder der äusseren Sicherheit mitwirken, einer Sicherheitsprüfung unterzogen werden, wenn sie bei ihrer Tätigkeit regelmässigen und weitreichenden Einblick in die Regierungstätigkeit oder regelmässig Zugang zu Geheimnissen der inneren oder der äusseren Sicherheit haben, als Angehörige der Armee mit klassifizierten Informationen, Materialien oder Anlagen in Kontakt sind, als Vertragspartner oder deren Mitarbeiter an klassifizierten Projekten des Bundes mitwirken, oder regelmässig besonders schützenswerte Personendaten bearbeiten[99]. Die Verordnung über die Personensicherheitsprüfungen (PSPV) listet in ihren Anhängen 1 und 2 die Funktionen in der Bundesverwaltung und in der Armee auf, für die eine solche Prüfung durchgeführt werden muss[100].

59

Zuständig für die Durchführung ist die Fachstelle für Personensicherheitsprüfungen in der Abteilung Informations- und Objektsicherheit des VBS[101]. Sie führt die Prüfung nach dem in Art. 8ff. PSPV geregelten Verfahren durch. Das Prüfverfahren sieht drei Abstufungen der Sicherheitsprüfung vor. Je nach Funktion

60

---

97 Ziff. 5 Chancengleichheitsweisungen.
98 Ziff. 21 Mehrsprachigkeitsweisungen.
99 Vgl. Art. 19 Abs. 1 BWIS.
100 Vgl. auch Art. 19 Abs. 4 BWIS sowie Art. 2 PSPV.
101 Vgl. Art. 3 PSPV.

## Zweites Kapitel: Begründung und Beendigung von Dienstverhältnissen

des Angestellten erfolgt eine Grundsicherheitsprüfung, eine erweiterte Sicherheitsprüfung oder eine erweiterte Sicherheitsprüfung mit Befragung[102]. Die zu prüfende Person muss in die Durchführung der Sicherheitsprüfung ausdrücklich einwilligen, kann die einmal gegebene Ermächtigung aber jederzeit widerrufen. Falls Sie im Laufe der Prüfung ihre Bewerbung zurückzieht, wird das Verfahren eingestellt. In besonderen Fällen kann die Sicherheitsprüfung periodisch wiederholt werden[103]. Die Fachstelle teilt der geprüften Person das Ergebnis der Abklärungen und ihre Beurteilung des Sicherheitsrisikos mit. Diese hat nun die Möglichkeit, in die Akten Einsicht zu nehmen und kann, falls die Sicherheitserklärung nicht oder mit Vorbehalten erteilt wurde, Beschwerde führen[104].

61  Inhaltlich werden sicherheitsrelevante Daten über die Lebensführung der betroffenen Person erhoben, «insbesondere über ihre engen persönlichen Beziehungen und familiären Verhältnisse, ihre finanzielle Lage, ihre Beziehungen zum Ausland und Aktivitäten, welche die innere oder die äussere Sicherheit in rechtswidriger Weise gefährden können»[105]. Über die Ausübung verfassungsmässiger Rechte dürfen jedoch keine Daten erhoben werden[106]. Daten können erhoben werden aus den Registern der Sicherheits- und der Strafverfolgungsorgane, aus dem Strafregister, aus den Registern der Betreibungs- und Konkursbehörden, durch Einholen von Auskünften über laufende Strafverfahren, oder durch Befragungen von Drittpersonen oder der betroffenen Person selbst[107].

62  Wesentlich ist bei diesen Sicherheitsprüfungen zum einen, dass die informationelle Selbstbestimmung der überprüften Personen sichergestellt ist, was durch Art. 19 Abs. 3 Satz 2 BWIS gewährleistet wird. Zum anderen ist ausufernden «Sicherheitsüberlegungen» des Staatsschutzes entgegenzutreten, um Beeinträchtigungen der verfassungsmässigen Rechte zu verhindern[108]. Für diejenigen obersten Ämter in der Verwaltung, bei deren Besetzung über die öffentlich bekannte Parteizugehörigkeit der Kandidatinnen und Kandidaten diskutiert wird und die Parteizugehörigkeit sogar die Wahl beeinflusst, wäre es rechtsstaatlich und demokratisch kaum zu vertreten, dass die Weltanschauung und die politische Zugehörigkeit als Sicherheitsrisiko in Erwägung gezogen würden. Damit

---

102 Art. 9 PSPV. Vgl. zum Verfahren VPB 67 Nr. 102 und VPB 67 Nr. 101.
103 Art. 19 Abs. 2 Bundesgesetz vom 21. März 1997 über Massnahmen zur Wahrung der inneren Sicherheit (BWIS) und Art. 19 i.V.m. Art. 11 Abs. 1 lit. a–e und Art. 12 Abs. 1 lit. a und b PSPV.
104 Vgl. Art. 21 BWIS und Art. 20 ff. PSPV.
105 Art. 20 BWIS. Ein Angestellter mit Schulden von Franken 150 000.– stellt ein Sicherheitsrisiko dar, VPB 66 Nr. 26. Bei Aktivitäten des Beschwerdeführers im Rechtsextremismusbereich kann eine erhöhte Gefährdung in Bezug auf die innere und äussere Sicherheit der Schweiz nicht ausgeschlossen werden, VPB 67 Nr. 101.
106 Vgl. dazu Entscheid des Regierungsrats des Kantons Aargau vom 18. Mai 1992 in ZBl 1993 15; ZBl 1994 366. Weitere Urteile bei HÄNNI, Fallsammlung, S. 3 ff.
107 Vgl. Art. 20 Abs. 2 BWIS und Art. 17 PSPV; VPB 66 Nr. 26; VPB 66 Nr. 25; VPB 66 Nr. 24.
108 Vgl. VPB 67 Nr. 101 und VPB 66 Nr. 26.

§ 4 Die Begründung von Dienstverhältnissen

wird allerdings nicht ausgeschlossen, dass nach der Wahl aus der Treuepflicht eine bestimmte Zurückhaltung fliessen kann, wenn Bundesangestellte sich in amtlicher Funktion «politisch äussern»[109]. Mit dieser Konzeption heben sich die bestehenden Vorschriften zur Sicherheitsprüfung wohltuend von den früheren Weisungen des Bundesrates zu diesem Themenkreis ab[110].

### 3. Die Dauer der Anstellung

Das BPG kennt das System der Amtsdauer nicht. Es sieht nur kündbare Arbeitsverhältnisse vor, die grundsätzlich unbefristet sind. Ein flexibles Personalmanagement ist aber auf eine kleinere Anzahl befristeter Arbeitsverhältnisse angewiesen, z.B. um kompetentes Personal für Projektarbeiten anstellen zu können. Der Arbeitsvertrag kann deshalb eine Befristung der Anstellungsdauer beinhalten[111]. Die befristeten Verträge dürfen jedoch nicht zur Aushöhlung des Kündigungsschutzes oder der Pflicht zur Stellenausschreibung abgeschlossen werden. Befristete Dienstverhältnisse dürfen in der Verwaltung für eine Vertragsdauer von längstens fünf Jahren geschlossen werden, danach gelten sie als unbefristet. Um den Abschluss von so genannten Kettenverträgen zu verhindern, gelten aneinandergereihte Arbeitsverhältnisse ebenfalls nach fünf Jahren als unbefristet[112]. Die Probezeit beträgt in der Regel drei Monate, kann jedoch auf maximal sechs Monate verlängert werden. Bei Übertritten in andere Verwaltungszweige und bei befristeten Arbeitsverhältnissen sind die Vereinbarung von kürzeren Probezeiten oder sogar der Verzicht darauf zulässig[113].

63

---

109 BBl 1994 II 1186f. In diesem Sinne bereits HÄNNI, Treuepflicht, S. 137ff., 159ff.
110 Vgl. dazu insbesondere die Weisungen des Bundesrates vom 5. September 1950, BBl 1950 II 789ff.
111 Art. 9 Abs. 1 BPG. Vgl. auch Art. 2 PVEVG. An den ETH sind sämtliche Assistentinnen und Assistenten sowie die wissenschaftlichen Mitarbeiterinnen und Mitarbeiter, die in der Lehre und in Forschungsprojekten eingesetzt werden, mittels befristeten Arbeitsverträgen angestellt. Vgl. dazu Art. 6 Rahmenverordnung BPG und Art. 19 Personalverordnung ETH-Bereich. Zur Wahl auf Amtsdauer siehe vorne Rz 69ff.
112 Vgl. Art. 9 Abs. 2 BPG und Art. 28 BPV. Eine ähnliche Regelung sieht Art. 15 PVBger vor, allerdings mit der Besonderheit, dass die Gerichtsschreiber beim Bundesgericht bei der Erststellung immer befristet angestellt werden. An der ETH werden die Assistentinnen und Assistenten für maximal sechs, die wissenschaftlichen Mitarbeiter für insgesamt höchstens neun Jahre befristet angestellt. Für Grossprojekte müssen die beiden ETH für ihre Mitarbeiterinnen und Mitarbeiter einen Personalplan erstellen. Siehe dazu Art. 20 Personalverordnung ETH-Bereich und Art. 4 der Verordnung über das wissenschaftliche Personal der Eidgenössischen Technischen Hochschule Zürich. Für eine Zusammenstellung der Praxis zu den Kettenverträgen siehe HÄNNI, Fallsammlung, S. 63ff.; ferner VPB 67 Nr. 8.
113 Art. 8 Abs. 2 BPG und Art. 27 BPV. Ähnlich für das Personal des Bundesgerichts Art. 14 PVBger. Vgl. ferner Art. 9 Abs. 3 Professorenverordnung ETH.

## 4. Der öffentlichrechtliche Gesamtarbeitsvertrag

*a) Allgemeines*

64 Art. 38 BPG regelt den im Dienstrecht des Bundes bisher unbekannten Gesamtarbeitsvertrag[114] und konkretisiert damit die Absicht des Gesetzgebers, das öffentliche Personalrecht den arbeitsrechtlichen Regelungen des Obligationenrechts anzugleichen. Gemeint ist nur eine *Annäherung an das Privatrecht*, nicht eine Unterstellung. Der GAV im öffentlichen Personalrecht ist ein öffentlichrechtlicher und das Arbeitsverhältnis bleibt öffentlichrechtlicher Natur[115].

65 Der GAV bezweckt hauptsächlich den Ausgleich des Ungleichgewichts zwischen dem Arbeitgeber und den einzelnen Arbeitnehmern, die wirtschaftlich zu schwach sind, um ihre Interessen mit Erfolg zu vertreten. Auch die Arbeitnehmer des Bundes sollen nicht einzeln mit ihrem Arbeitgeber verhandeln müssen, sondern sich in Gewerkschaften zusammenschliessen können, um so gegenüber diesem mehr Gewicht zu erhalten. Mit dem *Ausbau der Mitwirkungs- und Mitspracherechte* fördert das BPG Kooperation und Sozialpartnerschaft. Das hoheitliche Auftreten des Staates wird ersetzt durch Gleichstellung und gegenseitiges Anhören, was insbesondere erlaubt, die Angestellten des Bundes gegen die Deregulierungen des New Public Management im öffentlichen Dienstrecht besser zu schützen[116].

*b) Die Parteien*

66 Aufgrund von Art. 38 Abs. 1 BPG sind die Schweizerische Post, die Schweizerischen Bundesbahnen sowie weitere vom Bundesrat dazu ermächtigte Arbeitgeber verpflichtet, für ihren Bereich mit den Personalverbänden GAV abzuschliessen. Zu den weiteren Arbeitgebern gehören gemäss Botschaft zum BPG die Organisationseinheiten, die über einen ausgeprägten Autonomiegrad verfügen und sich organisatorisch klar bestimmen lassen[117]. Als einzigen «weiteren

---

114 Das Instrument des GAV war unter der Herrschaft des alten Rechts zulässig – die Bundesverfassung von 1874 enthielt kein Verbot und auch die Gesetze schweigen sich aus –, wurde praktisch aber nie angewendet; vgl. dazu HELBLING, AJP 2 (1993), S. 663.
115 Vgl. VPB 67 Nr. 68, insbesondere E. 2. Die Schaffung eines einheitlichen Arbeitsrechts, das sowohl die öffentlichrechtlichen als auch die privatrechtlichen Arbeitsverhältnisse regeln würde, wird von einem erheblichen Teil der Lehre mit dem Argument abgelehnt, die Verwaltung müsse hoheitliche Aufgaben wahrnehmen und im öffentlichen Interesse handeln. Statt vieler HAFNER, ZBl 1992, S. 485 f.; MEIER, S. 244 f.
116 MEIER, S. 245 f.; HELBLING, BPG, S. 27 f.; DERSELBE, AJP 2 (1993), S. 663; kritisch gegenüber dem GAV im öffentlichen Dienstrecht HÄNNI FREDI, Plädoyer 1998, Nr. 4, S. 23 ff.; vgl. auch MICHEL, S. 244; HAFNER, ZBl 1992, S. 483. Die Post und die SBB fordern jedoch immer flexiblere Arbeitsbedingungen für ihre Angestellten. Der zurzeit geltende GAV Post soll durch einen neuen ersetzt werden, der bei den Löhnen, bei der Arbeitszeit und bei den Sozialleistungen eine flexiblere Gestaltung erlaubt. Vgl. NZZ Online vom 21. Januar 2004, Mehr Druck auf Post-Angestellte.
117 Botschaft zum BPG, BBl 1999 II 1631.

Arbeitgeber» nennt die Rahmenverordnung BPG in Art. 2 Abs. 1 den ETH-Rat. Grundsätzlich kann jedoch jede Verwaltungseinheit, der vom Bundesrat die Arbeitgeberbefugnisse nach Art. 3 Abs. 2 BPG übertragen worden sind, einen öffentlichrechtlichen GAV als Arbeitgeberin eingehen. Diese Befugnis kann auch an untere Verwaltungseinheiten delegiert werden[118].

Die gesamtarbeitsvertraglich ausgehandelten Normen sind für die davon betroffenen Dienstverhältnisse zwingend, d.h. sie haben die gleiche Wirkung wie ein Gesetz. Die zum Abschluss von GAV befugten Parteien übernehmen quasi die Funktion und damit die Macht und die Verantwortung des Gesetzgebers[119]. Die Frage, wer beim Abschluss eines Gesamtarbeitsvertrags mitwirken darf, ist deshalb von zentraler Bedeutung[120]. 67

### c) Der sachliche Geltungsbereich

Es unterstehen nicht alle Regelungsbereiche der Dispositionsfreiheit der Parteien. Diese müssen sich vielmehr an den Rahmen des BPG, der Rahmenverordnung BPG sowie an die Bestimmungen des OR, soweit diese zur Anwendung kommen, halten. Sie dürfen nicht vom zwingenden Gesetzesrecht abweichen[121]. Explizit dem Bundesrat vorbehalten bleiben namentlich die Regelung der Mindestlöhne (Art. 15 Abs. 2 BPG und Art. 7 Rahmenverordnung BPG), der maximalen Normalarbeitszeit, der Mindestferien und des Mutterschaftsurlaubs (Art. 17 BPG und Art. 8f. Rahmenverordnung BPG), die Einschränkungen von Rechten und Pflichten (Art. 24 BPG) sowie die Mindestleistungen für den Unterhalt der Kinder (Art. 31 Abs. 1 BPG und Art. 10 Rahmenverordnung BPG). In diesen Schranken regelt der öffentlichrechtliche GAV weitgehend dieselben Fragen wie der privatrechtliche. Zu erwähnen sind insbesondere die normativen Bestimmungen über Abschluss und Beendigung der Einzelarbeitsverträge, über Löhne und Zulagen sowie über Arbeitszeiten, Arbeitsverhinderung, Ferien, Persönlichkeitsschutz und über den Sozialplan bei Massenentlassungen. 68

### d) Der persönliche Geltungsbereich

Art. 38 Abs. 2 statuiert, dass der GAV grundsätzlich für das ganze Personal eines Arbeitgebers gilt. Der GAV ist demzufolge Grundlage nicht nur für das in Personalorganisationen zusammengeschlossene Personal, sondern grundsätzlich 69

---

118 Vgl. MICHEL, S. 263; MEIER, S. 247.
119 HELBLING, AJP 7 (1998), S. 909; vgl. auch REHBINDER, N 518; MEIER, S. 247.
120 Die Vertragsparteien des GAV SBB sind neben der SBB als Arbeitgeberin der Schweizerische Eisenbahn- und Verkehrspersonal-Verband (SEV), Transfair, der Verband Schweizer Lokomotivführer und Anwärter (VSLF) sowie die Kader des öffentlichen Verkehrs (KVöV). Beim GAV Post haben neben der Schweizerischen Post die Gewerkschaft Kommunikation und Transfair mitgewirkt.
121 Vgl. Art. 6 Abs. 3 BPG; HELBLING, BPG, S. 28; MICHEL, S. 248 und 251 f.; z.T. kritisch gegenüber neuen Personalgesetzen POLEDNA, Annäherungen, S. 221 f.

auch auf die nichtorganisierten Arbeitnehmer anwendbar[122]. Mit dem Begriff «grundsätzlich» wird klargestellt, dass gewisse Ausnahmen möglich sind. Die Botschaft zum BPG legt den Absatz so aus, dass sich der Geltungsbereich des GAV auf die wichtigsten Personalkategorien beschränken und bestimmte Personen, wie z.B. Aushilfen, Praktikanten und Praktikantinnen, Heimarbeiter und Heimarbeiterinnen oder im Ausland rekrutiertes und angestelltes Personal, ausnehmen darf[123]. Darin liegt ein wichtiger Unterschied zum privaten Arbeitsrecht, wo ein GAV grundsätzlich nur für die direkt beteiligten Arbeitnehmer und Arbeitgeber gilt und kein Arbeitnehmer zum Eintritt in einen vertragschliessenden Verband gezwungen werden kann[124]. Immerhin sind Post, SBB und ETH-Rat verpflichtet, für die dem OR statt dem GAV unterstellten Arbeitnehmer und Arbeitnehmerinnen soziale und arbeitsrechtliche Mindeststandards aufzustellen[125].

## II. Die Begründung von Dienstverhältnissen auf Amtsdauer

### 1. Voraussetzungen der Wahl und Dauer

70  Abgesehen von den Magistraten werden nur einige wenige Bundesbeamte[126] auf Amtszeit gewählt. Deren Arbeitsverhältnisse sind in der Amtsdauerverordnung und in vereinzelten Normen der Spezialgesetzgebung geregelt. Soweit diese keine besonderen Bestimmungen enthalten, ist die BPV anwendbar[127].

71  Für die formellen und materiellen Voraussetzungen der Wahl kann auf das für das Angestelltenverhältnis Gesagte verwiesen werden. Die Begründung des Arbeitsverhältnisses und die Amtsdauer folgen jedoch besonderen Regeln. Das Dienstverhältnis wird nicht durch einen öffentlichrechtlichen Arbeitsvertrag begründet, sondern durch eine Wahlverfügung. Diese muss mindestens den Beginn und die Dauer des Arbeitsverhältnisses, die Funktion beziehungsweise den Arbeitsbereich, den Arbeitsort, den Beschäftigungsgrad, den Lohn und die Vorsorgeeinrichtung sowie den Vorsorgeplan enthalten[128]. Die Amtsdauer schliesst die Vereinbarung einer Probezeit aus[129]. Sie beginnt am 1. Januar und endet am

---

122 Art 3 Abs. 1 GAV SBB. Vgl. MEIER, S. 251.
123 Vgl. BBl 1999 II 1631; siehe ferner Art. 5 Abs. 1 und 2 Rahmenverordnung BPG; Art. 3 Abs. 2 und 3 GAV SBB i.V.m. Anhang 1 zum GAV SBB.
124 Vgl. Art. 356 Abs. 1 und 356a OR; zum Ganzen REHBINDER, Rz 516f., S. 240f. Durch Allgemeinverbindlicherklärung kann allerdings der Geltungsbereich eines GAV auf nicht beteiligte Arbeitgeber und Arbeitnehmer ausgedehnt werden, vgl. BG über die Allgemeinverbindlicherklärung von Gesamtarbeitsverträgen (AVEG) vom 28. September 1956 (SR 221.215.311), insbesondere Art. 4f.
125 Von diesem Schutz ausgenommen ist allerdings das oberste Kader. S. Art. 5 Abs. 3 Rahmenverordnung BPG.
126 Vgl. vorne Rz 35 und die Liste von Art. 1 Abs. 1 Amtsdauerverordnung.
127 Art. 1 Abs. 2 Amtsdauerverordnung.
128 Art. 1 und 3 Amtsdauerverordnung.
129 Art. 2 Abs. 2 Amtsdauerverordnung; vgl. ferner Art. 5 Abs. 3 URVBger.

31. Dezember, dauert in der Regel vier Jahre und richtet sich nach der Legislaturperiode des Nationalrates[130].

## 2. Die Rechtsnatur der Wahl

### a) Der Wahl- oder Berufungsakt als Verfügung

Öffentlichrechtliche Dienstverhältnisse auf Amtsdauer werden durch so genannte mitwirkungsbedürftige Wahlverfügungen begründet, indem der Wahl- oder Berufungsakt zwar die Merkmale einer Verfügung i.S. von Art. 5 VwVG auf sich vereinigt, aber das Einverständnis des Gewählten bzw. Berufenen voraussetzt[131]. Bei Wahlen kann dieses Einverständnis in der Bewerbung erblickt werden, während eine Berufung ein eigentliches Einverständnis voraussetzt.

72

### b) Die Rechtsstellung abgewiesener Bewerber

Art. 3 lit. b VwVG schliesst die Anwendung des Verwaltungsverfahrensgesetzes auf die erstmalige Begründung eines Dienstverhältnisses aus. Die Frage bleibt aber offen, ob gegen die Wahl, welche eine Verfügung mit Drittwirkung darstellt, verwaltungsintern Beschwerde geführt werden kann. Nach anfänglichen Unsicherheiten[132] hat sich mittlerweile bei den Bundesbehörden eine Auffassung durchgesetzt, wonach abgewiesene Bewerber nicht zur Verwaltungsbeschwerde legitimiert sind. Der Bundesrat verneint die Beschwerdebefugnis von Mitbewerbern mit der Begründung, diese könnten keine besonderen schutzwürdigen Interessen geltend machen, weil im Falle einer Gutheissung der Beschwerde kein unmittelbarer Nutzen für die beschwerdeführende Person entstehe, da sie in diesem Falle nicht an die Stelle des Gewählten treten könnten. Vielmehr sei ein neuer Wahlentscheid zu treffen und die Wahlbehörde könne wiederum eine andere Kandidatur bevorzugen. Dieser Umstand – und dies räumt auch der Bundesrat ein – würde allerdings bei einer Wahlwiederholung die Chancen des abgewiesenen Bewerbers erhöhen[133].

73

Die bundesrätliche Begründung für die Verneinung der Legitimation abgewiesener Mitbewerber vermag nicht zu überzeugen und wird in der Lehre mit guten

74

---

130 Art. 2 Abs. 4 Amtsdauerverordnung i.V.m. Art. 32 Abs. 1 und 2 BPV. Vgl. auch Art. 71c Abs. 4 Satz 1 VwVG betreffend die Richter der eidgenössischen Schieds- und Rekurskommissionen. Eine Ausnahme bilden die gewählten Mitarbeiter des Bundesgerichts, deren Amtsdauer sich nach jener der Mitglieder des Gerichts richtet und sechs Jahre dauert. Siehe Art. 19 Abs. 2 PVBger und Art. 3 Abs. 2 PVEVG.
131 FLEINER-GERSTER, VwR, S. 435; GYGI, VwR, S. 127. In der neueren Lehre wird immer wieder gefordert, zustimmungsbedürftige Rechtsbeziehungen mittels Vertrag zu kreieren. Vgl. dazu GIACOMINI, S. 45; HAFNER, ZBl 1992, S. 487 f.; JAAG, ZBl 1994, S. 442; RHINOW, S. 307 f.
132 VPB 39 Nr. 47.
133 VPB 43 Nr. 52 und 92; VPB 42 Nr. 111.

Gründen kritisiert[134]. Zwar trifft es zu, dass abgewiesene Beschwerdeführer nicht verlangen können, anstelle der Gewählten selber gewählt zu werden, und es ist ausserdem nicht zu bestreiten, dass es sich bei der Wahlverfügung um einen in hohem Masse vom (pflichtgemässen) Ermessen der Wahlbehörden geprägten Entscheid handelt. Dennoch ist nicht zu übersehen, dass durch die geschilderte Praxis das Grundanliegen der dargestellten Wahlvoraussetzungen, nämlich der gleichberechtigte Zugang aller zum öffentlichen Dienst sowie das Sicherstellen der Transparenz, in Frage gestellt wird.

*c) Nach dem Gleichstellungsgesetz*

75 Ein Anlass für eine Neuüberprüfung der Praxis der Bundesbehörden könnte sich möglicherweise aus dem Bundesgesetz über die Gleichstellung von Frau und Mann vom 24. März 1995 (GlG) ergeben[135]. Danach können Personen, welche durch die Abweisung ihrer Bewerbung für die erstmalige Begründung eines Arbeitsverhältnisses diskriminiert werden, einen Anspruch auf Entschädigung bis zur maximalen Höhe von drei Monatslöhnen geltend machen[136]. Diese neuen Vorschriften zum Rechtsschutz zeigen, dass nunmehr – mindestens mit Blick auf die vom GlG angestrebte Förderung der tatsächlichen Gleichstellung von Frau und Mann – die Schutzwürdigkeit der Interessen abgewiesener Bewerber vom Gesetzgeber anerkannt worden ist. Damit sind m.E. die gegen eine allgemeine Beschwerdebefugnis bei der erstmaligen Begründung bundesrechtlicher Dienstverhältnisse auf Amtsdauer vorgebrachten Einwände doch erheblich relativiert worden.

## III. Die Begründung übriger Dienstverhältnisse

76 Bei den Sonderregelungen im Rahmen öffentlichrechtlicher Dienstverhältnisse ergeben sich hinsichtlich der Begründung dieser Dienstverhältnisse keine bedeutenden rechtlichen Unterschiede zu den ordentlichen Angestelltenverhältnissen. Hingegen folgt aus der Natur der Sache, dass z.B. Generalsekretäre und Generalsekretärinnen oder Informationschefs und Informationschefinnen der Departemente sowie die persönlichen Mitarbeiter der Departementsvorsteher das uneingeschränkte Vertrauen des Bundesrates bzw. vor allem aber der zuständigen Departementsvorsteher haben müssen, weshalb schon bei der Begründung des Dienstverhältnisses «die Chemie stimmen muss»[137]. Insofern sind bei der Anstellung subjektive Gesichtspunkte von erheblicher, wenn auch nicht allein ausschlaggebender Bedeutung.

---

134 Vgl. dazu GYGI, VwR, S. 159; JAAG, ZBl 1994, S. 467; MOOR, S. 214 ff.
135 BBl 1995 II 382.
136 Art. 13 Abs. 2 GlG.
137 Das geht implizit aus Art. 26 Abs. 1 BPV hervor. Vgl. dazu auch «Der Preis der Schleudersitze im Bundeshaus», NZZ vom Mittwoch, 8. Januar 2003, S. 11.

Bei der Begründung von Dienstverhältnissen durch privatrechtlichen Vertrag  77
sind die Arbeitgeber im Sinne eines unteren Minimums an die Vorschriften des
OR gebunden. Darüber hinaus bestehen in der Regel weitergehende öffentlichrechtliche Vorschriften, die von den Arbeitgebern im Rahmen der Vorbereitung
des Vertragsabschlusses zu berücksichtigen sind[138]. Zudem bleiben die Behörden auch hier den rechtsstaatlichen Grundsätzen des Verwaltungshandelns sowie
den Grund- und Menschenrechten verpflichtet.

## § 5 Die Beendigung von Dienstverhältnissen

Entsprechend den vielfältigen Begründungsmöglichkeiten von Dienstverhältnis-  78
sen unterliegt auch deren Beendigung unterschiedlichen Regeln. Neben objektiven Beendigungsgründen, wie z.B. Tod des Dienstnehmers und Erreichen des
Pensionierungsalters, gilt es bei der Beendigung von Dienstverhältnissen grundsätzlich zwischen öffentlichrechtlichen und privatrechtlichen Dienstverhältnissen
zu unterscheiden. Da jedoch Letztere im Rahmen des Personalrechts des Bundes eine geringe Rolle spielen, wird im Folgenden auf eine Darstellung ihrer Beendigung verzichtet. Bei der Beendigung öffentlichrechtlicher Dienstverhältnisse
lassen sich die ordentlichen und die ausserordentlichen Formen der Auflösung
auseinanderhalten.

### I. Die ordentliche Beendigung von Dienstverhältnissen

#### 1. Beendigung im gegenseitigen Einvernehmen

Ein einvernehmliches Vorgehen zwischen Arbeitgeber und Arbeitnehmer soll  79
nicht nur bei der Begründung die Regel sein, sondern auch bei der Auflösung
des Dienstverhältnisses[139]. Nach Art. 10 Abs. 1 BPG können die Vertragsparteien das Arbeitsverhältnis im gegenseitigen Einvernehmen auf jeden beliebigen
Zeitpunkt beenden. Sie sind dabei an keine Kündigungsfrist gebunden, d.h. sie
können den Vertrag, wenn sie es so wünschen, auch fristlos aufheben. Dabei sind
sie nicht verpflichtet, die Kündigung zu begründen. Lediglich das Erfordernis
der Schriftlichkeit ist einzuhalten[140]. Auch das gewählte Personal hat die Möglichkeit, das Arbeitsverhältnis im Einvernehmen mit der Wahlbehörde durch einen schriftlichen Auflösungsvertrag vor Ende der Amtszeit aufzulösen. In dieser
Hinsicht besteht kein Unterschied zwischen den Angestellten und den auf Amtszeit gewählten Personen[141].

---

138 Vgl. Art. 5 Abs. 5 und 6 BPG.
139 Vgl. Art. 34 Abs. 1 BPG. Vgl. zum kantonalen Recht RB ZH 2002 26.
140 Art. 13 Abs. 1 und 3 BPG. Vgl. auch die Botschaft zum BPG, BBl 1999 II 1612 f.; Entscheid der
    PRK vom 23.3.2004, PRK 2004-001, www.reko-efd.admin.ch/de/prk/entscheide/index.htm, E. 3.
141 Art. 3 Abs. 1 Amtsdauerverordnung; Art. 6 Abs. 2 URVBger. Die Post und die SBB sehen in ih-
    ren Gesamtarbeitsverträgen gleichartige Lösungen vor, vgl. Art. 135 GAV SBB und Ziff. 60
    i.V.m. Anhang 4 Ziff. 100 GAV Post.

## 2. Beendigung von Gesetzes wegen

80 Beim Eintritt gewisser Ereignisse endet das Dienstverhältnis *ohne Kündigung* von Gesetzes wegen. Das BPG nennt in Art. 10 Abs. 2 zwei Beendigungsgründe, die jenen des Obligationenrechts entsprechen, nämlich den Tod der angestellten Person und den Ablauf der Vertragsdauer. Als dritten Grund erwähnt das Gesetz das Erreichen des Pensionsalters. Dieses ist in Art. 21 AHVG festgelegt und beträgt zurzeit 65 Jahre für Männer und 64 Jahre für Frauen [142]. Der Bundesrat hat jedoch die Kompetenz, das Rücktrittsalter für gewisse Personalkategorien abweichend zu regeln und einen frühzeitigen Rücktritt oder im Gegenteil eine Anstellung über das Pensionsalter hinaus vorzusehen [143]. Er kann damit gezielt auf die unterschiedlichen Bedürfnisse einzelner Personalkategorien eingehen und das Rücktrittsalter flexibel dem spezifischen Risiko oder den überdurchschnittlichen physischen Anstrengungen gewisser Organisationseinheiten anpassen [144]. Umgekehrt können Arbeitsverhältnisse im Einvernehmen mit der betroffenen Person über das Rücktrittsalter hinaus bis längstens zum 70. Altersjahr verlängert werden, wenn für die freiwerdende Stelle nur schwer geeignetes Personal zu finden ist, wenn noch laufende Projekte abzuschliessen sind oder aus sozialen Gründen [145]. Die angestellte Person, die das Rentenalter erreicht hat, aber noch weiterarbeiten würde, hat grundsätzlich keinen Anspruch auf Weiterführung des Arbeitsverhältnisses [146].

---

[142] Die mit der 10. AHV-Revision eingeführte Erhöhung des Rentenalters der Frauen findet in Etappen statt. Bis zum 1. Januar 2005 gilt für die Frauen noch das Rentenalter 63.

[143] Art. 10 Abs. 3 BPG. Eingehend zu den Altersgrenzen für öffentliche Ämter, HANGARTNER, Altersgrenzen, S. 339 ff., insbesondere 347 ff. Vgl. ferner Personalpolitische Leitsätze für die Bundesverwaltung, BBl 2004 2235 f., wonach die Bundesverwaltung darauf achtet, dass Menschen unabhängig von ihrem Alter in der Bundesverwaltung berufliche Chancen haben.

[144] Zwingende tiefere Altersgrenzen für die Pensionierung hat der Bundesrat vor allem für die Berufsoffiziere der Schweizer Armee vorgesehen. Ihr Arbeitsverhältnis endet je nach Grad und Funktion mit dem 58., dem 60. oder dem 62., in Ausnahmefällen bereits mit dem 55. Altersjahr (Art. 33 Abs. 1–4 BPV). Für das Personal des EDA und die Angestellten der Direktion für Entwicklung und Zusammenarbeit (DEZA), die im Ausland unter schwierigen Lebensbedingungen eingesetzt wurden, ist eine Pensionierung ab 59 Jahren möglich, aber nicht zwingend (Art. 34 Abs. 1 BPV).

[145] Art. 35 BPV; Art. 20 PVBger.

[146] Vgl. RJN 1998 210 in HÄNNI, Fallsammlung, S. 563 ff. Es wird einem Portier verweigert, über das Pensionsalter hinaus tätig zu sein, mit der Begründung, das Arbeitsverhältnis könne, müsse aber nicht, verlängert werden. Eine vorteilhaftere Regelung sieht die Post für ihre Mitarbeiter vor (Anhang 4 Ziff. 102 GAV Post). Vgl. ferner Art. 17 Abs. 4 der Revision des ETH-Gesetzes vom 21. März 2003 (noch nicht in Kraft), der dem ETH-Rat in begründeten Ausnahmefällen erlaubt, mit einem Professor eine Anstellung über das 65. Altersjahr hinaus zu vereinbaren. Dabei handelt es sich um die sog. «Lex Wüthrich», die dem Nobelpreisträger Kurt Wüthrich als Lehrkraft mit ausserordentlichen Leistungen die Möglichkeit gibt, über das ordentliche Pensionsalter hinaus an der ETH tätig sein zu können.

## 3. Die Änderung von Arbeitsverträgen und interne Übertritte

Die Arbeitsverträge können grundsätzlich jederzeit, unter Einhaltung der schriftlichen Form, im gegenseitigen Einvernehmen modifiziert werden. Können sich die Parteien nicht über eine Lösung einigen, und ist eine Anpassung des Vertrages unumgänglich, so muss dieser nach den Bestimmungen von Art. 12 BPG gekündigt werden[147]. Davon ausgenommen sind Änderungen der Funktion, des Arbeitsbereichs oder des Arbeitsorts, wenn sie dienstlich erforderlich und dem Angestellten zumutbar sind, und andererseits Änderungen der organisatorischen Eingliederung im Zusammenhang mit einer Reorganisation[148]. Bei Umgestaltungen haben die betroffenen Angestellten also die Pflicht, unter Androhung der Kündigung, jede vom Arbeitgeber angebotene Stelle anzunehmen, die ihnen zumutbar ist. Unter solchen Umständen dürfen auch die Dienstverhältnisse von Angestellten, die auf Amtszeit gewählt werden, vor Ablauf der Amtsdauer von der Wahlbehörde umgestaltet werden[149]. Eine Ausnahme besteht für das Bundespersonal, das der Versetzungspflicht untersteht. Diesen Personen kann nach Art. 25 Abs. 4 BPV jederzeit durch einfache dienstliche Anweisung ein neuer Arbeitsbereich an einem neuen Arbeitsort zugewiesen werden. In der Praxis dürfte allerdings auch mit Personen, die der Versetzungspflicht unterstehen, primär eine Lösung im gegenseitigen Einvernehmen gesucht werden, bevor der Arbeitgeber von seinem Recht Gebrauch macht, den Angestellten mittels Anweisung zu versetzen.

81

Wünscht ein Bundesangestellter definitiv in eine andere als seine bisherige Verwaltungseinheit überzutreten, muss er zwingend seinen Arbeitsvertrag kündigen. Den Termin des Übertritts kann er mit den entsprechenden Behörden vereinbaren. Tut er dies nicht, werden die ordentlichen Kündigungsfristen angewendet. Gemäss Art. 29 Abs. 3 BPV bleibt bei zeitlich beschränkten, bundesinternen Übertritten der ursprüngliche Arbeitsvertrag bestehen. Die Beteiligten legen gemeinsam die Arbeitsbedingungen für die fragliche Zeitspanne fest[150].

82

## 4. Die ordentliche Kündigung

### a) Allgemeines

Gemäss Art. 12 Abs. 1 BPG können die *unbefristeten Arbeitsverhältnisse* von jeder Vertragspartei gekündigt werden. Das ergibt sich eigentlich schon aus der

83

---

147 Art. 30 Abs. 2 BPV; vgl. auch Art. 17 Abs. 2 Personalverordnung ETH-Bereich und Art. 17 PVBger.
148 Art. 25 Abs. 3 BPV und Art. 13 Abs. 3 PVBger. Vgl. VPB 67 Nr. 111 zum Lohnbesitzesstand beim Funktionswechsel.
149 Art. 9 Abs. 6 BPG verlangt für eine Umgestaltung wichtige Gründe. Eine weitere Ausnahme besteht für das Bundespersonal, das der Versetzungspflicht untersteht. Diesen Personen kann nach Art. 25 Abs. 4 BPV jederzeit durch einfache dienstliche Anweisung ein neuer Arbeitsbereich an einem neuen Arbeitsort zugewiesen werden.
150 Vgl. hierzu auch Art. 16 PVBger.

Vertragsfreiheit. Abs. 2 und 3 enthalten die zu beachtenden Fristen für die Kündigung des Arbeitsverhältnisses während bzw. nach Ablauf der Probezeit. Die Kündigungsfristen sind etwas länger, und damit für die Angestellten grundsätzlich vorteilhafter, als jene des Obligationenrechts[151].

84  Im Unterschied zu den unbefristeten Arbeitsverhältnissen enden die *befristeten* durch Zeitablauf und können nicht ordentlich gekündigt werden. Den Vertragsparteien steht zur Auflösung von befristeten Verträgen immerhin die ausserordentliche Kündigung offen[152].

*b) Kündigungsfristen*

85  Verordnungen, Gesamtarbeitsverträge oder entsprechende Bestimmungen in den Arbeitsverträgen können eine Verlängerung der Kündigungsfristen nach Art. 12 Abs. 2 und 3 BPG vorsehen[153]. Weder die Verordnungen der verschiedenen Arbeitgeber des Bundes, noch die GAV der Post und der SBB haben von dieser Möglichkeit Gebrauch gemacht. Gemäss Art. 12 Abs. 5 BPG kann der Arbeitgeber in Einzelfällen den Angestellten eine kürzere Kündigungsfrist zugestehen, wenn keine wesentlichen Interessen entgegenstehen. Diese Bestimmung hängt mit Art. 10 Abs. 1 BPG zusammen. Wenn die Parteien das Arbeitsverhältnis jederzeit im gegenseitigen Einvernehmen beenden können, müssen sie auch die bei der Kündigung einzuhaltenden Fristen frei gestalten können, mindestens solange keine «wesentlichen Interessen» tangiert werden. Haben sich die Parteien über kürzere Fristen geeinigt, hat der Angestellte also sozusagen auf einen längeren Schutz verzichtet, so bleibt m.E. nur das Interesse der Behörde, einen nicht leicht zu ersetzenden Mitarbeiter möglichst lange zu behalten.

*c) Der Sonderfall des gewählten Personals*

86  Für das auf Amtszeit gewählte Personal gelten besondere Bestimmungen, was die Kündigung von Seite des Arbeitgebers anbetrifft. Die gewählten Arbeitnehmer können gleich wie alle anderen Angestellten unter Einhaltung der Mindestfristen von Art. 12 Abs. 3 BPG auf das Ende jedes Monats kündigen[154]. Demgegenüber kann der Arbeitgeber das Verhältnis nur auf das Ende der Amtszeit ordentlich auflösen. Wenn keine Kündigung erfolgt und kein anderer Grund zur Beendigung des Arbeitsverhältnisses vorliegt, wie z.B. das Erreichen der für die

---

151 Sie sollen die mit der Abschaffung der Amtsdauer teilweise wegfallende Kontinuität der Leistungserbringung sicherstellen und ein Stück weit kompensieren. Vgl. Botschaft zum BPG, BBl 1999 II 1613 f.
152 Art. 11 BPG. Vgl. auch die Botschaft zum BPG, BBl 1999 II 1613. Zur ausserordentlichen Kündigung von befristeten Dienstverhältnissen siehe unten Rz 95.
153 Art. 12 Abs. 4 BPG. Vgl. ferner Botschaft zum BPG, BBl 1999 II 1614.
154 Art. 3 Abs. 2 Amtsdauerverordnung i.V.m. Art. 32 Abs. 4 BPV. Vgl. auch Art. 19 Abs. 4 PVBger und Art. 6 Abs. 3 URVBger.

Funktion geltenden Alterslimite[155], wird die betreffende Person in aller Regel wiedergewählt und das Dienstverhältnis erneuert[156].

### d) Kündigungsgründe

Der Angestellte kann das unbefristete Arbeitsverhältnis unter Einhaltung der Fristen und der Formvorschriften *ohne Angabe von Gründen* jederzeit kündigen. Beim Arbeitgeber gestaltet sich das Vorhaben komplizierter. Die von ihm ausgesprochene Kündigung hat den Charakter einer Verfügung und bedarf demnach einer Begründung[157]. Die Gründe für eine ordentliche Kündigung nach Ablauf der Probezeit sind in Art. 12 Abs. 6 BPG abschliessend geregelt[158]. Für das Vorliegen von sachlichen Kündigungsgründen sind grundsätzlich die Verhältnisse im Zeitpunkt des Kündigungsverfahrens massgebend und nicht jene zur Zeit der Einreichung oder der Beurteilung[159]. 87

Als *Hauptgründe* nennt das Gesetz die Verletzung wichtiger gesetzlicher oder vertraglicher Pflichten und Mängel in der Leistung oder im Verhalten, wobei Letzteres erst im Wiederholungsfalle und nach schriftlicher Mahnung eine Entlassung rechtfertigen kann. Mangelnde Eignung, Tauglichkeit oder Bereitschaft, die im Arbeitsvertrag vereinbarte Arbeit zu verrichten, oder mangelnde Bereitschaft zur Verrichtung zumutbarer anderer Arbeit sind zwei weitere Gründe. Allerdings muss vor der Entlassung von ungenügend qualifiziertem Personal versucht werden, die betreffenden Mängel durch Weiterbildung zu beheben. Darüber hinaus ist eine Kündigung möglich, wenn schwer wiegende wirtschaftliche oder betriebliche Gründe dies erfordern. Es muss jedoch vorher versucht werden, den betroffenen Personen eine zumutbare andere Arbeit anzubieten[160]. 88

---

155 Siehe oben Rz 80.
156 Die Wahlbehörde entscheidet bei einer Wiederwahl grundsätzlich frei. Vgl. Art. 19 Abs. 3 PVBger. Die Entscheidungsfreiheit der Wahlbehörden wird jedoch dadurch eingeschränkt, dass eine allfällige Nichtwiederwahl im Rahmen der Prinzipien von Art. 4 BV sachlich zu begründen ist und nach den Umständen nicht willkürlich erfolgen darf. Die Wiederwahl ist demnach die Regel, die Nichtwiederwahl die Ausnahme. Vgl. ANDRÉ GRISEL, Droit administratif suisse, Neuchâtel 1970, S. 235; BOIS, RJN 1983, S. 249 f.; RHINOW/KRÄHENMANN, Nr. 150 B I/a mit weiteren Hinweisen. Die zum Beamtenrecht entwickelte Rechtsprechung bleibt anwendbar, vgl. BGE 105 Ia 271, BGE 99 Ib 233, S. 237, sowie die Liste der Rechtsprechung zu den sachlich haltbaren und triftigen Gründen für eine Nichtwiederwahl in HÄNNI, Fallsammlung, S. 499 ff.
157 Vgl. Art. 13 Abs. 3 BPG und Art. 35 Abs. 1 VwVG.
158 Das BtG enthielt keine dem Art. 12 Abs. 6 BPG entsprechende Bestimmung. Die Praxis im alten Recht hat aber «triftige Gründe» zur Rechtfertigung einer Entlassung verlangt. Die Rechtsprechung dazu ist reichhaltig. Vgl. BGE 108 Ib 209; VPB 59 Nr. 1; 53 Nr. 21; siehe ferner HÄNNI, Rechte und Pflichten, Nr. 72, 73, 118, 141, 171, 173–175, 179 und 185. Die Liste der Kündigungsgründe des BPG ist eine Zusammenfassung der von der Rechtsprechung zum BtG ausgearbeiteten Gründe.
159 Vgl. VPB 53 Nr. 21.
160 Der Angestellte hat ein Recht darauf, dass der Arbeitgeber alle sinnvollen Möglichkeiten für eine Weiterbeschäftigung prüft. Vgl. Art. 19 Abs. 1 BPG. Was unter «zumutbarer Stelle» zu verstehen ist erläutert nur die Post für ihren Bereich in Anhang 5 Ziff. 2 GAV Post.

Ist der oder die Angestellte nicht bereit, die – eventuell an einem anderen als dem bisherigen Arbeitsort – angebotene Arbeit anzunchmen, setzt er selber einen Kündigungsgrund. Als letzten Grund erwähnt das Gesetz den Wegfall einer gesetzlichen oder vertraglichen Anstellungsbedingung, also z.B. der Verlust des Schweizer Bürgerrechts oder das Nichtbestehen einer für das Arbeitsverhältnis notwendigen Prüfung[161].

89  Die erwähnten Gründe gelten sinngemäss auch für die Kündigung von unbefristeten Dienstverhältnissen während der Probezeit. Es ist aber Sinn und Zweck der Probezeit, dass die Parteien das neue Arbeitsverhältnis jederzeit unter Berücksichtigung einer kurzen Frist wieder beenden können, wenn ihre Erwartungen nicht erfüllt werden. Es dürfen keine zu hohen Anforderungen an die Kündigungsgründe des Arbeitgebers gestellt werden. Nach der Botschaft zum BPG muss für die Kündigung des Probeverhältnisses als Grund die auf Tatsachen beruhende Annahme genügen, «zwischen den Parteien lasse sich mit vernünftigem Aufwand eine befriedigende und fruchtbare Zusammenarbeit nicht erreichen»[162].

### 5. Sonderregelungen

*a) Mitarbeiter der Departementsvorsteher*

90  Art. 26 Abs. 1 BPV enthält einen besonderen Kündigungsgrund, der für Dienstverhältnisse von Staatssekretären und Staatssekretärinnen, von Amtsdirektoren und Amtsdirektorinnen und von Vizekanzlern und Vizekanzlerinnen gilt. Deren Arbeitsverträge müssen ausdrücklich festhalten, dass der «Wegfall der gedeihlichen Zusammenarbeit mit dem Departementsvorsteher oder der Departementsvorsteherin beziehungsweise mit dem Bundeskanzler oder der Bundeskanzlerin» ein Grund zur ordentlichen Kündigung ist. Der Antrag für eine solche Kündigung muss dem Bundesrat zur Genehmigung vorgelegt werden. Er muss die Umstände darlegen, die eine gedeihliche Zusammenarbeit als ausgeschlossen erscheinen lassen. Der betroffene Mitarbeiter erhält immerhin das Recht zu einer schriftlichen Stellungnahme[163].

91  Für Generalsekretäre und Generalsekretärinnen sowie Informationschefs und Informationschefinnen der Departemente ist bereits der «Wegfall des Willens des Departementsvorstehers oder der Departementsvorsteherin zur Zusammenarbeit» ein zureichender Grund für eine ordentliche Kündigung nach Art. 12 Abs. 6 lit. f BPG. Auch die persönlichen Mitarbeiter und Mitarbeiterinnen der Bundesräte müssen sich mit besonderen Kündigungsgründen abfinden. Ihr Arbeitsverhältnis endet nicht nur mit dem Wegfall des Willens ihres Vorgesetzten zur Zusammenarbeit, sondern auch mit dessen Ausscheiden aus dem Amt.

---

161 Vgl. zum Ganzen die Botschaft zum BPG, BBl 1999 II 1614f.
162 BBl 1999 II 1615. Ähnlich schon BGE 120 Ib 134 zum BtG.
163 Art. 26 Abs. 3 BPV.

Die Sonderregelungen für engste Mitarbeiter des Bundesrats zeigen deutlich, 92
dass auf dieser Stufe persönliche Vertrautheit und zwischenmenschliche Beziehungen höher gewichtet werden als die genaue Kenntnis der Arbeitsabläufe im Departement. Der Wunsch der Departementschefs nach Zusammenarbeit mit politisch Gleichgesinnten weckt Verständnis[164]. Aus der Sicht des Mitarbeiters kann der Kündigungsschutz als relativ dürftig erscheinen. Die hohen Löhne und die grosszügigen Abgangsentschädigungen von bis zu maximal drei Jahressalären vermögen allerdings diesen Sicherheitsverlust zu kompensieren. Dass solche Anstellungsbedingungen mit der Zustimmung des Bundesrates auch noch auf weitere Posten ausgedehnt werden dürfen[165] zeigt klar, in welche Richtung die Entwicklung des Kündigungsschutzes der höheren Bundesangestellten in Zukunft gehen wird[166].

*b) Berufsoffiziere*

Berufsoffiziere können jederzeit aus ihrer Funktion oder ihrem Kommando entlassen werden und in ein anderes Kommando oder eine andere Funktion versetzt werden[167]. Der Arbeitsvertrag mit diesen Personen hält fest, dass der Fall der Unmöglichkeit einer solchen Versetzung ein ordentlicher Kündigungsgrund nach Art. 12 Abs. 6 lit. f BPG darstellt. In der Regel erfolgen solche Versetzungen jedoch nur nach einer vorgängigen Mitteilung und mit dem Einverständnis des betreffenden Offiziers. Der Bundesrat kann Anstellungsvoraussetzungen in diesem Sinne mit weiteren Mitarbeitern vereinbaren. 93

## II. Die ausserordentliche Beendigung von Dienstverhältnissen

### 1. Die Kündigung aus wichtigen Gründen

Während den Behörden bei der ordentlichen Beendigung öffentlichrechtlicher 94
Dienstverhältnisse relativ weite Ermessensspielräume zugestanden werden, hängt die Rechtmässigkeit ausserordentlicher Beendigungen entsprechend ihrem Charakter vom Vorliegen besonders qualifizierter Voraussetzungen ab. Dabei erscheinen die «wichtigen Gründe» als übergeordnetes Kriterium für die Beurteilung dieser Rechtmässigkeit.

Alle Vertragsparteien[168] haben die Möglichkeit, ein befristetes[169] oder unbefristetes Dienstverhältnis fristlos aufzulösen, wenn «wichtige Gründe» vorliegen. 95

---

164 Vgl. «Der Preis der Schleudersitze im Bundeshaus», NZZ vom Mittwoch, 8. Januar 2003, S. 11.
165 Vgl. Art. 26 Abs. 6 BPV.
166 Die zu erwartenden Abgangsentschädigungen für Spitzenbeamte dürften allerdings aus sparpolitischen Gründen, und weil so genannte «goldene Fallschirme» in der Bevölkerung auf wenig Verständnis stossen, in Zukunft weniger grosszügig ausfallen. Vgl. die NZZ am Sonntag vom 5. Oktober 2003, Parlament gegen goldene Fallschirme.
167 Vgl. Art. 12 und 17 V Mil Pers.
168 Vgl. Art. 9 Abs. 6 BPG; Art. 19 Abs. 5 PVBger.
169 Art. 11 BPG.

Wichtige Gründe sind nach Art. 12 Abs. 7 BPG gegeben, wenn den Vertragsparteien nach Treu und Glauben die Weiterführung des Arbeitsverhältnisses nicht mehr zugemutet werden darf. Das BPG übernimmt damit das System der fristlosen Kündigung nach Art. 337 OR. Die Formulierung der wichtigen Gründe von Art. 337 Abs. 2 OR wurde in Art. 12 Abs. 7 BPG übernommen. Die privatrechtliche Praxis zur Frage der fristlosen Kündigung ist damit auch im Bundespersonalrecht von Bedeutung[170].

### a) Voraussetzungen für eine fristlose Kündigung

96 Als wichtige Gründe fallen vor allem schwere Vertragsverletzungen in Betracht, aber auch unverschuldete Änderungen der persönlichen oder geschäftlichen Verhältnisse, die sich negativ auf das Arbeitsverhältnis auswirken. In der Regel sind Arbeits- oder Lohnverweigerung, eigenmächtiger Bezug von Ferien, Straftaten gegen die andere Vertragspartei, Vertrauensmissbrauch oder Schwarzarbeit Gründe für eine fristlose Kündigung[171]. Im Wiederholungsfalle reichen auch weniger schwer wiegende Verfehlungen[172]. Gleich wie bei der ordentlichen Beendigung des Dienstverhältnisses aus Gründen nach Art. 12 Abs. 6 BPG hängt somit die Rechtmässigkeit der fristlosen Auflösung des Arbeitsverhältnisses nicht vom Verschulden ab[173]. Hingegen ist der Ermessensspielraum der Verwaltung bei der fristlosen Kündigung wesentlich kleiner. In keinem Fall ist die unverschuldete Verhinderung des Arbeitnehmers an der Arbeitsleistung ein wichtiger Grund[174].

97 Die fristlose Kündigung muss, wie es ihr Name schon andeutet, innert angemessener Frist nach dem Eintreten eines wichtigen Grundes geltend gemacht werden. Zu langes Zuwarten der kündigenden Vertragspartei wird als Verzicht ausgelegt und hat die Verwirkung des Anspruchs zur Folge[175]. Bei öffentlichrechtlichen Arbeitsverhältnissen ist zu berücksichtigen, dass den Betroffenen vor Aussprechung der Kündigung das rechtliche Gehör gewährt werden muss[176], wozu die Gewährung einer verhältnismässigen Frist zu Stellungnahme gehört[177].

---

170 Botschaft zum BPG, BBl 1999 II 1615; Entscheid der PRK vom 16. Juni 2004, PRK 2004-002, www.reko-efd.admin.ch/de/prk/entscheide/index.htm, E. 4, S. 7 ff.; betreffend die GAV vgl. BGE vom 10. Februar 2004 (2A.518/2003), E. 3.2; die PRK beschäftigt sich in VPB 68 Nr. 7, E. 2a und b, ausführlich mit den Gründen, bei deren Vorliegen eine fristlose Kündigung möglich ist.
171 Wichtige Gründe wurden bejaht in BGE 108 II 301 und 444, 104 II 28, 101 Ia 545, ZR 1990 55, SJZ 1987 314; verneint z.B. in BGE 112 II 49 und JAR 1989 227. Für die Verwaltungspraxis zu den wichtigen Gründen siehe HÄNNI, Fallsammlung, S. 531 f. sowie Urteil des BGer vom 27.6.2002 (2A.205/2002).
172 REHBINDER, Rz 355, S. 167. Entscheid der PRK vom 16. Juni 2004, PRK 2004-002, www.reko-efd.admin.ch/de/prk/entscheide/index.htm, E. 4a.
173 Hierzu o. Rz 83 ff.
174 Art. 337 Abs. 3 OR. Vgl. demgegenüber Urteil des BGer vom 22.05.2001 (2A.71/2001).
175 RJN 1998 207 E. 2a. Angemessen ist eine Frist von bis zu drei Werktagen, für juristische Personen unter Umständen bis zu einer Woche, JAR 2000 231, JAR 1998 234, JAR 1997 208.
176 Art. 29 Abs. 2 BV sowie Art. 29 f. VwVG. Vgl. auch BGE vom 10. Februar 2004 (2A.518/2003), E. 4.1, und VPB 68 Nr. 7, E. 2b und 3.

§ 5 Die Beendigung von Dienstverhältnissen

*b) Die Amtsunfähigkeit*

Das Strafgesetzbuch sieht in Art. 51 die Amtsunfähigkeit als Nebenstrafe vor. Angestellte und Beamte[178], die ein Verbrechen oder Vergehen begangen haben, werden vom Richter obligatorisch für eine Dauer von zwei bis zehn Jahren von der Wählbarkeit als Behördenmitglied oder Beamter ausgeschlossen. Das Delikt muss nicht einen Verstoss gegen die Amtspflicht darstellen, der Täter muss sich nur als «des Vertrauens unwürdig erwiesen» haben. Zweck dieser Sanktion ist somit weniger die fachliche Kompetenz der Beamten als deren moralische Eignung zu garantieren[179]. Die Folgen der Amtsunfähigkeit treten mit der Rechtskraft des Urteils ein[180] und enden mit Ablauf der Dauer der Nebenstrafe oder durch Rehabilitation[181]. Die Amtsunfähigkeit in diesem Sinne ist von der Amtsenthebung zu unterscheiden, bei der es um eine vorzeitige Beendigung des Arbeitsverhältnisses aus wichtigem Grund geht. Sie stellt einen schwer wiegenden Eingriff in die Stellung des Betroffenen dar und ist daher streng an das Legalitätsprinzip gebunden[182].

98

Die Sanktion der Amtsunfähigkeit wird nur selten ausgesprochen. Die laufende Revision des Strafgesetzbuches sieht daher deren Abschaffung vor[183].

99

*c) Formvorschriften*

Art. 13 Abs. 2 BPG auferlegt dem Angestellten die Pflicht, die fristlose Kündigung zu begründen, wenn der Arbeitgeber dies fordert. Falls dieser eine Begründung wünscht, muss er sie innert nützlicher Frist verlangen, d.h. bevor er die Kündigung ausdrücklich oder stillschweigend annimmt[184]. Kommt die Kündigung von Seiten des Arbeitgebers, so handelt es sich um eine Verfügung im Sinne des VwVG, die begründet und mit einer Rechtsmittelbelehrung versehen sein muss[185]. In diesem Punkt weicht das BPG mit seinen unterschiedlichen Formvorschriften für Arbeitgeber und Arbeitnehmer von der einheitlichen obligationenrechtlichen Lösung ab[186].

100

---

177 Eine Dauer von 10 Tagen zwischen Eintritt der für die fristlose Kündigung angerufenen Unzumutbarkeit und der Aussprechung der Kündigung ist nicht zu beanstanden, BGE vom 10. Februar 2004 (2A.518/2003), E. 5. Vgl. auch VPB 68 Nr. 7, E. 3.
178 Vgl. dazu die Legaldefinition von Art. 110 Ziff. 4 StGB und Rz 252.
179 Vgl. BSK StGB I, ZEHNTNER, Art. 51 N 3.
180 Art. 51 Ziff. 3 StGB.
181 Vgl. Art. 77 StGB.
182 Bei Richtern steht die Amtsenthebung in einem Spannungsverhältnis zur richterlichen Unabhängigkeit. Dementsprechend sieht das geltende Recht die Amtsenthebung nur für die unteren Gerichte des Bundes vor. Vgl. Art. 40a Abs. 1 ParlG; Gutachten des BJ vom 14. August 2003, VPB 2004-www2, Ziff. 2. Zur Beendigung des Arbeitsverhältnisses aus wichtigem Grund vgl. Art. 9 Abs. 6 BPG und oben Rz 94 ff.
183 Botschaft zur Änderung des Schweizerischen Strafgesetzbuches und des Militärstrafgesetzes sowie zu einem Bundesgesetz über das Jugendstrafrecht vom 21.9.1998, BBl 1999 II 2101.
184 Botschaft zum BPG, BBl 1999 II 1615.
185 Art. 35 Abs. 1 VwVG.
186 Vgl. Art. 337 Abs. 1 Halbsatz 2 OR.

## 2. Die vorzeitige Pensionierung

101 Vom Erreichen des Pensionsalters als gesetzlichen Beendigungsgrund muss die vorzeitige Pensionierung unterschieden werden [187]. Diese Form der Beendigung von Dienstverhältnissen hat trotz massivem Spardruck auf die Personalausgaben [188] in den letzten Jahren an Bedeutung gewonnen [189]. Zwei Arten der vorzeitigen Pensionierung kommen zum Zuge: Einerseits kann die vorzeitige Pensionierung gekoppelt werden mit Stellenaufhebungen, die beispielsweise bei Umstrukturierungen unweigerlich anfallen. Dabei können Entlassungen vermieden werden. Eine zweite Art geschieht unabhängig vom Stellenabbau.

102 Eine vorzeitige Pensionierung im Rahmen von Umstrukturierungen ist vor der Erfüllung des 55. Altersjahres nicht möglich und hängt von der Erfüllung gewisser Voraussetzungen ab, wie z.B. die Aufhebung der Stelle, eine für den Angestellten unzumutbare Veränderung des Aufgabengebietes oder die Aufhebung der Stelle im Rahmen einer Solidaritätsaktion mit jüngeren Angestellten [190]. Zur Abfederung der wirtschaftlichen Folgen für den betroffenen Arbeitnehmer wird eine Überbrückungsrente ausgerichtet, die nicht zurückbezahlt werden muss [191]. In Härtefällen sind zusätzliche Leistungen nicht ausgeschlossen [192].

## III. Die Beendigungsfolgen

103 Bei der Darstellung der Beendigungsfolgen gilt es, vorerst kurz auf die Wirksamkeit eines ungerechtfertigten Beendigungsentscheides einzugehen. Anschliessend sind die vermögensrechtlichen Folgen der rechtswidrigen bzw. rechtmässigen Beendigung von Dienstverhältnissen zu beleuchten.

### 1. Schutz vor Kündigung

104 Art. 14 BPG befasst sich mit den Folgen bei Verletzung der Bestimmungen über die Auflösung von befristeten oder unbefristeten öffentlichrechtlichen Arbeitsverhältnissen. Aus dem Verweis von Art. 14 Abs. 1 lit. b BPG lässt sich ableiten,

---

187 Vgl. Art. 105 Abs. 1 BPV. Siehe ferner Art. 33 Abs. 4 BPV für die höheren Stabsoffiziere, die Angehörigen des Instruktionskorps, Piloten und Flugsicherungspersonal, Art. 22 Abs. 1 Personalverordnung ETH-Bereich für Mitarbeiter der ETH.
188 Vgl. Statistisches Jahrbuch der Schweiz 2003, Zürich 2003, Fig. 18.6, S. 779.
189 Vgl. NZZ vom 15.11.00, Die (Früh-)Pensionierung als Müssen oder Dürfen; NZZ vom 6.8.03, Kurzmitteilung, wonach 49% der Erwerbstätigen mindestens ein Jahr vor dem gesetzlichen Rentenalter in Pension gehen.
190 Art. 105 Abs. 1 BPV.
191 Art. 31 Abs. 5 BPG i.V.m. Art. 105 Abs. 2 BPV oder Art. 22 Abs. 3 Personalverordnung ETH-Bereich. Vgl. ferner Art. 5 Abs. 6 PKB-Gesetz.
192 Art. 106 BPV.

dass er sich sowohl auf die ordentliche wie auch auf die ausserordentliche Kündigung bezieht.

*a) Der Grundsatz der Weiterbeschäftigung*

Ein Arbeitnehmer, der den Eindruck hat, sein Arbeitsverhältnis sei ungerechtfertigt aufgelöst worden, kann bei seinem Arbeitgeber schriftlich geltend machen, die Kündigungsverfügung sei nichtig[193]. Er muss dazu innert 30 Tagen glaubhaft darlegen, dass die Verfügung wichtige Formvorschriften verletzt, dass sie nicht begründet ist oder dass sie zur Unzeit im Sinne von Art. 336c OR erfolgt ist. Hält die betroffene Person die Formvorschriften und die Frist ein, so muss ihr Arbeitgeber die bisherige oder eine zumutbare andere Arbeit anbieten, bis über die Wirkung der Kündigung ein Endentscheid vorliegt[194]. Die beim Bund mit öffentlichrechtlichem Arbeitsvertrag angestellten Personen – im Gegensatz zu den Arbeitnehmern, deren Arbeitsverhältnis obligationenrechtlich geregelt ist – geniessen damit einen sehr effizienten Kündigungsschutz in Form einer Weiterbeschäftigung. Der Angestellte muss sich nicht mit nur einer Entschädigung zufrieden geben, er hat ein Recht auf eine zumutbare andere Arbeit. Die Vorteile der Weiterbeschäftigung für den Angestellten liegen auf der Hand. Der Nachteil liegt darin, dass der Arbeitgeber gezwungen wird, bis zu einem definitiven Entscheid einen Mitarbeiter weiter zu beschäftigen, obwohl die Kündigung möglicherweise gerechtfertigt war[195].

105

*b) Kündigungsschutz*

Art. 14 Abs. 1 BPG hält die drei Nichtigkeitsgründe fest. Die Verletzung wichtiger Formvorschriften (lit. a); darunter fallen die Nichteinhaltung der Formvorschrift gemäss Art. 13 BPG sowie vor allem die Verletzung des rechtlichen Gehörs[196]. Weiter ist eine Kündigung nichtig, wenn kein Grund für eine ordentliche oder eine ausserordentliche Kündigung nach Art. 12 Abs. 6 und 7 BPG vorliegt. In diesem Bereich steht der zuständigen Behörde ein erheblicher Ermessensspielraum offen. Die Verwaltungs- und Gerichtspraxis wird zeigen, wo die Grenzen für die Auflösung eines Arbeitsverhältnisses liegen. Schliesslich ist die Kündigung nichtig, wenn sie zur Unzeit im Sinne von Art. 336c OR erfolgt ist. Die Nichtigkeitsgründe des Obligationenrechts sind somit auch auf die Dienstverhältnisse des Bundes anwendbar. Es darf nicht gekündigt werden während Militär- oder Zivilschutzabwesenheit, während der Arbeitnehmer ohne eigenes

106

---

193 Art. 14 Abs. 1 BPG spricht von «nichtig». Damit ist jedoch nicht eine Nichtigkeit im technischen Sinne gemeint – eine nichtige Verfügung entfaltet auch ohne Aufhebung von Anfang an keine Rechtswirkung –, sondern Anfechtbarkeit. Vgl. HÄFELIN/MÜLLER, Grundriss, Rz 955, S. 198. Entscheid der PRK vom 16. Juni 2004, PRK 2004-002, www.reko-efd.admin.ch/de/prk/entscheide/index.htm, E. 3, S. 5ff.
194 Art. 14 Abs. 1 BPG. Vgl. ferner Art. 22f. IGE-PersV.
195 Vgl. PORTMANN, S. 56f.
196 Vgl. Botschaft zum BPG, BBl 1999 II 1616.

## Zweites Kapitel: Begründung und Beendigung von Dienstverhältnissen

Verschulden durch Krankheit oder durch Unfall ganz oder teilweise an der Arbeitsleistung verhindert ist, während der Schwangerschaft oder während der Dienstleistung für eine Hilfsaktion im Ausland[197].

107 Nach Art. 14 Abs. 2 BPG tritt der definitive Kündigungsschutz ein, wenn der Arbeitgeber es unterlässt, bei der Beschwerdeinstanz die Feststellung der Gültigkeit der Kündigung zu verlangen. Die Frist beträgt 30 Tage ab Eingang der Geltendmachung von Nichtigkeitsgründen durch den entlassenen Angestellten. Dieser wird an der bisherigen Stelle oder, wenn dies nicht möglich ist, mit einer anderen zumutbaren Arbeit weiterbeschäftigt. Der Wortlaut von Art. 14 Abs. 2 BPG lässt die Frage offen, ob neben den Parteirollen auch die Beweislast umgekehrt wird[198]. Das Parlament ging in seinen Beratungen davon aus, dass der Arbeitgeber die Beweislast zu tragen habe[199]. Das gilt m.E. umso mehr, wenn der Arbeitgeber vor der Beschwerdeinstanz behauptet, der Angestellte habe keinen gültigen Nichtigkeitsgrund glaubhaft machen können.

108 Nach Art. 14 Abs. 3 BPG muss der Arbeitgeber der betroffenen Person die bisherige oder zumindest eine zumutbare andere Arbeit anbieten, wenn er oder die Beschwerdeinstanz die Kündigung aufgehoben hat, weil sie nach Art. 336 OR missbräuchlich oder nach Art. 3 und 4 GlG diskriminierend ist[200]. Der Angestellte, dem gekündigt wurde, kann demnach ein positives Urteil der Beschwerdeinstanz[201] erwirken, d.h. er kann auf dem Rechtsweg durchsetzen, dass er angestellt bleibt[202]. Anders als bei Art. 14 Abs. 2 werden weder die Parteirollen noch die Beweislast umgekehrt[203].

### c) Kündigung durch den Angestellten

109 Grundsätzlich kann ein Angestellter das Arbeitsverhältnis jederzeit unter Einhaltung der Mindestfristen kündigen[204]. Erfolgt die Kündigung jedoch zur Unzeit, gelten aufgrund des Verweises von Art. 14 Abs. 4 BPG die Regeln von

---

197 Vgl. die Rechtsprechung zur Kündigung zur Unzeit bei HÄNNI, Fallsammlung, S. 521f. Zur Frage, ob mit dem Verweis auf Art. 336c OR nur die Kündigung nichtig ist, die während der Sperrfrist ausgesprochen wird oder auch jene, deren Lauf durch die Sperrfrist unterbrochen wird, vgl. PORTMANN, S. 59.
198 Nach den allgemeinen Regeln hat die Folgen der Beweislosigkeit zu tragen, wer aus dem Sachverhalt Rechte für sich ableiten will, vgl. HÄFELIN/MÜLLER, Grundriss, Rz 1623ff.
199 Vgl. AmtlBull NR 2000 12, Bühlmann und Wartmann. Die Voten blieben in diesem Punkt unbestritten.
200 Art. 14 Abs. 3 BPG.
201 Es handelt sich um die «interne Beschwerdeinstanz» nach Art. 35 BPG. Gemäss Art. 110 BPV ist das in der Regel ein Departement oder die Oberzolldirektion, ausnahmsweise die Eidgenössische Personalrekurskommission, wenn die Verfügung durch eine eidgenössische Schieds- oder Rekurskommission erlassen wurde. Vgl. dazu Art. 35 BPG und Art. 110f. BPV, sowie u. Rz 252f.
202 Für die Angestellten des IGE gilt diese Regelung nicht, vgl. Art. 22 Abs. 3 IGE-PersV und VPB 66 Nr. 53.
203 Eingehend PORTMANN, S. 65f.
204 Vgl. oben Rz 79.

Art. 336d OR. Danach kann ein Bundesangestellter das Arbeitsverhältnis nicht kündigen, solange ein Vorgesetzter, dessen Funktion er auszuüben vermag, an der Ausübung seiner Tätigkeit verhindert ist und er dessen Funktion während der Abwesenheit übernehmen muss. Die unter diesen Umständen ausgesprochene Kündigung ist nichtig.

## 2. Vermögensrechtliche Folgen der Beendigung

Die rechtmässige Beendigung von Dienstverhältnissen wirft regelmässig Fragen nach den vermögensrechtlichen Folgen auf. Grundsätzlich gilt es, vermögensrechtliche Folgen aus dem Dienstverhältnis und aus dem Kassenverhältnis (Versicherungsleistungen) zu unterscheiden. Dabei spielt die Verschuldensfrage für die vermögensrechtlichen Konsequenzen eine zentrale Rolle. 110

*a) Vermögensrechtliche Beendigungsfolgen aus dem Dienstverhältnis*

Aus dem Dienstverhältnis entstehen vor allem Entschädigungsansprüche im Sinne eines Schadenersatzanspruchs, die neben den Versorgungsleistungen der Kassen gewährt werden. Dabei sind einerseits die verschiedenen Beendigungsgründe auseinanderzuhalten, und zum andern hängen die vermögensrechtlichen Folgen der Beendigung davon ab, ob die Auflösung des Dienstverhältnisses als verschuldet oder als unverschuldet zu betrachten ist. Erfolgte die Beendigung auf Antrieb des Bediensteten, so entstehen aus dem Dienstverhältnis grundsätzlich keine Vermögensansprüche. Der Betroffene trägt hier das Risiko einer Beendigung und deren Folgen selber[205]. 111

Das BPG offeriert keine Arbeitsplatzgarantie[206], dafür eine gewisse Beschäftigungssicherheit. Es statuiert in Art. 19 Abs. 1 die Pflicht des Arbeitgebers, alle sinnvollen und zumutbaren Möglichkeiten einer *Weiterbeschäftigung* auszuschöpfen, bevor er einen Angestellten ohne dessen Verschulden entlässt. Als verschuldet gilt die Auflösung des Arbeitsverhältnisses, wenn ein Kündigungsgrund vorliegt, wenn die angestellte Person eine zumutbare andere Arbeit ablehnt, wenn der Versetzungspflicht unterstehende Personen die Voraussetzung der Staatsangehörigkeit nicht mehr erfüllen oder wenn sie sich weigern, einer Versetzung Folge zu leisten. In wichtigen Fällen kann der Arbeitgeber bestimmen, dass trotz vorliegender Kündigungsgründe die Auflösung des Arbeitsverhältnisses als unverschuldet gilt[207]. 112

Kann die Auflösung trotz aller Anstrengungen nicht vermieden werden, hat der unverschuldet Entlassene Anspruch auf eine Entschädigung, wenn er in einem Monopolberuf oder in einer spezialisierten Funktion tätig war, seit über 20 Jahren in der Bundesverwaltung gearbeitet hat oder mehr als 50 Jahre alt ist[208]. Die 113

---
205 Selbstverständlich verbleiben dem Betroffenen die kassenrechtlichen Ansprüche.
206 Das BtG bot quasi eine Arbeitsplatzgarantie. Vgl. HÄNNI in SBVR, N 52 f.
207 Vgl. Art. 31 BPV; ähnlich Art. 18 PVBger.
208 Vgl. Art. 19 Abs. 2 BPG i.V.m. Art. 78 Abs. 1 BPV.

*Abgangsentschädigung* für diese Personenkategorien wird damit begründet, dass ihre Chancen, auf dem Arbeitsmarkt eine neue Stelle zu finden, grundsätzlich schlecht stehen[209]. Die Entschädigung entspricht mindestens einem Monatslohn und höchstens 2 Jahreslöhnen[210]. Muss infolge wirtschaftlicher oder betrieblicher Massnahmen grösseren Personalbeständen gekündigt werden, so sind die Entschädigungen mit den im Sozialplan vorgesehenen Massnahmen abzustimmen[211]. Kein Anrecht auf Entschädigung haben Angestellte, die ihre Entlassung verschuldet haben, bei einem Arbeitgeber im Sinne von Art. 3 BPG weiterbeschäftigt werden oder eine Rente der PKB beziehen[212]. Wird eine Person innerhalb von 2 Jahren beim Bund neu angestellt, muss sie die ausgerichtete Entschädigung mindestens teilweise zurückerstatten[213].

114   Im Falle der Aufhebung einer nichtigen oder missbräuchlichen Kündigung wird der betroffenen Person eine *Entschädigung* ausgerichtet, sofern sie, aus Gründen die sie nicht zu vertreten hat, nicht weiterbeschäftigt werden kann[214]. Wird die Kündigung aufgehoben, weil sie im Sinne des Gleichstellungsgesetzes diskriminierend ist, und kann der oder die Angestellte nicht in der bisherigen Funktion weiterarbeiten, wird ebenfalls eine Entschädigung ausgerichtet[215]. Diese Zahlungen haben Sanktionscharakter und sollen den Arbeitgeber davon abhalten, leichtfertig nichtige, missbräuchliche oder diskriminierende Kündigungen auszusprechen[216]. Der Umfang der Entschädigungen richtet sich bei der Kündigung zur Unzeit nach Art. 336c OR, in den übrigen Fällen beträgt er zwischen drei Monats- und zwei Jahreslöhnen[217].

115   Der Bundesrat hat gestützt auf die Delegation von Art. 19 Abs. 5 BPG für weitere Personalkategorien Entschädigungen vorgesehen[218]. Jene Angestellten, denen nach Art. 26 Abs. 1 BPV[219] gekündigt wurde, haben Anspruch auf eine Entschädigung. Diese beträgt, je nach Alter der Person und Dauer ihres Dienstes, mindestens ein und maximal drei Jahressaläre[220]. Die Finanzdelegation der eidgenössischen Räte wird über die an solche Personen ausbezahlten Entschädigun-

---

209  Botschaft zum BPG, BBl 1999 II 1618.
210  Art. 79 Abs. 1 BPV. Höhere Entschädigungen sind möglich, bedürfen jedoch der Genehmigung durch den Bundesrat. Vgl. Art. 79 Abs. 2 BPV.
211  Vgl. Art. 31 Abs. 4 BPG und die Botschaft zum BPG, BBl 1999 II 1618f.
212  Art. 78 Abs. 3 BPV.
213  Art. 78 Abs. 4 BPV.
214  Vgl. Art. 19 Abs. 3 BPG.
215  Wird die Person mit einer anderen zumutbaren Arbeit beim bisherigen oder einem neuen Arbeitgeber beschäftigt, so ist die Entschädigung trotzdem geschuldet. Vgl. den Wortlaut von Art. 19 Abs. 4 BPG.
216  Vgl. Botschaft zum BPG, BBl 1999 II 1619.
217  Art. 19 Abs. 6 BPG i.V.m. Art. 79 Abs. 3 BPV.
218  Vgl. die abschliessende Liste der betroffenen Personalkategorien in Art. 78 Abs. 2 BPV.
219  Vgl. Art. 79 Abs. 4 BPV. Dieser gilt entgegen seinem Wortlaut auch für Angestellte mit Verträgen nach Art. 26 Abs. 3–6 BPV.
220  Ausnahmsweise und aus wichtigen Gründen kann die Entschädigung über den angegebenen Rahmen hinaus gehen. Vgl. Art. 79 Abs. 5 BPV.

§ 5 Die Beendigung von Dienstverhältnissen

gen informiert. Damit wird dem aus der Privatwirtschaft bekannten Risiko von überhöhten Abgangsentschädigungen Rechnung getragen.

Art. 19 Abs. 7 BPG erteilt dem Bundesrat die Kompetenz, gesetzliche Leistungen obligatorischer Versicherungen, z.B. der Arbeitslosenversicherung, auf alle Entschädigungen ausser jener für Kündigung aus geschlechtsdiskriminierenden Gründen anzurechnen. Der Bundesrat hat in der BPV auf eine solche Anrechnung verzichtet[221]. Hingegen hat er in Art. 79 Abs. 6 BPV von der delegierten Befugnis Gebrauch gemacht, die Ausrichtung einer *Rente* anstelle einer Entschädigung zu regeln. 116

*b) Vermögensrechtliche Beendigungsfolgen aus dem Kassenverhältnis*

Aus dem Kassenverhältnis entstehen vermögensrechtliche Versorgungsansprüche für die Risiken Alter, Invalidität und Tod[222]. Als Unterfall des Risikos Alter gilt die immer häufiger eintretende vorzeitige Pensionierung. Wesentlicher Bestandteil davon ist eine nicht rückerstattungspflichtige Überbrückungsrente der Pensionskasse des Bundes (PKB)[223]. 117

Vorausgesetzt der Angestellte ist über 58-jährig und seit mehr als 10 Jahren bei der Bundesverwaltung tätig, wird anstelle einer Entschädigung für die Kündigung nach Art. 26 BPV eine Rente aus der PKB ausgerichtet. Unter diese Regelung fallen also z.B. langjährige Mitarbeiter von Bundesräten. Wie bei den Überbrückungsleistungen wird der Berechnung der Rente die Versicherungsdauer zugrunde gelegt, die der Angestellte bis zur Vollendung des 65. Altersjahres zurückgelegt hätte[224]. Die genannten Leistungen der PKB werden gekürzt, wenn die begünstigte Person vor Erreichen des 65. Altersjahres ein Erwerbseinkommen erzielt, das zusammen mit der PKB-Rente 90 Prozent des massgeblichen Verdienstes überschreitet. Ausnahmen von der Anrechnung von Erwerbseinkommen kann das eidgenössische Finanzdepartement (EFD) vorsehen[225]. Als massgeblicher Verdienst gilt gemäss Art. 33 Abs. 9 BPV das bisherige Einkommen aus Lohn, Ortszuschlag und versicherten Zulagen. 118

---

221 Nicht so die Post in ihrem GAV. Siehe Anhang 4 Ziff. 45 GAV Post.
222 Vgl. Art. 1 PKB-Gesetz.
223 Art. 33 Abs. 5 und 6 sowie Art. 34 Abs. 2 BPV. Vgl. ferner Art. 22 Abs. 3 Personalverordnung ETH-Bereich. Für die Renten, siehe Art. 5 Abs. 6 PKB-Gesetz.
224 Vgl. Art. 79 Abs. 6 BPV.
225 Vgl. Art. 80 BPV.

# Drittes Kapitel
# Die Rechte des Bundespersonals

119 Bei den Rechten des Bundespersonals lassen sich vermögenswerte und übrige Rechte unterscheiden. Nicht behandelt werden in diesem Zusammenhang die den Bediensteten zustehenden verfassungsmässigen Rechte, da diese keine spezifischen Rechte des öffentlichen Dienstrechts darstellen, sondern lediglich die Schranken der Dienstpflichten festlegen.

## § 6 Die vermögenswerten Rechte

### I. Der Lohn

120 Die Hauptgegenleistung des Bundes für die geleistete Arbeit besteht – wie im privatrechtlichen Arbeitsvertrag – in der Entlöhnung des Angestellten. Neben den *Grundlohn* der Bediensteten (Ziff. 1) treten zahlreiche gesetzlich vorgesehene *Zulagen* (Ziff. 2), wie der Teuerungsausgleich, der Ortszuschlag, die Sonderzulagen, die Arbeitsmarktzulage oder die Betreuungszulagen.

#### 1. Der Grundlohn

121 Das BPG kennt ein marktorientiertes Lohnsystem, das bei der Einführung des Gesetzes als eine der wichtigsten Neuerungen gegenüber dem starren Besoldungs- und Gehaltssystem des BtG betrachtet wurde. Es bietet insbesondere die Möglichkeit, für besonders gute Leistungen monetäre Anreize als Motivation zu schaffen. Mit finanziell interessanten «Belohnungen» sollen also die Mitarbeiter zu überdurchschnittlichen Leistungen animiert werden [226]. Damit die Vollzugsinstanzen auch den nötigen Spielraum für individuelle Beurteilungen haben, wurde die Besoldungsordnung entsprechend flexibel normiert [227]. Das Ziel, die Löhne schneller und präziser auf soziale Bedürfnisse und Änderungen auf dem Arbeitsmarkt anpassen zu können, sollte mit dem aktuellen System erreichbar sein.

*a) Das Lohnsystem*

122 Das BPG bestimmt in Art. 15 Abs. 1, dass der *Grundlohn* anhand der drei Kriterien Funktion, Erfahrung und Leistung bemessen wird. Die Gewichtung der Kri-

---

[226] Im Einzelnen MEYER, S. 135 ff.
[227] BBl 1999 II 1616; VPB 68 Nr. 8, E. 3b. Für Grundsätzliches zum Leistungslohn vgl. MEYER CHRISTOPH, S. 133 ff.; POLEDNA, Leistungslohn, S. 269 ff.; HELBLING, BPG, S. 31.

## § 6 Die vermögenswerten Rechte

terien, die Regelung der Mindestlöhne und die Grundsätze der Lohnfestlegung wurden bewusst offen gelassen, damit den Ausführungsbestimmungen ein genügender Gestaltungsspielraum bleibt[228]. Die Kann-Vorschriften von Art. 15 Abs. 4 und 5 BPG tragen zur Erweiterung dieses Spielraumes bei, indem sie die Möglichkeit von Lohnzuschlägen zur Anpassung an die Marktlage oder an die Kaufkraft des im Ausland eingesetzten Personals vorsehen, nicht aber vorschreiben.

Art. 36 BPV sieht 38 verschiedene *Lohnklassen* vor, deren Mindest- und Höchstbeträge relativ weit auseinander liegen. Die Lohnklasse 1 entspricht dem niedrigsten, die Lohnklasse 38 dem höchsten Lohn[229]. Jede mögliche Funktion wird nun einzeln bewertet und in eine dieser Lohnklassen eingeteilt. Massgebend für die Bewertung sind die erforderliche Vorbildung, der Umfang des Aufgabenkreises sowie das Mass der betrieblichen Anforderungen, Verantwortlichkeiten und Gefährdungen. Ferner werden die Verschiedenartigkeit und die Komplexität der Aufgaben sowie die Führungsanforderungen berücksichtigt[230]. Grundlage für die Bewertung einer Funktion ist somit die Stellenbeschreibung, wie sie aus dem Pflichtenheft hervorgeht[231]. 123

Um ein einheitliches System und eine möglichst weitgehende Gleichstellung zu garantieren, bestimmt das EFD die Funktionen, die in der Bundesverwaltung einheitlich, d.h. in die gleiche Lohnklasse, eingereiht werden. Die Mitarbeiter des Bundes sollen für gleiche Arbeit auch gleichen Lohn erhalten. In allen ausschliesslichen Zuständigkeitsbereichen der Departemente nehmen diese die Einreihung der Funktionen nur im Einverständnis mit dem EFD vor[232]. Für die Bewertung von Funktionen der höheren Lohnklassen, für die das EFD zuständig ist, gibt eine überdepartementale Koordinationskommission Empfehlungen ab[233]. Bei Differenzen bezüglich der Bewertung von Funktionen der Klassen 18 bis 27, welche das EPA vorzunehmen hat, kann die Human-Resources-Kon- 124

---

228 Art. 15 Abs. 2 und 3 BPG. Vgl. die Nutzung des Spielraumes in Art. 4ff. IGE-PersV.
229 Der Anhang 1 der Personalverordnung ETH-Bereich enthält eine eigene Tabelle mit Lohnklassen. Deren Höchstbeträge entsprechen jedoch jener der Beurteilungsstufe A des Lohnklassensystems der BPV. Ebenfalls ein separates Lohnklassensystem sieht die Verordnung über das Personal des Schweizerischen Heilmittelinstituts vor. Diese enthält in Art. 18f. im Gegensatz zur BPV Bestimmungen über die Höhe der Prozentsätze der leistungsabhängigen und der leistungsunabhängigen Lohnanteile.
230 Art. 52 Abs. 3 BPV, Art. 2 Abs. 1 Funktionsbewertungsverordnung VBS und Art. 2 Abs. 1 Funktionenbewertungsverordnung EDI. Es gibt keinen Anspruch, für eine Stellvertretung gleich besoldet zu werden wie für eine feste Anstellung, BGE 129 I 161.
231 Art. 20 Abs. 1 VBPV.
232 Art. 52 Abs. 4 und 5 BPV. Vgl. auch Art. 2 Abs. 7 Funktionsbewertungsverordnung VBS. Nach Art. 4 Abs. 1 der Amtsdauerverordnung bestimmt die Wahlbehörde bei allen Funktionen, die mittels Wahl besetzt werden, die Lohnklasse. Dasselbe statuiert Art. 8 Abs. 1 URVBger.
233 Vgl. Art. 53 und Art. 54 BPV, der auch die Zusammensetzung der Kommission regelt. Vorsitz der Koordinationskommission hat das EPA. Zur Beschlussfähigkeit siehe Art. 21 VBPV. Anders, aber mit dem gleichen Zweck vgl. Art. 34f. VBPV-EDA, Art. 25 Personalverordnung ETH-Bereich und die Verordnung über die paritätische Überprüfungskommission für Funk-

ferenz Empfehlungen an das EFD abgeben, das dann definitiv entscheidet[234]. Schliesslich wird mit anderen Verwaltungszweigen verglichen. Vergleichbare Aufgaben sind gleich zu bewerten, und wenn die Funktion in einer Organisationseinheit nur vereinzelt vorkommt, so werden Vergleiche mit anderen Organisationseinheiten angestellt[235].

125 Ausnahmsweise können tiefere oder höhere Löhne als die in den Lohnklassen 1–38 vorgesehenen festgelegt werden. Das EFD kann für das Reinigungspersonal der Verwaltungseinheiten einen Maximallohn bestimmen, der niedriger ist als der Höchstlohn der Beurteilungsstufe A der Lohnklasse 1[236]. Immerhin setzt Art. 7 Rahmenverordnung BPG eine Mindestgrenze, indem er festhält, dass volljährige Angestellte ohne abgeschlossene Berufslehre für eine Vollzeitstelle ein Jahresgehalt von mindestens 38 000.– Franken brutto (Stand Januar 2002) erhalten müssen. Höhere Saläre als jene der Lohnklasse 38 erhalten die Magistraten, also die Mitglieder des Bundesrates, die Bundeskanzlerin und die Mitglieder des Bundesgerichts[237].

126 Die SBB und die Post haben den ihnen gelassenen Freiraum weitgehend ausgeschöpft. Ihre GAV enthalten genaue Regelungen zur Zusammensetzung des Lohnes und zur Funktionsbewertung. Die Lohntabellen setzen sich aus einem vorgegebenen Fixlohnelement, einem Erfahrungsanteil und einem Leistungsanteil zusammen. Letzterer kann je nach Funktionsstufe einen erheblichen Prozentsatz des Lohnes ausmachen[238]. Wie die vielfach kritisierten Saläre der Chefs von Post und SBB zusammengesetzt sind und die Frage der Lohntransparenz in bundesnahen Betrieben werden hier nicht behandelt[239].

*b) Die Festsetzung des Anfangslohns*

127 Bei Anstellungsbeginn oder ausnahmsweise nach der Wahl setzt der Arbeitgeber bzw. die Wahlbehörde den Anfangslohn im Rahmen der Lohnschere der entsprechenden Lohnklasse fest. Dabei wird die Ausbildung, die Berufs- und Lebenserfahrung sowie die aktuelle Lage auf dem Arbeitsmarkt angemessen berücksichtigt. Nicht berücksichtigt werden hingegen sachfremde Kriterien wie

---

tionsbewertungen im ETH-Bereich, Art. 37 PVBger, Art. 21 der Verordnung der Bundesversammlung über die Parlamentsdienste, Art. 16 der Verordnung über das Personal des Schweizerischen Heilmittelinstituts.
234 Vgl. Art. 53 und 55 BPV, sowie Art. 22 VBPV.
235 Art. 2 Abs. 3 Funktionsbewertungsverordnung VBS und Art. 2 Abs. 3 Funktionenbewertungsverordnung EDI.
236 Art. 4 Abs. 1 der Verordnung über das Personal der Reinigungsdienste.
237 Vgl. dazu das Bundesgesetz über Besoldung und berufliche Vorsorge der Magistratspersonen und die gleichnamige parlamentarische Verordnung.
238 Vgl. Ziff. 3 sowie Anhang 1 und 2 GAV Post; Art. 57 ff. sowie Anhang 7 und 8 GAV SBB.
239 Vgl. dazu Art. 6a BPG und Art. 3 ff. Kaderlohnverordnung; NZZ Online, Artikel vom 19. Juni 2003 (sda), Swisscom als Ausnahme, Nationalrat definiert Lohntransparenz für bundesnahe Betriebe.

§ 6 Die vermögenswerten Rechte

Geschlecht, Alter, Sprache, Position, Nationalität oder Religion[240]. Die Richtwerte für die Lohnfestsetzung, die jedes Jahr vom EFD herausgegeben werden, sind dabei für die Verwaltung eine hilfreiche Stütze[241]. Das Jahresgehalt umfasst auch den dreizehnten Monatslohn. Zwölf Dreizehntel des Lohnes werden monatlich ausbezahlt. Der dreizehnte Teil wird für den Anspruch für die Monate Januar bis November im November und für den Monat Dezember im Dezember ausbezahlt[242]. Bei Teilzeitarbeit wird der Lohn dem Beschäftigungsgrad entsprechend gekürzt. Unter Umständen können bei unregelmässigen Einsätzen auch Tages-, Durchschnitts- oder Stundenlöhne vereinbart werden[243].

*c) Die Lohnentwicklung*

Bei der Lohnentwicklung kommt das Leistungselement am stärksten zum Tragen, aber auch die Erfahrung spielt eine Rolle[244]. Die Leistung eines jeden Angestellten wird einmal im Jahr beurteilt[245]. Die möglichen fünf Beurteilungsstufen nach BPV sind C, B, A, A+ und A++[246]. Für Leistungen der Beurteilungsstufe C werden keine Lohnerhöhungen gewährt, sondern Entwicklungsmassnahmen getroffen oder eventuell die betreffende Person an eine weniger anspruchsvolle Stelle versetzt[247]. Für A++ Leistungen sind jährliche Lohnerhöhungen bis 6 Prozent möglich[248]. Die Berechnungsgrundlage für die Prozentsätze ist der Höchstbetrag der Beurteilungsstufe A. Lohnerhöhungen können jedoch nur bis zum Erreichen des Höchstbetrages der Beurteilungsstufe innerhalb der Lohnklasse gewährt werden[249]. Sie werden grundsätzlich auf den 1. Januar des folgenden Jahres wirksam[250].

128

Lassen die Leistungen eines Angestellten nach oder wird ihm ein tiefer bewerteter Aufgabenkreis zugeteilt, kann die Situation eintreten, dass der Lohn höher ist, als der Höchstbetrag der entsprechenden Beurteilungsstufe. In solchen Konstellationen wird auf den Lohn solange kein Teuerungsausgleich ausgerichtet, bis der Höchstbetrag nicht mehr überschritten wird. Genügen diese Massnahmen

129

---

240 Art. 4 Abs. 3 BPG i.V.m. Art. 16 BPV.
241 Art. 37 BPV. Vgl. auch Art. 4 Abs. 1 Amtsdauerverordnung, Art. 3 Abs. 1 Reinigungspersonalverordnung-EFD, Art. 23 PVBger. Art. 26 Personalverordnung ETH-Bereich weicht insofern von der allgemeinen Regel ab, als er zur Gewinnung und Erhaltung von besonders ausgewiesenen Personen mit Zustimmung des ETH-Rates ausnahmsweise Löhne zulässt, die bis zu zehn Prozent über dem Höchstbetrag der jeweiligen Lohnklasse liegen.
242 Vgl. Art. 41 BPV, Art. 10 Abs. 4 VBPV; vgl. ferner Art. 27 PVBger.
243 Vgl. Art. 38 BPV, Art. 19 VBPV, Art. 34 Personalverordnung ETH-Bereich, Art. 24 PVBger.
244 Vgl. Art. 39 Abs. 1 BPV.
245 Gegenstand der Personalbeurteilung sind die im Mitarbeitergespräch vereinbarten Leistungs- und Verhaltensziele. Vgl. Art. 15 BPV und Art. 2 ff. VBPV.
246 Art. 17 PBV.
247 Bleibt eine Besserung aus, kann das Arbeitsverhältnis u.U. gekündigt werden. Vgl. Art. 42 BPV und Art. 31 PVBger.
248 Ähnliche Regelungen, aber mit anderen Beurteilungen, siehe Art. 27 f. und Anh. 1 Personalverordnung ETH-Bereich und Art. 25 f. PVBger.
249 Art. 39 Abs. 2–6 BPV.
250 Art. 9 VBPV.

nicht, so wird der Lohn nach zwei Jahren auf den Betrag gesenkt, der nach der Personalbeurteilung und der Funktionsbewertung gerechtfertigt ist[251]. Umgekehrt besteht die Möglichkeit, einen Lohn, der im Vergleich zu den anderen zu tief liegt, nach oben zu korrigieren und anzupassen[252].

130 Eine Ausnahme von der leistungsabhängigen Lohnerhöhung besteht für die auf Amtsdauer gewählten Angestellten. Art. 4 Amtsdauerverordnung sieht vor, dass sich der Lohn dieser Beamten jährlich per 1. Januar um 3 Prozent erhöht, bis er den Höchstbetrag erreicht[253].

*d) Die Lohnsenkung*

131 Da der Lohnanspruch – wie alle finanziellen Ansprüche im öffentlichen Dienstrecht – in der Regel *kein wohlerworbenes Recht* darstellt[254], sind Lohnkürzungen zulässig, wobei sich eine Kürzung aufgrund des Rückwirkungsverbots immer nur auf die Zukunft beziehen darf und im Übrigen die Schranken des Willkürverbots sowie des Rechtsgleichheitsgebots[255] zu beachten sind. So kann sich der Bedienstete zur Wehr setzen, seine Ansprüche würden willkürlich abgeändert, nachträglich entzogen oder im Wert herabgesetzt und die Eingriffe seien ohne besondere Rechtfertigung einseitig zulasten einzelner Berechtigter oder bestimmter Gruppen erfolgt[256]. Finanzpolitische Gründe einer Lohnsenkung gelten nicht als unsachlich[257], genügen jedoch nicht, um ohne klare rechtzeitige Vorankündigung drastische und sofort wirksame Lohnkürzungen zulasten einiger weniger Betroffener zu rechtfertigen[258]. Die Zeitspanne bis zum Inkrafttreten der Kürzung muss mindestens so lang sein wie die Kündigungsfrist[259].

132 Ausnahmsweise gilt der Lohnanspruch jedoch als *wohlerworbenes Recht*, nämlich dann, wenn das Gesetz den Lohn ein für allemal festlegt und von den Einwirkungen der gesetzlichen Bestimmungen ausnimmt, sowie ferner, wenn bestimmte, mit einem einzelnen Anstellungsverhältnis verbundene Zusicherungen abgegeben worden sind[260].

---

251 Art. 40 Abs. 2 und 3 BPV; Art. 26 PVBger.
252 Art. 40 Abs. 4 BPV.
253 Ebenso Art. 8 URVBger.
254 BGE 118 Ia 254 f.; 106 Ia 166; ferner RHINOW/KRÄHENMANN, Nr. 148 B III b/c.
255 Art. 8 f. BV.
256 BGE 118 Ia 256; 106 Ia 169; 101 Ia 446.
257 BGE 101 Ia 449.
258 RHINOW/KRÄHENMANN, Nr. 148 B III b/c.
259 So auch JAAG, ZBl 1994, S. 450 mit Hinweis auf den Entscheid des BGer vom 15.12.1976, in ZBl 1977, S. 269, wo für eine 30-prozentige Besoldungsherabsetzung für Fürsprecherpraktikanten im Kanton Solothurn eine mindestens halbjährige Frist zur Anpassung an die stark veränderten Verhältnisse hätte gewährt werden müssen.
260 BGE 118 Ia 256; 106 Ia 166; 101 Ia 445.

## 2. Die Zulagen zum Lohn

Die teilweise sehr ausführlichen Bestimmungen zu den Lohnzulagen sind zahlreich. Jede Verordnung regelt sie leicht abweichend und auf die Bedürfnisse der Angestellten des betreffenden Verwaltungszweigs zugeschnitten. Im Folgenden sollen nicht alle Einzelheiten behandelt, sondern nur die wichtigsten Zulagen kurz erläutert werden.

133

### a) Der Ortszuschlag

Der zum Grundlohn hinzukommende Ortszuschlag ist abgestuft nach den Lebenskosten, den Steuern sowie nach der Grösse und Lage des Dienstortes. Er darf höchstens 6000.– Franken betragen[261]. Gestützt auf diese Kriterien hat das Eidgenössische Finanzdepartement die Dienstorte, für welche ein Anspruch auf Ortszuschlag besteht, in dreizehn Stufen mit unterschiedlichen Beträgen eingereiht[262].

134

### b) Vergütungen

Für Sonntags- und Nachtarbeit sowie für Pikettdienst können besondere Entschädigungen ausgerichtet werden[263]. Die Vergütung für angeordnete Arbeit an Sonn- und Feiertagen beträgt 33 Prozent des Stundenlohnes. Angeordnete Nachtarbeit zwischen 20 Uhr und 6 Uhr wird mit 6 Franken die Stunde entschädigt. Für die Angestellten der industriellen Betriebe – diese werden vom EPA bezeichnet – gelten für die Bestimmung der Höhe der Zulagen die Vorschriften des Arbeitsgesetzes vom 13. März 1964[264]. Eine Stunde Pikettdienst kann je nach Lohnklasse mit einem Zuschlag von 6 bis 7 Franken oder mit 1.20 Franken und einer Zeitgutschrift von 10 Prozent vergütet werden[265].

135

### c) Die Funktionszulagen

Angestellte, deren Aufgaben besondere Anforderungen und Beanspruchungen beinhalten, ohne dass eine Abgeltung über eine dauerhafte Höhereinstufung gerechtfertigt ist, können Funktionszulagen ausbezahlt bekommen. Diese dürfen aber nicht höher sein, als die Differenz zwischen dem Höchstbetrag nach Arbeitsvertrag und dem Höchstbetrag der Lohnklasse der höherbewerteten Funktion[266].

136

---

261 Art. 43 Abs. 1 BPV.
262 Art. 11 und Anh. 1 VBPV. Die gleichen Zulagen gewährt Art. 31 i.V.m. Anh. 1 Personalverordnung ETH-Bereich. Die Verordnungen des Bundesgerichts sehen die Zulagen für die Standorte Lausanne und Luzern vor. Vgl. Art. 28 PVBger und Art. 4 PVEVG.
263 Art. 45 BPV. Textgleich Art. 33 Personalverordnung ETH-Bereich und Art. 30 PVBger.
264 Art. 12 VBPV.
265 Art. 13 VBPV.
266 Art. 46 BPV; Art. 29 Personalverordnung ETH-Bereich; Art. 32 PVBger.

*d) Die Einsatzprämien*

137 Zur Belohnung von besonderen Einsätzen können einmalige Einsatzprämien von bis zu 6 Prozent des Höchstbetrags der Lohnklasse nach Arbeitsvertrag ausgerichtet werden. Für zeitlich weniger aufwendige besondere Einsätze sind kleinere Naturalprämien bis zu maximal 250.– Franken zur spontanen Auszeichnung vorgesehen. Auch ganze Gruppen von Angestellten können in den Genuss von Einsatzprämien kommen, wenn sie den besonderen Einsatz als Kollektiv geleistet haben[267]. Von in einer hohen Lohnklasse eingeteilten Angestellten darf wohl aber erwartet werden, dass sie zusätzliche Leistungen ohne besondere Vergütung erbringen, soweit die dienstlichen Umstände dies erfordern[268]. Ausgeschlossen ist die Einsatzprämie für Leistungen, die zu den ordentlichen Aufgaben eines Bediensteten gehören[269].

*e) Sonderzulagen*

138 Zum Ausgleich von besonderen Risiken und Verhältnissen bei der Funktionsausübung werden Sonderzulagen ausgerichtet. Welche Risiken zu berücksichtigen sind und wer zum Bezug berechtigt ist, bestimmen die Departemente im Einvernehmen mit dem EFD[270]. Darunter fallen beispielsweise die Schichtzulagen nach Art. 15 VBPV, die den unregelmässigen Einsatz im Rahmen von festen Dienstplänen ohne gleitende Arbeitszeit abgelten. Sonderzulagen für besondere Risiken werden insbesondere auch an das Personal des VBS ausbezahlt, das im Flug- und Fallschirmsprungdienst tätig ist[271].

*f) Anerkennungsprämien*

139 Anerkennungsprämien werden nicht regelmässig ausbezahlt, sondern richten sich in Häufigkeit und Umfang nach den verfügbaren Mitteln. Es besteht grundsätzlich kein Anspruch darauf. Jährlich dürfen nicht mehr als 18 Prozent der Mitarbeiter eines Departementes in den Genuss von solchen Prämien kommen. Voraussetzung für den Bezug von Anerkennungsprämien ist, dass der Angestellte den Höchstbetrag für die Beurteilungsstufe A in seiner Lohnklasse erreicht hat, und dass seine Leistung der Beurteilung A+ oder A++ entspricht. Bei der Beurteilungsstufe A++ kann die Prämie bis zu 12 Prozent des Höchstbetrags der Lohnklasse nach Arbeitsvertrag betragen. Die Prämien werden auf Antrag der direkten Vorgesetzten durch die Bundesämter festgelegt und mit dem Januar-

---

267 Art. 42 lit. a BPG i.V.m. Art. 47 BPV und Art. 14 VBPV. Vgl. auch Art. 33 PVBger sowie Art. 30 Abs. 4 Personalverordnung ETH-Bereich.
268 Vgl. dazu VPB 64 Nr. 32.
269 VPB 62 Nr. 54.
270 Art. 48 BPV.
271 Vgl. die Verordnung des VBS über die Zulagen im Flug- und Fallschirmsprungdienst des VBS vom 15. Mai 2003 (SR 172.220.111.342.1).

lohn ausgerichtet²⁷². Die auf Amtsdauer gewählten Personen erhalten keine Anerkennungsprämien²⁷³.

*g) Die Arbeitsmarktzulage*

Ausgewiesenes, kompetentes Personal kann je nach Lage auf dem Arbeitsmarkt schwierig zu gewinnen oder zu halten sein. Mit Arbeitsmarktzulagen von bis zu 20 Prozent des Höchstbetrages einer Lohnklasse soll den zuständigen Stellen der notwendige Verhandlungsspielraum zur Gewinnung von besonders qualifiziertem Personal gegeben werden. Allerdings ist die Zustimmung des EFD erforderlich²⁷⁴. Die Arbeitsmarktzulage wird jährlich überprüft. Sobald der Markt sich geändert hat und die Voraussetzungen für eine Gewährung nicht mehr gegeben sind, wird sie gestrichen²⁷⁵.  140

*h) Die Betreuungszulagen*

Gemäss Art. 31 Abs. 1 und 2 BPG regeln die Ausführungsbestimmungen die Leistungen für den Unterhalt der Kinder und die Massnahmen zur Erleichterung der Betreuung von Kindern oder Erwerbsbehinderten. Die Mindestleistungen hat der Bundesrat in Art. 10 Rahmenverordnung BPG geregelt. Danach haben die Angestellten Anrecht auf eine Betreuungszulage für Kinder bis zum 16. Altersjahr, die sie in Obhut haben oder für deren Unterhalt sie aufkommen. Stehen die Kinder in Ausbildung, wird die Zulage bis zu deren vollendeten 25. Altersjahr ausbezahlt, sogar wenn sie sich nicht in der Obhut der angestellten Person befinden²⁷⁶. Die Mindestleistung für das erste Kind beträgt 3800.- Franken im Jahr, für jedes weitere zulagenberechtigte Kind noch 2400.- Franken. Angestellte, deren Ehegatte wegen schwerer Krankheit dauernd an der Ausübung einer Erwerbstätigkeit gehindert ist oder die auf behördliche Anordnung nahe Verwandte unterstützen, erhalten eine halbe Zulage²⁷⁷.  141

Die Zulage richtet sich grundsätzlich nach dem Beschäftigungsgrad des Angestellten. Teilzeitbeschäftigte werden jedoch bevorzugt behandelt. Arbeiten sie mehr als 50 Prozent und erhalten sie keine weiteren Betreuungszulagen von einem weiteren Arbeitgeber, wird ihnen eine volle Zulage ausgerichtet. In Härtefällen können auch ganze Zulagen an Angestellte mit einem Beschäftigungsgrad von unter 50 Prozent ausbezahlt werden. Eine anderweitig ausgerichtete Betreuungszulage wird auf den Anspruch gegen den Bund ange-  142

---

272 Art. 49 BPV und Art. 16 VBPV. Eine ähnliche Regelung gilt für das Personal des Bundesgerichts, vgl. Art. 34 PVBger.
273 Art. 4 Abs. 3 Amtsdauerverordnung.
274 Vgl. Art. 50 BPV und Art. 35 PVBger.
275 Art. 17 VBPV.
276 Vgl. Art. 51 Abs. 2 BPV.
277 Art. 51 Abs. 5 BPV.

rechnet[278]. Pro Kind wird immer nur eine Zulage ausgerichtet[279], auch wenn z.B. beide Elternteile in der Bundesverwaltung tätig sind.

*i) Auslandentschädigungen*

143 Die Angestellten erhalten eine Abgeltung bei Versetzungen und Einsätzen im Ausland, um die finanziellen Nachteile auszugleichen, die ihnen dadurch erwachsen. In erster Linie werden Auslagen vergütet, die mit der Funktion zusammenhängen[280], aber auch Mehr- oder Minderkosten werden berücksichtigt. Der Unterschied im Preisniveau von Konsumgütern wird ausgeglichen (Kaufkraftausgleich), die den Angestellten gewährte Steuerfreiheit wird berücksichtigt und Schäden, die in Ausübung der beruflichen Pflichten entstanden sind, werden gedeckt[281].

*j) Treueprämien und Erfindungen*

144 Die Treueprämie soll langjährige Mitarbeiter des Bundes für ihren Einsatz belohnen und sie zu neuen Leistungen anspornen. Alle fünf Anstellungsjahre – die Lehrzeit wird nicht mitgezählt – bis zur Vollendung des 45. Anstellungsjahres wird eine Prämie ausgerichtet, die je nach Dauer der Anstellung aus bezahltem Urlaub von einer Woche bis zu einem Monat besteht. Voraussetzungen für den Erhalt einer Treueprämie sind immerhin eine genügende Leistung und ein entsprechendes Verhalten. Der Angestellte hat somit keinen Rechtsanspruch auf eine Treueprämie, die zuständige Behörde ist jedoch bei der Erteilung an den Grundsatz der Rechtsgleichheit gebunden[282]. Ein Teil der Prämie kann jeweils als Barbetrag ausgerichtet werden[283].

145 Der Bund will seine Angestellten dazu bringen, innovativ und kreativ zu sein. Sie sollen mit Eigenverantwortung, leistungsbereit und zielorientiert denken und handeln. Die Departemente haben die Voraussetzungen und nötigen Anreize geschaffen, dass Erfindungen der Mitarbeiter auch entwickelt und umgesetzt und Vorschläge ausgearbeitet werden. Gute Verbesserungsvorschläge im Produkte-, Verfahrens- und Sozialbereich werden mit Prämien bis zu 15 000.– Fran-

---

278 Art. 51 Abs. 6 bis 8 BPV. Ähnlich Art. 41 Personalverordnung ETH-Bereich, Art. 36 PVBger und Art. 20 Verordnung über das Personal des Schweizerischen Heilmittelinstituts. Zur Vermeidung von Überentschädigungen bei den Betreuungszulagen vgl. VPB 67 Nr. 40.
279 Art. 18 VBPV.
280 Art. 18 Abs. 2 BPG.
281 Vgl. Art. 81 ff. BPV und Art. 36 VBPV-EDA. Siehe ferner die Verordnung des EDA über die den Bundesangestellten bei ihrem Einsatz in internationalen Organisationen ausgerichteten Leistungen vom 8. März 2002 und Art. 52 PVBger.
282 Vgl. zur Entstehung des Anspruchs auf eine Treueprämie VPB 67 Nr. 69. ZBl 2001 319 bezeichnet die Treueprämie als personalpolitisches Lenkungsinstrument.
283 Vgl. Art. 32 lit. b BPG und Art. 73 BPV. Details regelt Art. 52 VBPV. Siehe auch Art. 46 PVBger, Art. 6 PVEVG und Art. 45 Personalverordnung ETH-Bereich. Vgl. ferner Entscheid der PRK vom 13.2.2004, PRK 2003-033, www.reko-efd.admin.ch/de/prk/entscheide/index.htm.

§ 6 Die vermögenswerten Rechte

ken, bei Teamarbeit bis zu 60 000.– Franken, oder einem entsprechenden Gegenwert, z.B. zusätzlichen Ferientagen, ausgezeichnet [284].

*k) Vergünstigungen und andere Vorteile*

Das BPG sieht in Art. 32 eine ganze Reihe von weiteren Vorteilen vor. Danach kann das Bundespersonal in den Genuss von Vergünstigungen auf Leistungen und Erzeugnissen aus ihrem Tätigkeitsbereich kommen, zum Beispiel zu einem Halbtaxabonnement der SBB oder zu einem vergünstigten Generalabonnement [285]. Weiter können sie von Unterkünften am Arbeitsort, von Unterstützung bei Kauf oder Miete von Wohnraum und von diversen betrieblichen Einrichtungen wie Kinderkrippen oder Personalrestaurants profitieren [286]. 146

*l) Der Teuerungsausgleich*

Unter Berücksichtigung seiner wirtschaftlichen und finanziellen Lage sowie der Verhältnisse auf dem Arbeitsmarkt richtet der Arbeitgeber den Angestellten einen angemessenen Teuerungsausgleich aus [287]. Ziel des Teuerungsausgleichs ist es, die Kaufkraft der Angestellten zu erhalten. Er wird ausgerichtet auf den Lohn, den Ortszuschlag, die Vergünstigungen für Sonntags- und Nachtarbeit, die Vergütungen für Pikettdienst, die Funktionszulagen, die Sonderzulagen, die Arbeitsmarktzulagen und die Betreuungszulagen. Bei deutlich ungenügenden Leistungen (Beurteilungsstufe C) kann allerdings der Lohn vom Teuerungsausgleich ausgenommen werden [288]. 147

## II. Die Sozialleistungen

### 1. Alter, Tod und Invalidität

Da das Versicherungsobligatorium des BVG grundsätzlich für alle Arbeitsverhältnisse gilt, hat sich auch das Bundespersonalrecht daran zu orientieren. Demnach sind Angestellte gemäss Art. 1 PKB-Gesetz bei der durch den Bund eigens 148

---

284 Art. 32 lit. c BPG und Art. 73 BPV. Für Einzelheiten siehe Art. 55 ff. VBPV. Vgl. auch Art. 47 PVBger.
285 Vgl. Art. 53 VBPV; ferner VPB 67 Nr. 110.
286 Art. 32 BPG und Art. 75 f. BPV. Vgl. insbesondere auch die Verordnung des EFD über zinsvergünstigte Hypothekardarlehen vom 10. Dezember 2001 (Hypothekardarlehensverordnung-EFD).
287 Art. 16 Abs. 1 BPG. Weiterhin ebenfalls berücksichtigt wird der Landesindex für Konsumentenpreise, vgl. BBl 1999 II 1617.
288 Art. 44 BPV. Vgl. auch Art. 32 Personalverordnung ETH-Bereich, Art. 29 PVBger. Eine besondere Bestimmung enthält Art. 22 Verordnung über das Personal des Schweizerischen Heilmittelinstituts, insbesondere in Abs. 3. Danach muss die Direktion vor der Beschlussfassung über den Teuerungsausgleich und allfällige weitere Lohnmassnahmen mit den Personalverbänden verhandeln.

53

geführten Pensionskasse PUBLICA gegen die wirtschaftlichen Folgen von Invalidität, Alter und Tod zu versichern. Die Grundsätze über den Kreis der zu versichernden Personen, die Versicherungsform, Art und Umfang der Versicherungsleistungen sowie die Finanzierung sind im PKB-Gesetz, in den PUBLICA-Statuten und im Verordnungsrecht, insbesondere in der VVAP, in der PKBV 1 und 2 sowie in der Verordnung angeschlossene Organisationen geregelt.

149 Bei Arbeitsverhinderung wegen Invalidität oder Tod muss der Arbeitgeber dem Angestellten Leistungen in Form von Lohnfortzahlungen, respektive von Leistungen an die Hinterbliebenen ausrichten[289]. Im Todesfall erhalten die Hinterlassenen einen Nachgenuss des Lohnes in der Höhe eines Sechstels des Jahreslohnes. Die Sozialzulagen werden im gleichen Umfang ausgerichtet[290]. Erleidet ein Mitarbeiter oder eine Mitarbeiterin einen Berufsunfall mit Körperverletzung oder Invalidität als Folge, werden Leistungen ausbezahlt, sofern die Gesamtheit der Leistungen aus den Sozialversicherungen den massgebenden Verdienst nicht erreicht. Zum massgebenden Verdienst einer invalid gewordenen Person gehören der letzte Lohn vor dem Unfall einschliesslich Ortszuschlag, Betreuungszulage, Teuerungsausgleich, Einsatzprämien, Arbeitsmarktzulage, Sonderzulagen und den zu erwartenden Lohnerhöhungen für die nächsten drei Jahre[291]. Zusätzlich besteht die Möglichkeit, einmalige Beträge zur Deckung von ausserordentlichen Aufwendungen auszurichten, die mit dem Ereignis in Zusammenhang stehen[292]. Führt ein Berufsunfall zum Tod, wird den Hinterbliebenen zusätzlich ein Beitrag von 5000.– Franken an die Bestattungskosten bezahlt[293].

150 Gegenüber einem Dritten, der für ein Ereignis haftet, welches Sozialleistungen auslöst, tritt jedoch der Arbeitgeber bis auf die Höhe ihrer Leistungen in die Rechte der angestellten Person und seiner Hinterlassenen ein (Legalzession). Gegen den Ehegatten der angestellten Person, ihre Verwandten oder mit ihr in häuslicher Gemeinschaft lebende Personen kann der Arbeitgeber jedoch nur regressieren, wenn sie die Arbeitsverhinderung absichtlich oder grobfahrlässig herbeigeführt haben[294].

---

289 Vgl. Art. 29 Abs. 1 und 2 BPG. Weniger ausführlich, aber im Grundsatz ähnlich Art. 39 Personalverordnung ETH-Bereich und Art. 23 Verordnung über das Personal des Schweizerischen Heilmittelinstituts.
290 Art. 62 BPV. Ebenso Art. 40 Personalverordnung ETH-Bereich.
291 Art. 63 BPV i.V.m. Art. 26 Abs. 1 VBPV. Der massgebende Lohn dürfte somit in der Regel über der Gesamtheit der Leistungen aus den Sozialversicherungen liegen. Für überlebende Ehegatten und Lebenspartner beträgt der massgebende Verdienst ein Prozentsatz des beschriebenen Verdienstes. Vgl. ferner Art. 39 Personalverordnung ETH-Bereich.
292 Art. 63 BPV.
293 Art. 26 Abs. 4 VBPV; Art. 39 Abs. 2 lit. c Personalverordnung ETH-Bereich.
294 Art. 30 BPG. Die Regelung ist mit dem KVG und dem UVG koordiniert, vgl. Botschaft zum BPG, BBl 1999 II 1623.

## 2. Krankheit und Unfall

Ist ein Angestellter wegen Krankheit oder Unfall vorübergehend an der Arbeitsleistung verhindert und kann er dies mit ärztlichen Zeugnissen beweisen, bezahlt der Arbeitgeber während den ersten zwölf Monaten den vollen Lohn und während den nächsten zwölf Monaten 90 Prozent des Lohnes. In begründeten Ausnahmefällen kann der gekürzte Lohn für maximal zwölf weitere Monate ausgerichtet werden. Nach Ablauf dieser Fristen besteht kein Anspruch mehr auf Lohn. Der Ablauf der Frist kann jedoch durch eine Wiederaufnahme der Arbeit während mindestens drei Monaten zu wenigstens 50 Prozent unterbrochen werden[295]. Bei befristeten Arbeitsverhältnissen endet die Lohnfortzahlung spätestens mit dem Ende des Arbeitsverhältnisses[296].

151

Der Lohn wird nicht gekürzt, wenn die Ursache für die Arbeitsverhinderung ein Berufsunfall oder eine dieser gleichzusetzende Berufskrankheit ist. Die Sozialzulagen[297] werden während der Lohnfortzahlung, auch wenn diese reduziert erfolgt, ungekürzt ausgerichtet, aber nur solange der Lohn überhaupt ausbezahlt wird. Hingegen kann der Lohnanspruch gekürzt oder sogar gänzlich entzogen werden, wenn die Krankheit oder der Unfall des Angestellten auf einem Selbstverschulden beruht[298].

152

Auch für das Bundespersonal gilt das im Sozialversicherungsrecht allgemein gültige *Verbot der Überentschädigung*. Deswegen werden sämtliche Leistungen der Militärversicherung, der SUVA oder einer anderen obligatorischen Unfallversicherung sowie die Renten und Taggelder der Invalidenversicherung auf den Lohn angerechnet[299].

153

## 3. Weitere Sozialleistungen

Das Bundespersonal erhält auch *Leistungen* bei Arbeitsverhinderung wegen Militär-, Zivilschutz- und Ersatzdienst sowie wegen Mutterschaft und Adoption[300]. Während des obligatorischen – nicht aber des fakultativen – schweizerischen Militär-, Zivilschutz- oder zivilen Ersatzdienstes wird der ungekürzte Lohn ausgerichtet. Die gesetzlichen Erwerbsausfallentschädigungen und Soldzulagen werden angerechnet[301]. Bei Arbeitsaussetzung wegen Mutterschaft wird der volle Lohn während vier Monaten ausgerichtet, wenn am Tag der Niederkunft der sechste Anstellungsmonat vollendet ist, während zwei Monaten in allen an-

154

---

295 Vgl. Art. 56 Abs. 1–5 BPV. Siehe auch Art. 36 Personalverordnung ETH-Bereich. Diese Regelungen sind wesentlich grosszügiger als jene des Obligationenrechts, PORTMANN/STÖCKLI, S. 102.
296 Art. 23 VBPV.
297 Der Begriff der Sozialzulagen wird in Art. 25 VBPV definiert. Darunter fallen die Betreuungszulage, der Ortszuschlag und die Auslandzulagen.
298 Art. 57 BPV. Vgl. auch Art. 27 VBPV zur Kürzung oder Verweigerung der Leistungen des Bundes.
299 Vgl. Art. 58 BPV. Wie die Anrechnung genau erfolgt, regelt Art. 24 VBPV.
300 Art. 29 BPG. Siehe dazu BGE 122 III 268; VPB 63 Nr. 43; HÄNNI, Fallsammlung, S. 229f.
301 Vgl. Art. 59 BPV und Art. 38 Personalverordnung ETH-Bereich.

Drittes Kapitel: Die Rechte des Bundespersonals

deren Fällen[302]. Bei Adoption wird der Lohn während zwei Monaten voll ausbezahlt[303].

155  Das BPG sieht in Art. 31 generell die Möglichkeit vor, mit Massnahmen und Leistungen soziale Härten zu mildern. Damit sind insbesondere Leistungen der *Sozialberatung* gemeint[304]. Es erlaubt ferner die Regelung auf Verordnungsebene von weiteren Massnahmen zur sozialen Sicherung des Personals, beispielsweise die Unterstützung bei beruflicher Umorientierung oder bei frühzeitiger Pensionierung. Schliesslich ist für den Fall von Massenentlassungen ein Sozialplan vorgesehen, der Versetzungen, Stellenvermittlung und Umschulung fördern und damit die Zahl der frühzeitigen Pensionierungen und der Entlassungen möglichst klein halten soll[305].

## § 7 Die übrigen Rechte

156  Neben den vermögenswerten Ansprüchen der Bediensteten existieren weitere Rechte, wie der Anspruch auf Ferien, Urlaub und Ruhetage (Ziff. I), das Recht auf weitere Leistungen des Arbeitgebers (Ziff. II), das Recht auf ein Dienstzeugnis (Ziff. III) sowie Mitwirkungsrechte in Form von Kollektivrechten (Ziff. IV).

### I. Ferien und Urlaub

157  Art. 66 BPV sieht 63 *freie Tage* pro Kalenderjahr vor. Eine eventuelle Abweichung von dieser Zahl gegen oben oder gegen unten wird ausgeglichen. Freie Tage sind grundsätzlich alle Sonntage sowie die allgemeinen eidgenössischen und regionalen Feiertage, welche auf einen Arbeitstag fallen[306].

158  Von Gesetzes wegen haben die Angestellten alljährlich Anspruch auf mindestens vier Wochen *Ferien*[307]. Je nach Alter beträgt dieser Anspruch in der Regel etwas mehr, nämlich 4–6 Wochen pro Kalenderjahr. Die Ferien bezwecken die Erholung, Entspannung und Erhaltung der Gesundheit des Arbeitnehmers. Sie müssen dementsprechend, sofern möglich, in dem Jahr bezogen werden, in dem

---

302 Art. 9 Rahmenverordnung BPG i.V.m. Art. 60 BPV. Vgl. auch Art. 37 Personalverordnung ETH-Bereich.
303 Vgl. Art. 61 BPV und Art. 37 Personalverordnung ETH-Bereich.
304 Botschaft zum BPG, BBl 1999 II 1623.
305 Vgl. Art. 31 Abs. 4 BPG und BBl 1999 II 1623.
306 Vgl. auch Art. 36 VBPV; Art. 50 Personalverordnung ETH-Bereich; Art. 40 PVBger; Art. 5 PVEVG.
307 Art. 8 Abs. 2 Rahmenverordnung BPG i.V.m. Art. 329ff. OR.

§ 7 Die übrigen Rechte

der Anspruch entsteht, und so verteilt sein, dass ihr Zweck erreicht werden kann[308]. Der Ablauf der Arbeiten darf jedoch nicht beeinträchtigt werden. Die Arbeitnehmer müssen bei der Eingabe von Ferien der Arbeitssituation Rechnung tragen[309]. Die Ferien sind grundsätzlich in natura zu beziehen; nur in besonderen Fällen dürfen sie in bar abgegolten werden[310].

Die Bedingungen für die Gewährung von *Urlaub* sind durch das Verordnungsrecht zu regeln. Müssen Bedienstete aus anderen Gründen als Krankheit, Unfall oder Militärdienst den Dienst aussetzen[311], so haben sie rechtzeitig um bezahlten, teilweise bezahlten oder unbezahlten Urlaub nachzusuchen. Der Urlaub ist unter angemessener Berücksichtigung des Grundes zu bewilligen, wenn und soweit es der Dienst gestattet. 159

## II. Weitere Leistungen des Arbeitgebers

Die weiteren Leistungen des Arbeitgebers sind ebenfalls in den Ausführungsbestimmungen geregelt[312]. Es handelt sich dabei vor allem um die Ausrüstung des Personals mit Geräten, Kleidern und sonstigem Material, das zur Erfüllung der beruflichen Aufgaben nötig ist sowie um den Auslagenersatz. 160

### 1. Material und Dienstkleidung

Die Angestellten werden mit allem Material ausgerüstet, das zur Erfüllung ihrer Aufgaben nötig ist. Verwenden sie im Einvernehmen mit dem Arbeitgeber privates Material, so kann ihnen dafür eine angemessene Vergütung ausgerichtet 161

---

308  Art. 17 BPG i.V.m. Art. 67 BPV. Zur Unterbrechung und Kürzung von Ferien sowie zum Urlaub allgemein siehe Art. 37 und 39f. VBPV. Unabhängig von Ferien und Urlaub können Angestellte ab der 24. Lohnklasse alle fünf Jahre ein Sabbatical (Auszeit) beziehen, siehe dazu Art. 34 VBPV. In der Dauer des Ferienanspruchs zum Teil erheblich abweichende Bestimmungen sehen Art. 21 V Mil Pers, Art. 51f. Personalverordnung ETH-Bereich, Art. 23 Professorenverordnung ETH, Art. 41f. PVBger, Art. 25 Verordnung über das Personal des Schweizerischen Heilmittelinstituts und Art. 54ff. VBPV-EDA vor.
309  Art. 17 BPG i.V.m. Art. 67 Abs. 2 BPV und Art. 68 BPV. Ebenso Art. 9 Verordnung über das wissenschaftliche Personal der Eidgenössischen Technischen Hochschule Zürich vom 4. Dezember 2001. Vgl. auch Art. 22 der Verordnung der Bundesversammlung über die Parlamentsdienste vom 7. Oktober 1988.
310  Art. 38 VBPV. Vgl. z.B. VPB 63 Nr. 20, wonach ein Bediensteter, der wegen dienstlicher Verpflichtungen sein Ferienguthaben vor einer Änderung des Beschäftigungsgrades nicht beziehen konnte, Anspruch auf eine Ausgleichszahlung im Umfang der verlorenen Differenz hat.
311  Auch die Verbüssung einer unbedingten Freiheitsstrafe im Ausland, die sich ein Bediensteter während einer Ferienreise für eine in der Schweiz nicht strafbare Bagatellhandlung zugezogen hat, gilt als unverschuldete Verhinderung in der Ausübung des Dienstes mit Anspruch auf Besoldung: VPB 42 (1978) Nr. 82.
312  Art. 18 BPG.

werden[313]. Dasselbe gilt für die Dienstkleidung, die die Angestellten wegen besonderen Arbeitsbedingungen zu tragen verpflichtet sind[314].

## 2. Dienstfahrzeug

162 Das Pflichtenheft eines Angestellten kann Aufgaben vorsehen, die ohne Fahrzeug nicht zu erfüllen sind. Unter diesen Voraussetzungen werden persönliche Dienstfahrzeuge zugeteilt[315]. Die Bundesverwaltung ist ebenfalls dafür besorgt, dass möglichst allen Bediensteten, die auf die regelmässige Benützung eines Motorfahrzeugs angewiesen sind, in der Nähe des Arbeitsortes ein Parkplatz gegen ein geringes Entgelt zur Verfügung steht. Es besteht allerdings kein Anspruch auf einen Parkplatz. Bei einer beschränkten Anzahl von Parkplätzen werden diese nach einer Prioritätenordnung zugeteilt[316].

## 3. Ersatz der Auslagen

163 Mehrauslagen, die dem Angestellten bei beruflichen Einsätzen ausserhalb des Arbeits- und Wohnortes entstehen, werden gemäss Art. 18 Abs. 2 BPG rückvergütet. Dabei handelt es sich insbesondere um Kosten für Mahlzeiten, Übernachtungen und Dienstreisen, für Reisen ins Ausland und die Teilnahme an internationalen Konferenzen, für einen Umzug aus dienstlichen Gründen oder für Repräsentationsauslagen[317]. Art. 44 Abs. 3 Personalverordnung ETH-Bereich sieht dabei explizit vor, dass die Auslagen nach den Kriterien Angemessenheit, Sparsamkeit, Zeitaufwand und Ökologie zurückerstattet werden. Dies dürfte sinngemäss auch in der allgemeinen Bundesverwaltung und überhaupt für alle Angestellten des Bundes gelten.

## 4. Ersatz von Verfahrens- und Parteikosten

164 Die Ausführungsbestimmungen können auch eine Vergütung der Verfahrens- und Parteikosten vorsehen, die einem Angestellten infolge von Zivil-, Verwaltungs- oder Strafverfahren erwachsen sind. Die Voraussetzungen dazu sind immerhin, dass das Verfahren mit der dienstlichen Tätigkeit in Zusammenhang

---

313 Vgl. Art. 69 Abs. 1 und 2 BPV sowie Art. 43 PVBger, die inhaltlich mit Art. 327 OR übereinstimmen.
314 Art. 70 BPV. Vgl. auch Art. 44 PVBger und Art. 43 Personalverordnung ETH-Bereich. Danach ist sogar eine Vergütung von Infrastrukturkosten möglich, wenn der Angestellte im Einvernehmen mit der zuständigen Stelle die Arbeitsleistung zu Hause erbringt.
315 Vgl. Art. 71 BPV. Zu den betroffenen Angestellten zählen insbesondere Angehörige des Instruktionspersonals des VBS und im Aussendienst tätige Mitarbeiter des EDA.
316 Vgl. die Verordnung über die Zuteilung von Parkplätzen in der Bundesverwaltung vom 20. Mai 1992 und die Verordnung über die Zuteilung von Parkplätzen bei den eidgenössischen Rekurs- und Schiedskommissionen vom 1. Mai 1997.
317 Vgl. Art. 72 BPV i.V.m. Art. 41 ff. VBPV. Vgl. ferner Art. 22 ff. V Mil Pers; Art. 61 ff. VBPV-EDA; Art. 45 PVBger und die Verordnung über den Ersatz von Auslagen im ETH-Bereich vom 11. April 2002.

§ 7 Die übrigen Rechte

steht, dass kein Verschulden seitens des Angestellten vorliegt, und dass der Bund ein Interesse an der Führung des Prozesses hat. Es werden jedoch nur Kostengutsprachen geleistet, solange der Entscheid nicht rechtskräftig ist. [318].

## III. Mitarbeitergespräch, Personalbeurteilung und Dienstzeugnis

Die Angestellten des Bundes haben das Recht auf jährlich mindestens ein Gespräch mit ihrem Vorgesetzten und auf eine Personalbeurteilung. Das *Mitarbeitergespräch* dient der persönlichen Förderung, der Überprüfung der Arbeits- und Führungssituation und der Vereinbarung von Zielen. Es soll den Angestellten ferner die Möglichkeit geben, sich zum Führungsverhalten ihrer Vorgesetzten zu äussern[319]. Zusammen mit dem Mitarbeitergespräch bildet die *Personalbeurteilung* die Grundlage für eine leistungsgerechte Entlöhnung und eine zielorientierte Entwicklung der Angestellten[320]. Das Resultat der Beurteilung hat somit direkte Auswirkungen auf den Lohn des Angestellten und auf sein berufliches Fortkommen. Gegenstand der Personalbeurteilung sind die vereinbarten Ziele bezüglich Leistung, Verhalten und Fähigkeiten[321].

165

Der Anspruch des Angestellten auf die Ausstellung eines schriftlichen Zeugnisses ist in den Erlassen des öffentlichen Dienstrechtes im engeren Sinne nicht geregelt. Aufgrund des Verweises von Art. 6 Abs. 2 BPG sind jedoch die entsprechenden Bestimmungen des OR anwendbar[322]. Demnach kann der Angestellte jederzeit[323] ein Zeugnis entweder im Sinne einer blossen *Dienstbestätigung* (Kurzzeugnis) mit der Angabe über Art und Dauer des Dienstverhältnisses oder aber als *eigentliches Dienstzeugnis*, welches sich auch über Leistung und Verhalten des Bediensteten zu äussern hat (Vollzeugnis, ausformuliertes Zeugnis), verlangen. Die unter dem BtG herrschende Praxis zur Ausstellung von Arbeitszeugnissen und die obligationenrechtliche Praxis gelten nach wie vor. Danach wird im Normalfall ein Vollzeugnis und nur auf besonderes Verlangen des Bediensteten eine blosse Bestätigung ausgestellt. Begnügt sich der Angestellte mit einem Kurzzeugnis, darf der Arbeitgeber ohne dessen Einwilligung keine weiteren Informationen an Dritte herausgeben[324].

166

---

318 Art. 77 BPV, Art. 49 PVBger und ähnlich Art. 48 Personalverordnung ETH-Bereich.
319 Vgl. auch Personalpolitische Leitsätze für die Bundesverwaltung, BBl 2004 2235, wonach eine aktive Feedback-Kultur Voraussetzung für eine konstruktive Zusammenarbeit ist; Verhaltenskodex der allgemeinen Bundesverwaltung, BBl 2004 2233; GERBER/HELBLING/SCHNEIDER, S. 526, die sogar von einer gegenseitigen Beurteilung sprechen.
320 Art. 4 Abs. 3 Halbsatz 2 BGP.
321 Vgl. Art. 15 BPV und Art. 2 ff. VBPV.
322 Art. 330a OR.
323 Jederzeit bedeutet auch während des Dienstverhältnisses im Hinblick auf die Suche nach einer neuen Stelle. Vgl. schon in BtG BGE 91 I 540; JAAG, ZBl 1994, S. 448.
324 VPB 48 Nr. 33; VPB 65 Nr. 44; VPB 65 Nr. 95 (Inhalt und Berichtigung des Dienstzeugnisses); Urteil des BGer vom 17.07.2002 (2A.118/2002). Vgl. auch POLEDNA, ZBl 104 (2003), S. 169 ff., insbesondere S. 172 ff.

## IV. Datenschutz

167 Von den Bundesbediensteten werden bei der Bewerbung und während der Dauer der Anstellung Daten über Person, Lohn und Pensionskasse, Laufbahn oder auch über betreibungs-, administrativ- oder strafrechtliche Massnahmen erhoben, bearbeitet und aufbewahrt. Die Grundlagen dazu finden sich im DSG, das den generell zu beachtenden Rahmen vorgibt, in Art. 27 f. BPG, und in der Verordnung über den Schutz von Personaldaten in der Bundesverwaltung. Im Folgenden werden nur deren wichtigste Grundzüge aufgezeigt.

168 Gemäss Art. 27 Abs. 1 BPG sind die Arbeitgeber des Bundes befugt, Personendaten über ihre Angestellten zu bearbeiten. Dabei müssen sie sich jedoch auf das Notwendige beschränken, d.h. sie dürfen nur Daten bearbeiten, die sich auf die Eignung für das Arbeitsverhältnis beziehen oder zur reibungslosen Durchführung des Arbeitsverhältnisses erforderlich sind. Bearbeiten ist in einem weiten Sinne zu verstehen und umfasst die Erhebung, die Aufbewahrung und die Verwendung von Personaldaten[325].

169 Die Führung von Datensammlungen soll möglichst transparent sein. Die Mitarbeiter und Mitarbeiterinnen des Bundes sollen wissen, was für Daten über sie erhoben werden, und wie damit umgegangen wird. Die Personalverbände oder die Vertreter des Personals werden vor jeder Einführung oder Änderung eines Datensystems oder einer Datensammlung angehört[326]. Fühlt sich ein Angestellter persönlich betroffen oder hat er allgemeine Fragen zum Datenschutz, kann er die Dienste des *Datenschutzberaters* seiner Verwaltungseinheit oder des Departements beanspruchen. Bei Uneinigkeit kann der eidgenössische Datenschutzbeauftragte um Vermittlung ersucht werden[327]. Die Angestellten können zudem jederzeit kostenlos *Auskunft* über die persönlichen Daten verlangen, die über sie in einer bestimmten Datensammlung enthalten sind, sowie schriftlich einem Dritten die Einsicht in ihr Dossier gestatten oder ihn zur *Einholung von Informationen* ermächtigen[328]. Ohne schriftliche Einwilligung dürfen Personendaten nur an Dritte weitergegeben werden, wenn dafür eine rechtliche Grundlage besteht[329].

170 Unrichtige oder unvollständige Daten, die den Zweck der Bearbeitung nicht oder nicht mehr erfüllen oder in keinem Zusammenhang mit dem Arbeitsverhältnis stehen, müssen umgehend berichtigt werden[330]. Ist eine *Berichtigung*

---

325 Botschaft zum BPG, BBl 1999 II 1622.
326 Art. 5 und Art. 12 Abs. 1 Verordnung über den Schutz von Personaldaten in der Bundesverwaltung.
327 Art. 6 Verordnung über den Schutz von Personaldaten in der Bundesverwaltung.
328 Art. 7 f. Verordnung über den Schutz von Personaldaten in der Bundesverwaltung i.V.m Art. 8 f. DSG. Zum Einsichtsrecht vgl. BUSER, S. 381 ff.
329 Art. 27 Abs. 3 BPG; Art. 12 Abs. 3 und Art. 13 Verordnung über den Schutz von Personaldaten in der Bundesverwaltung.
330 Vgl. BUSER, S. 379.

## § 7 Die übrigen Rechte

nicht möglich, müssen sie vernichtet werden. Dasselbe gilt für Daten, deren Sammlung und Aufbewahrung unzulässig oder sonst nicht gerechtfertigt ist[331].

Einen Sonderfall bilden die vom zuständigen ärztlichen Dienst bearbeiteten Gesundheitsdaten. Sie sind vertraulich und dürfen den interessierten Stellen, z.B. dem Arbeitgeber, nur soweit kommuniziert werden, als es für die Beurteilung der Anstellungs-, Versicherungs- oder Arbeitstauglichkeit von Bewerberinnen und Bewerbern oder für die Stellungnahme zu Ansprüchen aus dem Arbeitsverhältnis erforderlich ist. Vorbehalten bleibt die schriftliche Ermächtigung der betroffenen Person oder, wenn diese die Einwilligung nicht erteilt und keine überwiegenden Interessen entgegenstehen, des EPA[332].   171

## V. Kollektive Mitwirkungsrechte

Die Voraussetzung für die Ausübung von Mitwirkungsrechten ist eine frühzeitige, umfassende und *transparente Information* über alle die Angestellten und ihre Organisationen betreffenden Angelegenheiten. Gegenstand der Mitwirkung ist einerseits die Konsultation des Personals zu vorgesehenen Änderungen oder Neugestaltungen der sie direkt betreffenden Regelungen und andererseits die Verhandlung derselben mit den Personalorganisationen[333]. Sie erlaubt, die Zusammenarbeit zwischen den Verwaltungsstellen und dem Personal zu fördern und das Interesse der Bediensteten an der zweckmässigen Einrichtung des Dienstes zu wecken.   172

Art. 33 Abs. 4 BPG schafft die Grundlage für den Erlass von Ausführungsbestimmungen über das Zusammenwirken der Sozialpartner. Die Ausführungsbestimmungen nennen als Ziel eine intakte Sozialpartnerschaft, die durch Information und Mitsprache oder Verhandlung erreicht werden soll[334]. Zusätzlich werden *Personalausschüsse und -kommissionen* eingesetzt. Art. 108 BPV sieht den Einsatz eines Begleitausschusses vor, der die Praxis der Mitarbeitergespräche, der Personalbeurteilungen und der Entlöhnung verfolgt[335]. Bei unsachgerechter Anwendung dieser Instrumente kann der Begleitausschuss die Verantwortlichen anhören und Verbesserungen vorschlagen. Zur Behandlung von   173

---

331 Art. 9f. Verordnung über den Schutz von Personaldaten in der Bundesverwaltung. Vgl. auch Art. 5 DSG.
332 Art. 28 Abs. 3 und 4 BPG und Art. 24 i.V.m. Art. 13 Verordnung über den Schutz von Personaldaten in der Bundesverwaltung.
333 Art. 33 BPG. Insbesondere die Ausarbeitung von Musterverträgen für die allgemeine Bundesverwaltung soll unter Mitwirkung der Personalorganisationen geschehen. Vgl. dazu BBl 1999 II 1624f.; Personalpolitische Leitsätze für die Bundesverwaltung, BBl 2004 2235; HELBLING, BPG, S. 30; BGE 129 I 113, E. 3 (kantonales Recht).
334 Vgl. Art. 107 BPV; Art. 13 Personalverordnung ETH-Bereich; Art. 154f. GAV SBB und Ziff. 800 GAV Post.
335 Vgl. auch Art. 63 VBPV.

Einzelfällen kann der Begleitausschuss einen paritätisch zusammengesetzten Ausschuss einsetzen, der ihm Empfehlungen abgibt [336]. Personalkommissionen werden in der allgemeinen Bundesverwaltung nur auf Wunsch des Personals eingesetzt. Ihre Aufgabe besteht darin, Anregungen zu betrieblichen Fragen zu begutachten [337].

174 Am umfangreichsten sind die betrieblichen Mitwirkungsrechte *in den GAV* der Post und der SBB geregelt [338]. Die Regelungen der beiden GAV weichen erheblich voneinander und von den für die allgemeine Verwaltung geltenden Bestimmungen ab. Beide enthalten die Mitwirkungsmöglichkeiten der Information, der Mitsprache und der Mitbestimmung. Der GAV SBB sieht namentlich die Selbstverwaltung ihrer Personalkommission vor [339]. Die Mitwirkung erfolgt nur über Kommissionen, insbesondere Personalkommissionen, die in ihrer Arbeit von den jeweiligen Unternehmen unterstützt werden [340]. Die Mitglieder der Personalkommissionen haben gewisse Privilegien. Sie erhalten namentlich Urlaub oder werden freigestellt für Sitzungen, erhalten finanzielle Entschädigungen für Sitzungen und haben Anspruch auf freie Tage zur Weiterbildung im Hinblick auf die Tätigkeit in der Kommission. Nach Beendigung ihrer Tätigkeit in einer Kommission können sie, falls nötig, bei der Einarbeitung in neue Aufgaben unterstützt werden [341].

---

336 Art. 108 Abs. 5 BPV.
337 Art. 109 BPV.
338 Art. 154 ff. GAV SBB und Ziff. 8 GAV Post.
339 Vgl. Art. 155 f. und Anh. 14 GAV SBB.
340 Art. 158 f. GAV SBB und Anh. 7 Ziff. 11 GAV Post. Beide Unternehmen stellen den Personalkommissionen für ihre Sitzungen die nötige Infrastruktur zur Verfügung. Ziff. 802 GAV SBB sieht eine Reihe weiterer Kommissionen für Schlichtung, Vermittlung, Gleichstellung und weitere vor.
341 Vgl. insbesondere Anh. 13 Art. 23 ff. GAV SBB.

# Viertes Kapitel
# Die Pflichten des Bundespersonals

## § 8 Die Dienstpflichten

### I. Die Diensterfüllung als Hauptpflicht

Hauptaufgabe von Beamten und öffentlichrechtlich Angestellten bildet die Erfüllung der ihnen übertragenen *Dienstgeschäfte*, deren Inhalt und Umfang durch das – je nach Stelle massgebende – Pflichtenheft konkretisiert werden. Die Diensterfüllungspflicht ist im BPG nicht explizit geregelt, ergibt sich aber aus Art. 6 Abs. 2 i.V.m. Art. 319 und Art. 321 OR. Ergänzt werden diese Vorgaben durch allgemeine Weisungen und individuelle dienstliche Anordnungen der Vorgesetzten[342], die jedoch nicht gegen das allgemeine Rechtsgleichheitsgebot verstossen dürfen[343].

175

#### 1. Der Umfang der Diensterfüllungspflicht

Der *sachliche* Umfang der Dienstaufgaben ist – gebunden an die einzelne Stelle – in seinem Kern durch die Gesetzgebung, in den Einzelheiten vor allem durch das Pflichtenheft und eventuelle Weisungen vorgegeben. Auch *örtlich* bestimmt der Arbeitgeber im Arbeitsvertrag selber oder im Pflichtenheft, wo der Angestellte seine Leistung zu erbringen hat. In Gesetz und Verordnung geregelt ist hingegen die Diensterfüllungspflicht in *zeitlicher* Hinsicht. Die durchschnittliche Wochenarbeitszeit beträgt 41 Stunden für vollzeitbeschäftigte, ein Bruchteil davon für teilzeitbeschäftigte Angestellte. Ausnahmen sind beim Kader möglich. Die Arbeitsleistung kann je nach vereinbartem Arbeitsmodell verschieden erfolgen[344]. Unter besonderen Umständen, die eine längere Arbeitszeit erfordern, kann das wöchentliche Pensum bis auf 45 Stunden erhöht werden. Der Ausgleich muss jedoch im gleichen Jahr noch erfolgen. Bei ausserordentlicher Geschäftslast oder wegen dringender Arbeit umfasst die Dienstleistungspflicht – was sich im Kern bereits aus der allgemeinen Treue-

176

---

[342] Vgl. Personalpolitische Leitsätze für die Bundesverwaltung, BBl 2004 2235f.; zur Gehorsamspflicht vgl. u. Rz 209.
[343] Soweit ein Bezug zur dienstlichen Tätigkeit fehlt, darf ein Angestellter gegenüber irgendeinem Bürger in der gleichen Situation nicht schlechter gestellt werden, BGE 120 Ia 203.
[344] Zu gleitenden Arbeitszeiten, flexiblen Arbeitszeiten, Bandbreitenmodell, Jahresarbeitszeit und Gruppenarbeitszeit vgl. Art. 28ff. VBPV. Vgl. ferner für das im Ausland eingesetzte Personal Art. 47ff. VBPV-EDA, für die ETH Art. 54f. Personalverordnung ETH-Bereich, für das Personal des Schweizerischen Heilmittelinstituts Art. 35ff. der entsprechenden Verordnung.

pflicht ergibt[345] – auch die Pflicht zur Leistung von Mehrarbeit und Überzeit, wobei diese eine bestimmte gesetzlich festgelegte Höchstdauer nicht überschreiten darf[346] und überdies durch Freizeit von gleicher Dauer ausgeglichen werden muss. In begründeten Fällen oder wenn eine Kompensation nicht möglich ist, kann der Ausgleich in Form einer Barvergütung erfolgen[347]. Die Arbeitszeit selbst muss in vollem Umfange ausschliesslich für die Erfüllung dienstlicher Aufgaben eingesetzt werden[348].

177  Von diesen Grundsätzen kann jedoch ausnahmsweise abgewichen werden, wenn ein *dienstliches Bedürfnis* besteht oder wenn es die wirtschaftliche Verwendung der Arbeitskräfte erfordert. So können Angestellte jederzeit versetzt werden oder es kann ihnen eine ihrer Berufsbildung oder Eignung entsprechende neue Tätigkeit zugewiesen werden[349]. Weiter besteht die Möglichkeit, dem Bundespersonal aus Gründen der Staatssicherheit oder für die Wahrung von wichtigen Interessen in auswärtigen Angelegenheiten über den Arbeitsvertrag hinausgehende Pflichten aufzuerlegen[350]. Diese Änderungsmöglichkeit der Dienstleistungspflicht erweist sich gerade in der heutigen Zeit des massiven Personalabbaus und der beschränkten finanziellen Mittel als unverzichtbares Instrument zur flexiblen Gestaltung des Personalwesens.

## 2. Art und Weise der Diensterfüllungspflicht

178  Art. 321 OR schreibt die *persönliche Erfüllung* der Arbeitsleistung vor, soweit nichts Abweichendes verabredet wurde und sich aus den Umständen nichts anderes ergibt. Der Angestellte hat somit grundsätzlich alle ihm abstrakt und individuell zugewiesenen Arbeiten persönlich zu erfüllen[351]. Der innere Grund hierfür liegt darin, dass jede Person aufgrund ihrer Fähigkeiten und ihrer Ausbildung für einen bestimmten Komplex von Aufgaben angestellt worden ist. Soweit

---

345 Vgl. HÄNNI, Die Treuepflicht, S. 86; BELLWALD, S. 80. Zur Treuepflicht siehe u. Rz 206 ff.
346 Art. 8 Abs. 1 Rahmenverordnung BPG, das auf das Bundesgesetz vom 8. Oktober 1971 über die Arbeit in Unternehmen des öffentlichen Verkehrs (SR 822.21), das Bundesgesetz vom 13. März 1964 über die Arbeit in Industrie, Gewerbe und Handel (SR 822.11) und die Verordnung 1 vom 10. Mai 2000 zum Arbeitsgesetz (SR 822.111) verweist.
347 Art. 17 Abs. 1 BPG i.V.m. Art. 64f. BPV. Vgl. auch Art. 38f. PVBger, Art. 22 Verordnung der Bundesversammlung über die Parlamentsdienste vom 7. Oktober 1988. Anders VPB 60 Nr. 73 für Beamte im Sinne des BtG, die in der 23. Besoldungsklasse oder höher eingestuft waren. Vgl. ferner Entscheid der PRK vom 8. Juni 2004, PRK 2004-004, www.reko-efd.admin.ch/de/prk/entscheide/index.htm, E. 5 und 6, S. 8 ff.
348 Als Nichteinhalten der Arbeitszeit gelten im Einzelnen die Erledigung privater Arbeiten, das Sammeln von Unterschriften für eine Initiative, unzulässiges Fernbleiben von der Arbeit, die Verlängerung von Dienstreisen, zu lange Pausen, regelmässiges «Verschlafen» sowie das Aufsuchen von Gaststätten, HÄNNI, Rechte und Pflichten, Nr. 98 ff., 104 f., 106 f., 108, 116 und 123. Vgl. insbesondere zu Missbräuchen der gleitenden Arbeitszeit VPB 45 Nr. 28; VPB 50 Nr. 64; HÄNNI, Rechte und Pflichten, Nr. 117; DERSELBE, Fallsammlung, S. 354.
349 Art. 19 Abs. 1 BPG.
350 Art. 24 Abs. 2 lit. b BPG.
351 Vgl. JAAG/MÜLLER/TSCHANNEN/ZIMMERLI, S. 7.

§ 8 Die Dienstpflichten

der Erfolg der Arbeit im Vordergrund steht und die Handlungen weder spezifische Kenntnisse noch öffentlichrechtlich geprägtes Auftreten verlangen, können ausnahmsweise Hilfskräfte beigezogen werden[352].

Die Bediensteten sind schliesslich – was bis zu einem gewissen Grad bereits aus der allgemeinen Treuepflicht folgt – zur *sorgfältigen Ausführung* der ihnen übertragenen Aufgaben verpflichtet[353]. Diese Sorgfaltspflicht bezieht sich einerseits auf die Art und Weise, andererseits aber auch auf die Speditivität der Aufgabenerledigung[354]. Dabei werden von ihnen nicht Perfektion und Unfehlbarkeit verlangt, sondern es muss genügen, wenn sie «jenes Mass an Einsatz und Arbeitsleistung» aufbringen, das für eine vollbefriedigende Erfüllung der sich aus ihrem Dienstverhältnis ergebenden Pflichten genügt[355]. Besondere Anforderungen gelten dabei für die mit Führungsaufgaben betrauten Bediensteten. Neben der obgenannten gewissenhaften Aufgabenerfüllung haben diese zudem bei der Auswahl, bei der Instruktion sowie bei der Überwachung der Arbeit von Untergebenen die gehörige Sorgfalt anzuwenden[356]. 179

## II. Die Nebenpflichten

### 1. Die Wohnsitzpflicht

In gesetzlicher Einschränkung der verfassungsrechtlich garantierten Niederlassungsfreiheit können Angestellte verpflichtet werden, an einem ihnen *angewiesenen Orte* zu wohnen[357]. Die Einschränkung der Niederlassungsfreiheit durch die Wohnsitzpflicht steht jedoch unter dem Vorbehalt der Erforderlichkeit und der Verhältnismässigkeit, d.h. sie ist nur in Fällen gerechtfertigt, in denen sie aus 180

---

352 Die unter dem BtG entstandene Praxis entspricht jener des privaten Arbeitsrechts und behält ihre Gültigkeit. So steht es beispielsweise den Posthaltern frei, Hilfspersonal einzustellen; vgl. FLEINER/GIACOMETTI, S. 671; BELLWALD, S. 79; HINTERBERGER, S. 147. Hingegen ist es nicht zulässig, Hilfskräfte beizuziehen, damit die eigene Dienstleistungspflicht umgangen werden kann, vgl. hierzu Verfügung GD PTT vom 1.9.1981 in HÄNNI, Fallsammlung, S. 355.
353 Vgl. Art. 20 Abs. 1 BPG. Art. 53 Personalverordnung ETH-Bereich formuliert die Pflicht zur Aufgabenerfüllung am präzisesten: «Die Mitarbeiter und Mitarbeiterinnen sind verpflichtet, die im Arbeitsvertrag festgelegten Aufgaben kompetent und verantwortungsbewusst zu erfüllen, sich an die betrieblichen Weisungen und an die Anordnungen der Vorgesetzten zu halten und sich gegenüber den Kolleginnen und Kollegen kooperativ und loyal zu verhalten.» Zur allgemeinen Treuepflicht u. Rz 206 ff.
354 Vgl. JAAG, ZBl 1994, S. 451 f.
355 Unfehlbarkeit, d.h. übermässig hohe Anforderungen an die Sorgfalt in der Arbeitsverrichtung, würde gegen das Grundrecht der persönlichen Freiheit verstossen. So auch HÄNER, S. 403. Vgl. ferner BELLWALD, S. 79.
356 JAAG, ZBl 1994, S. 452. Vgl. die Praxis zur mangelhaften Wahrnehmung der Führungsaufgaben in HÄNNI, Fallsammlung, S. 353.
357 Vgl. Art. 24 BV; HÄNER, S. 403.

Viertes Kapitel: Die Pflichten des Bundespersonals

dienstlichen Gründen erforderlich ist[358]. Diese Voraussetzung dürfte nur dann erfüllt sein, wenn die Art des Dienstes eine schnelle Einsatzbereitschaft erfordert, wie z.B. bei häufigem Pikettdienst, bei Hauswart- und bei Bewachungsaufgaben[359]. Führt der auswärtige Wohnsitz dazu, dass ein Mitarbeiter oder eine Mitarbeiterin keine genügenden Leistungen mehr erbringt, hat dies nichts mit der Residenzpflicht am Dienstort zu tun, sondern betrifft vielmehr die subjektiven Bedingungen, welche für die Weiterführung eines Dienstverhältnisses von Bedeutung sind[360]. Überhaupt darf die Verweigerung der Ermächtigung zu auswärtigem Wohnen niemals den Charakter einer Disziplinarmassnahme annehmen[361].

181 Soweit es für die Aufgabenerfüllung notwendig ist, kann den Angestellten auch eine *Dienstwohnung* zugewiesen werden[362]. Dabei ist vor allem an die Zuweisung von Wohnungen in den Gebäuden von Post und SBB zu denken, sowie an die im Ausland eingesetzten Diplomaten und Streitkräfte[363]. Der Gesetzgeber lässt zu, dass die Ausführungsbestimmungen eine von der Gesetzgebung des Mietrechts abweichende Regelung vorsehen. Dies gilt aber nur für Wohnungen des Bundes, die in Zusammenhang mit einem Arbeitsverhältnis vermietet werden. Unabhängig von den anwendbaren Bestimmungen muss die angestellte Person für die Nutzung der Dienstwohnung ein Entgelt und Nebenkosten entrichten[364].

## 2. Nebenbeschäftigungen

*a) Der Grundsatz*

182 Der Bedienstete darf keine Nebenbeschäftigung ausüben, die ihn in der Erfüllung seiner dienstlichen Aufgaben beeinträchtigt oder sich mit seiner Anstellung nicht verträgt[365]. Als unvereinbar mit der Anstellung gilt jede Tätigkeit, die gegen Entgelt ausgeübt wird und den Angestellten in einem Umfang beansprucht, der die Erfüllung seiner Aufgaben negativ beeinflusst[366], oder die auf Grund ih-

---

358 Art. 21 Abs. 1 lit. a BPG i.V.m. den einschlägigen Ausführungsbestimmungen, insbesondere Art. 89 BPV, Art. 18 V Mil Pers und Art. 53 PVBger. Art. 24 Abs. 2 lit. a BPG lässt weitergehende Einschränkungen zu, wenn höhere Staatsinteressen betroffen sind. Vgl. schon die Praxis zum BtG: RHINOW/KRÄHENMANN, Nr. 148 B/II/5; BGE 128 I 280; BGE 114 Ib 163; BGE 118 Ia 410; für weitere Entscheide vgl. HÄNNI, Fallsammlung, S. 157 ff.
359 Botschaft zum BPG, BBl 1999 II 1619.
360 BGE 114 Ib 163, S. 166 f. mit der interessanten Feststellung, dass Arbeitswege in der Distanz Basel-Bern durchaus im Rahmen heutiger Pendlerbewegungen lägen.
361 BGE 114 Ib 163, S. 168.
362 Art. 21 Abs. 1 lit. b BPG. In den Ausführungsbestimmungen siehe Art. 90 BPV und Art. 54 PVBger.
363 Vgl. BBl 1999 II 1619, Art. 136 f. VBPV-EDA.
364 Vgl. Art. 90 BPV i.V.m. Art. 59 VBPV.
365 Art. 23 BPG. Vgl. auch Art. 6a Abs. 3 BPG.
366 So z.B. der regelmässige Verkauf von Früchten und Gemüse auf dem Markt, oder die Tätigkeit einer Bundesbeamtin als Gemeindeschreiberin mit einem jährlichen Nebeneinkommen von mehr als Fr. 27 000.–, HÄNNI, Fallsammlung, S. 367 und S. 359. Vgl. auch LGVE 2001 III 12; Stellungnahme des Personalamtes der Stadt Bern vom 12. Oktober 1988, in HÄNNI, Fallsammlung, S. 363 f.

§ 8 Die Dienstpflichten

rer Art mit den dienstlichen Interessen im Gegensatz steht[367]. Unvereinbar sind ferner Nebenbeschäftigungen, welche die Wahrung des Amtsgeheimnisses oder die Interessen des Bundes gefährden, und schliesslich solche, die das Leben und die Gesundheit des Bediensteten gefährden oder ihn dauernd in erheblichem Masse in Anspruch nehmen[368]. Das Nebenbeschäftigungsverbot ist einerseits Folge der Pflicht, die volle Arbeitszeit für die Erfüllung der Dienstaufgaben einzusetzen, und ergibt sich anderseits aus dem Bestreben, die Unabhängigkeit des Bediensteten gegenüber Dritten zu wahren[369].

*b) Die Ausnahme*

Das Nebenbeschäftigungsverbot ist ein Verbot mit *Erlaubnisvorbehalt*. Der Gesetzgeber hat den Bundesrat ermächtigt, für die Ausübung einer mit dem öffentlichen Dienst unvereinbaren Nebenbeschäftigung eine Bewilligung vorzusehen. Der Bundesrat ist jedoch nicht ausschliesslich zuständig für die Erteilung solcher Bewilligungen. Die Ausführungsbestimmungen aller Verwaltungsstufen und insbesondere auch die GAV können in ihren Bereichen Ausnahmen vom Beschäftigungsverbot vorsehen[370]. 183

Art. 23 BPG unterstellt *nicht jede Nebenbeschäftigung* oder Ausübung eines öffentlichen Amtes der Bewilligungspflicht. Eine nebenberufliche Tätigkeit bedarf jedoch einer Ermächtigung, wenn für die Leistung ein Entgelt bezahlt wird, wenn die dienstlichen Interessen gefährdet sind oder wenn die Leistungsfähigkeit des Angestellten beeinträchtigt wird. Für die Beratung oder Vertretung von Dritten in Angelegenheiten, die zum Aufgabenkreis des Angestellten gehören und für Tätigkeiten im Zusammenhang mit Aufträgen, die der Bund zu vergeben hat oder die für den Bund ausgeführt werden, erhalten die Angestellten keine Bewilligung, sofern nicht jegliche Interessenkonflikte ausgeschlossen werden können. Die Angestellten sind verpflichtet, ihre Vorgesetzten über eventuell bewilligungspflichtige Tätigkeiten zu informieren[371]. 184

---

367 Vgl. Art. 91 Abs. 1 und 2 BPV. Die Nebenbeschäftigung einer Primarlehrerin als kinesiologische Therapeutin kann unter Umständen das Ansehen oder das Vertrauen in die Unabhängigkeit der Schule beeinträchtigen, ZBl 1999 642.
368 Vgl. Art. 20 Abs. 2 BPG, wonach jede Arbeitsleistung gegen Entgelt für Dritte unzulässig ist, wenn dadurch die Treuepflicht verletzt wird. Vgl. z.B. die bewaffnete Personenbegleitung und die Führung einer Bewachungsfirma durch einen Angestellten. Für diesen und weitere Fälle siehe HÄNNI, Fallsammlung, S. 364 ff.
369 Vgl. zum Ganzen den Bericht der GPK NR über die Nebenbeschäftigungen von Beamten und die beruflichen Aktivitäten ehemaliger Beamter unter dem besonderen Blickwinkel der Interessenkonflikte, BBl 1999 X 9734 ff., insbesondere 9747 ff.
370 Botschaft zum BPG, BBl 1999 II 1621; Bericht GPK NR, BBl 1999 X 9747 f. Vgl. auch Art. 6a BPG; Art. 6 Professorenverordnung ETH; Art. 11 Kaderlohnverordnung; Art. 29 f. GAV SBB und Ziff. 223 GAV Post.
371 Art. 91 BPV. Vgl. ferner Art. 55 PVBger und Art. 39 Verordnung über das Personal des schweizerischen Heilmittelinstituts.

185  Wie bereits aus dem Wortlaut von Art. 23 BPG ersichtlich, steht die Erteilung oder Nichterteilung einer solchen Ermächtigung im pflichtgemässen Ermessen der zuständigen Behörde, und es ergibt sich für den Einzelnen kein Anspruch auf Bewilligung einer Nebenbeschäftigung. Die Behörden haben sich bei der Beurteilung der Zulässigkeit von Nebenbeschäftigungen jedoch an den Grundrechten (insbesondere an der Wirtschaftsfreiheit) sowie am Verhältnismässigkeitsprinzip zu orientieren. Daraus kann sich im Einzelfall ein *bedingter Anspruch* auf Erteilung der Ermächtigung ergeben. Eine weitergehende Einschränkung der Wirtschaftsfreiheit ist allerdings aus Gründen höherer Staatsinteressen unter den Voraussetzungen von Art. 24 BPG möglich.

### c) Die Abgabepflicht

186  Geht der Angestellte einer Nebenbeschäftigung nach, die er ausschliesslich aufgrund seiner dienstlichen Stellung oder seiner dienstlichen Aufgaben ausüben kann, so muss er dem Arbeitgeber zumindest einen Teil des damit erzielten Einkommens abliefern[372]. Hat der Bund ein wesentliches Interesse an der Ausübung der Nebentätigkeit eines seiner Angestellten, kann das damit erzielte Einkommen von der Ablieferungspflicht ausgenommen werden[373]. Bei der Berechnung des abzuliefernden Betrags ist zu berücksichtigen, was der Angestellte an Auslagen, Steuern und Sozialversicherungsbeiträgen zu bezahlen hat[374]. Mitarbeiterinnen und Mitarbeiter dürfen auf keinen Fall schlechter gestellt werden als ihre Kollegen ohne Nebenerwerbstätigkeit.

### 3. Das Geschenkannahmeverbot

187  Dem Personal des Bundes ist es untersagt, für sich oder für andere *Geschenke oder sonstige Vorteile* zu beanspruchen, anzunehmen oder sich versprechen zu lassen, wenn dies im Rahmen des Arbeitsverhältnisses geschieht[375]. Die innere Rechtfertigung für dieses Verbot liegt in der Wahrung der Unabhängigkeit öffentlicher Dienstnehmer und in der Verhinderung von Bestechung und Korruption[376]. Erlaubt ist immerhin die Annahme von *geringfügigen und sozial üblichen Vorteilen*, wenn dies in der entsprechenden Verwaltungseinheit nicht untersagt ist und die Unabhängigkeit und Handlungsfähigkeit des Angestellten nicht beeinträchtigt wird[377]. Was darunter zu verstehen ist und wo die Grenze zu Geschenken und sonstigen (nicht üblichen) Vorteilen verläuft, wird weder in Gesetz noch in Verordnung klar festgehalten. Gemäss Bericht des Bundesrates über

---

372 Art. 21 Abs. 2 BPG.
373 Art. 92 Abs. 2 BPV. Vgl. auch Art. 56 PVBger.
374 Art. 92 Abs. 3 BPV i.V.m. Art. 60 VBPV.
375 Art. 21 Abs. 3 BPG.
376 Vgl. Korruptionspräventionsbericht, S. 1 und S. 5; Verhaltenskodex der allgemeinen Bundesverwaltung, BBl 2004 2233; BELLWALD, S. 69; HÄNNI, Die Treuepflicht, S. 65 f. (Geschenkannahmeverbot als spezielle Treuepflicht); JAAG, ZBl 1994, S. 455.
377 Art. 93 BPV und Korruptionspräventionsbericht, S. 13, Frage 1. Vgl. ferner Art. 4 Satz 1 Verhaltenskodex der allgemeinen Bundesverwaltung vom 19. April 2000.

Korruptionsprävention vom 16. Juni 2003 (Korruptionspräventionsbericht) sind Vorteile nicht nur Sach- oder Geldgeschenke, sondern auch unentgeltliche Zuwendungen wie Einladungen zum Essen, Angebote zur unentgeltlichen Teilnahme an Ausbildungsveranstaltungen oder Rabatte auf Waren und Dienstleistungen. Ob solche Vorteile geringfügig und sozial üblich sind, ist nach den Umständen des Einzelfalls zu beurteilen. Die Obergrenze für die Geringfügigkeit wird bei wenigen hundert Franken angesetzt[378]. Jedenfalls kann ein Vorteil, der die Unabhängigkeit oder die Handlungsfähigkeit eines Angestellten beeinträchtigt, nicht mehr als geringfügig und als sozial üblich angesehen werden. Je nach Stellung des Mitarbeiters und der Vereinbarkeit mit seiner Unabhängigkeit kann bereits ein Trinkgeld unter das Geschenkannahmeverbot fallen[379].

Geschenke und sonstige Vorteile fallen nur unter das Geschenkannahmeverbot, wenn sie der Angestellte aufgrund seiner dienstlichen Stellung erhält und sie ihm als Privatperson nicht zukommen würden[380]. Unerheblich ist es allerdings, ob das Geschenk vor oder nach einer Amtshandlung überreicht oder gewährt wird[381]. Ebenso kommt es nicht darauf an, ob das Geschenk die Amtshandlung in irgendeiner Form tatsächlich beeinflusst hat[382]. Entscheidend ist vielmehr, ob die Zuwendung *im Rahmen des Arbeitsverhältnisses* erfolgt. Hilfreiche Kriterien liefern neben dem Wert einer Gabe namentlich auch die erkennbaren Absichten des Schenkers, wobei der Bedienstete in Zweifelsfällen das Geschenk zurückzuweisen hat[383].

Ein besonderes Geschenkannahmeverbot enthält Art. 21 Abs. 4 BPG. Die Bestimmung entspricht dem *Ordensverbot* von Art. 12 aBV, das nicht in die BV von 1999 übernommen wurde. Sie verbietet dem Personal des Bundes eine amtliche Funktion für einen ausländischen Staat auszuüben sowie Titel und Orden ausländischer Behörden anzunehmen[384]. Verboten sind jegliche Orden, auch solche humanitärer und kultureller Art[385].

## 4. Die Schweigepflicht

Die Angestellten des Bundes sind zur Verschwiegenheit über diejenigen dienstlichen Angelegenheiten verpflichtet, welche nach ihrer Natur oder gemäss Rechtsvorschriften oder Weisungen geheim zu halten sind[386]. Diese Schwei-

188

189

190

---

378 Vgl. Art. 143 VBPV-EDA, der eine Meldepflicht für Geschenke in einem Wert über Franken 200.– statuiert.
379 Vgl. zum Ganzen Korruptionspräventionsbericht, S. 13, Frage 2; HÄNNI, Die Treuepflicht, S. 69.
380 BELLWALD, S. 72; HÄNNI, Rechte und Pflichten, Nr. 2.
381 BGE 83 I 298, S. 305 f.; HÄNNI, Die Treuepflicht, S. 68 f.; DERSELBE, Rechte und Pflichten, Nr. 1.
382 HÄNNI, Die Treuepflicht, S. 69.
383 Korruptionspräventionsbericht, Frage 2 in fine, S. 13; HÄNNI, Die Treuepflicht, S. 69 f.
384 Vgl. auch Art. 12 ParlG.
385 Bundesgerichtsurteil vom 13. Juni 1989 in ZBl 1990 223.
386 Art. 22 Abs. 2 BPG i.V.m. Art. 94 Abs. 1 BPV. Vgl. auch Art. 8 und 47 ParlG; Art. 57 Abs. 1 Personalverordnung ETH-Bereich; Art. 58 Abs. 1 PVBger; Art. 4 Verordnung der Bundesversammlung über die Parlamentsdienste; Art. 38 Abs. 1 Verordnung über das Personal des

gepflicht steht in einem besonderen Spannungsfeld sich kreuzender Interessen. Dem Anspruch des Gemeinwesens auf Geheimhaltung von Informationen steht einerseits der nicht minder gewichtige Anspruch der Bediensteten auf Meinungsäusserungsfreiheit gegenüber, und anderseits die Forderung der Öffentlichkeit, insbesondere der Massenmedien, nach Information und Transparenz [387]. Bestrebungen zur Lockerung des Geheimhaltungsgrundsatzes in der Bundesverwaltung sind seit längerer Zeit im Gange. Die neuere Lehre [388] fordert eine auf die Wahrung eines Kerns öffentlicher Interessen sowie auf den Schutz wesentlicher privater Interessen beschränkte Schweigepflicht [389]. Der Entwurf des Bundesgesetzes über die Öffentlichkeit in der Verwaltung (BGÖ-Entwurf) [390] soll diesen Forderungen gerecht werden. Er sieht die Abschaffung des Geheimhaltungsgrundsatzes zugunsten des Öffentlichkeitsprinzipes vor. Die Entscheidungsprozesse der Verwaltung sollen damit transparenter gemacht werden, um so den demokratischen Charakter der öffentlichen Institutionen zu stärken und das Vertrauen der Bürgerinnen und Bürger in das Handeln der Behörden zu verbessern [391]. Im Folgenden werden zunächst die Schweigepflicht de lege lata behandelt, dann die Regelungen, wie sie in naher Zukunft gelten werden.

*a) Gegenstand der Schweigepflicht de lege lata*

191   Die Schweigepflicht für Angestellte erstreckt sich zunächst auf *dienstliche Angelegenheiten*. Dazu zählen alle Tatsachen, die ihnen in ihrer Eigenschaft als Angestellte des Bundes bekannt werden [392]. Nicht entscheidend ist dabei, woher und wie sie davon Kenntnis erhalten haben, ob inner- oder ausserhalb des Dienstes, ob in Übertretung ihrer Kompetenzen, aus Versehen oder Zufall. Wesentlich ist vielmehr, dass die Bediensteten eine Tatsache nicht erfahren hätten, wenn sie nicht angestellt gewesen wären, denn was sie als Privatpersonen erfahren, unterliegt nicht der Schweigepflicht [393].

---

Schweizerischen Heilmittelinstituts. Gemäss BBl 1999 II 1620 umfasst die Bestimmung von Art. 22 Abs. 2 BPG das Berufsgeheimnis, das Geschäftsgeheimnis im Sinne von Art. 321a Abs. 4 OR sowie das Amtsgeheimnis, wie es verschiedenerorts spezialgesetzlich verankert ist, z.B. Art. 14 ff. und 22 ff. Statistikgesetz, Art. 43 ff. und 49 ff. Fernmeldegesetz, Art. 124 Mitwirkungsgesetz, Art. 50 und 87 ff. AHV-Gesetz, Art. 75 ff. und 86 Berufsvorsorgegesetz, Art. 83 ff. und 92 ff. KVG, Art. 95 MVG.

387  HÄNNI, Die Treuepflicht, S. 71. Vgl. hierzu BGE 118 Ib 473 ff. («Vacherin Mont d'Or-Fall»). Ähnlich HÄNER, S. 403 f.
388  Statt vieler MOOR, S. 237; vgl. auch HÄNER, S. 325 ff. und 399 ff.
389  Neben Art. 28 ZGB sind für die Bestimmung der schutzwürdigen privaten Interessen Art. 27 f. BPG und das Bundesgesetz über den Datenschutz vom 19. Juni 1992 (SR 235.1) von Bedeutung. Vgl. dazu BBl 1988 II 413 ff.
390  BGÖ-Entwurf, BBl 2003 II 2047 ff.
391  Vgl. Botschaft zum BGÖ, BBl 2003 II 1976 und 1984.
392  HÄNNI, Die Treuepflicht, S. 73; DERSELBE, Rechte und Pflichten, Nr. 91. Vgl. die Definition von PERRIN, S. 19: «... tous les faits que le fonctionnaire apprend en tant que tel, quel que soit leur rapport avec la mission qui lui est confiée».
393  HÄNNI, Die Treuepflicht, S. 73; vgl. auch BELLWALD, S. 66; PERRIN, S. 18 f.

## § 8 Die Dienstpflichten

Dienstliche Angelegenheiten unterstehen aber nur der Schweigepflicht, wenn dies gemäss besonderer Vorschrift oder von der Natur der Sache her notwendig ist[394]. Besondere Vorschriften bestehen zunächst für die als geheim und vertraulich zu klassifizierenden Informationen[395]. Ihrer Natur nach geheimzuhalten sind einerseits Informationen, für welche öffentliche Interessen wie das allgemeine Landesinteresse, der ordentliche Gang der Verwaltung oder das Vertrauen der Bevölkerung in die Verwaltung ein *Geheimhaltungsinteresse* begründen, sowie anderseits Tatsachen, welche private Interessen, also die Geheimsphäre von Privatpersonen betreffen[396]. Darüber hinaus erstreckt sich die Geheimhaltungspflicht auch auf in amtlicher Eigenschaft erfolgte Äusserungen eines Behördenmitglieds, die den Urheber der Äusserung einer Ehrverletzungsklage oder einer anderen Belästigung aussetzen können, sowie auf den Inhalt eines den Beteiligten noch nicht eröffneten Entscheides, auch wenn dieser Entscheid materiell kein Geheimnis enthält[397]. Nicht der Geheimhaltungspflicht unterstehen jedoch Tatsachen, die allgemein zugänglich oder bekannt sind[398]. So dürfen Angestellte, ohne Namen zu nennen, über die Praxis eines Amtes oder des Bundesrates insoweit Auskunft geben, als Entscheide, Gutachten, Botschaften, Vorlagen, Berichte, Register und Ergebnisse von öffentlich zugänglichen Sitzungen veröffentlicht und ohnehin jedermann zugänglich sind[399]. Sodann erweist sich die Schweigepflicht ebenfalls überall dort als sinnlos, wo der *Geheimhaltungswille* der Verwaltung zwar besteht, das Geheimnis aber beispielsweise durch gezielte Recherchen der Massenmedien gelüftet worden ist[400].

192

---

394 Vgl. BGE 118 Ib 479.
395 Vgl. die Verordnung über die Klassifizierung und Behandlung von Informationen im zivilen Verwaltungsbereich vom 10. Dezember 1990 (SR 172.015) sowie die Verordnung über den Schutz militärischer Informationen vom 1. Mai 1990 (SR 510.411). In diesem Sinne auch Verhaltenskodex der allgemeinen Bundesverwaltung, BBl 2004 2233.
396 Vgl. ZBl 1977, S. 316; ferner FLEINER-GERSTER, VwR, S. 438; RHINOW/KRÄHENMANN, Nr. 149 B/I sowie die einschlägigen Vorschriften des DSG, insbesondere Art. 19 DSG.
397 IMBODEN/RHINOW, Nr. 149 B/II; so auch BELLWALD, S. 64; HÄFELIN/MÜLLER, Grundriss, Rz 1231; HÄNNI, Die Treuepflicht, S. 75; RAUSCH, ZBl 1979, S. 100.
398 HÄFELIN/MÜLLER, Grundriss, Rz 1232; IMBODEN/RHINOW, Nr. 149 B/I. Enger als der personalrechtliche (disziplinarrechtliche) ist der strafrechtliche Geheimhaltungsbegriff von Art. 320 StGB, wonach mit Gefängnis oder mit Busse bestraft wird, wer ein Geheimnis offenbart, welches ihm in seiner Eigenschaft als Mitglied einer Behörde oder als Beamter anvertraut worden ist oder das er in seiner amtlichen oder dienstlichen Stellung wahrgenommen hat. Von einem formellen Geheimnisbegriff geht Art. 293 StGB aus, wo es einzig darauf ankommt, ob die Akten, Verhandlungen oder Untersuchungen einer Behörde durch Gesetz oder Verfügung derselben als geheim erklärt worden sind. Vgl. zum Ganzen BGE 115 IV 233; 114 IV 36; 108 IV 185, S. 187f. Zum Geheimnisbegriff im kantonalen Dienstrecht in HÄNNI, Fallsammlung, S. 377ff., insbesondere LGVE 1991 III 14.
399 HÄNNI, Die Treuepflicht, S. 74; ferner BELLWALD, S. 66. Umgekehrt bestehen im Bundesrecht zahlreiche Bestimmungen, welche die Verwaltung und den Bundesrat verpflichten zu informieren, wobei dadurch kein klagbarer Informationsanspruch begründet wird: so z.B. Art. 8 VwOG. Vgl. dazu BGE 118 Ib 473, S. 478; Art. 1 ff. und Art. 14 Publikationsgesetz (SR 170.512); Art. 3 Epidemiengesetz (SR 818.101); dazu BGE 118 Ib 473, S. 480ff. Zum Ganzen HÄNER, S. 235ff.
400 HÄNNI, Die Treuepflicht, S. 74. Vgl. auch BGE 127 IV 122.

Viertes Kapitel: Die Pflichten des Bundespersonals

Das Durchsickern blosser Gerüchte befreit dagegen die Bediensteten nicht von der Einhaltung der Schweigepflicht[401].

193 Die so verstandene Schweigepflicht, der ein weitgefasster Geheimnisbegriff zu Grunde liegt, führt im Resultat zu dem von der Praxis der Bundesbehörden befolgten *Geheimhaltungsprinzip mit Öffentlichkeitsvorbehalt*[402], das in der Lehre denn auch immer wieder auf heftige Kritik gestossen ist[403]. Bereits in den 50er Jahren hatte REICHLIN spöttisch bemerkt, ganze Wagenladungen von Verwaltungskram seien nicht zur Veröffentlichung bestimmt, gleichwohl fehle jedes ersichtliche Interesse an ihrer Geheimhaltung[404].

*b) Die Grenzen der Schweigepflicht*

194 Die Schweigepflicht gilt nicht grenzenlos, sondern wird durch verfassungsmässige Rechte sowie durch besondere gesetzliche Bestimmungen beschränkt. Eine gewisse Begrenzung der Schweigepflicht ergibt sich zunächst aus dem Grundrecht der *Informationsfreiheit*[405]. Diese gewährt dem Privaten nach gängiger Praxis lediglich das Recht, sich aus allgemein zugänglichen Quellen zu informieren; da die Verwaltung grundsätzlich nicht zu den allgemein zugänglichen Quellen gehört, sind die Behörden auch nicht zur Bekanntgabe von Tatsachen verpflichtet. Wenn sie aber informieren, sind sie an das Rechtsgleichheitsgebot gebunden[406].

195 Mit Bezug auf die Weitergabe von Informationen an andere *Angestellte und Behörden* gilt die Schweigepflicht nicht gegenüber der hierarchisch vorgesetzten Instanz sowie gegenüber Behörden mit gleicher administrativer Funktion, soweit sie über dieselben Mittel verfügen, um die gewünschten Auskünfte zu erhalten[407]. Allen anderen Verwaltungs- und Gerichtsbehörden gegenüber darf nur dann Auskunft erteilt werden, wenn eine gesetzliche Auskunfts- bzw. Rechtshilfepflicht besteht[408], wobei sich die Informationen hierbei auf das Notwendige zu beschränken haben und im Zweifelsfalle das Einverständnis des Betroffenen oder des Vorgesetzten einzuholen ist[409]. Zu Recht kritisieren IMBODEN/RHINOW die teilweise gängige Praxis, ein blosses Überwiegen des Auskunftsinteresses ge-

---

401 Entscheid des Verwaltungsgerichts des Kantons Graubünden vom 6. Januar 1988, in HÄNNI, Fallsammlung, S. 376 f.
402 BGE 104 Ia 88, S. 102; 118 Ib 473, S. 477.
403 Vgl. die Besprechung des BGE 104 Ia 88 von MÜLLER JÖRG PAUL, ZBJV 1980, S. 251 f.; ferner FLEINER-GERSTER, VwR, S. 439; HÄNNI, Die Treuepflicht, S. 74 f.; MOOR, S. 236 f.
404 REICHLIN, ZBl 1952, S. 481.
405 Art. 16 Abs. 3 BV.
406 Art. 8 BV. Vgl. BGE 104 Ia 88, S. 97 und BGE 118 Ib 473, S. 477. Zu Bestand, Umfang und Inhalt der Auskunft einer Disziplinarbehörde an einen Dritten über den Ausgang eines Disziplinarverfahrens siehe VPB 42 Nr. 112.
407 IMBODEN/RHINOW, Nr. 149 B/III/a und c; vgl. ferner BELLWALD, S. 65 f.; MOOR, S. 236. Sind die Bundesstellen einer gleichen oberen Instanz unterstellt – also wie etwa zwei Bundesämter einem Departement –, bedeutet dies noch keine gleiche administrative Funktion, vgl. HÄNNI, Fallsammlung, S. 368 ff., Fall Kopp.
408 So auch BELLWALD, S. 66; HINTERBERGER, S. 206.
409 BELLWALD, S. 66; FLEINER-GERSTER, VwR, S. 439.

## § 8 Die Dienstpflichten

genüber dem Geheimhaltungsinteresse vermöge die Weitergabe von Informationen unter Behörden zu rechtfertigen[410]. Schliesslich werden Amtshandlungen der Rechtshilfe nicht nur durch das Amtsgeheimnis, sondern auch durch den Datenschutz begrenzt[411].

Im Zusammenhang mit der Wahrung des Amtsgeheimnisses gegenüber den *Organen der Rechtspflege* bestehen Sonderbestimmungen. Die Angestellten dürfen sich bei Einvernahmen und in Gerichtsverfahren als Partei, Zeuginnen oder Zeugen oder gerichtlicher Sachverständiger über Wahrnehmungen, die sie auf Grund ihrer Aufgaben oder in Ausübung ihrer Funktion gemacht haben und die sich auf ihre dienstlichen Obliegenheiten beziehen, nur äussern, wenn sie der Arbeitgeber dazu ermächtigt hat[412]. Die Ermächtigung ist auf dem Dienstweg einzuholen[413]. Soweit nötig, lässt sich die zuständige Dienststelle vom Organ der Rechtspflege die Punkte bezeichnen, über die der Bedienstete einvernommen werden soll; die Ermächtigung kann allgemein oder nur für einzelne Punkte erteilt werden. Der Bedienstete kann sich durch das Nichteinholen einer Ermächtigung nicht von seiner grundsätzlich bestehenden Zeugnispflicht befreien. Die Ermächtigung ihrerseits darf nur verweigert werden, wenn die allgemeinen Landesinteressen es verlangen oder wenn die Ermächtigung die Verwaltung bei der Durchführung ihrer Aufgaben wesentlich beeinträchtigen würde[414]. Wird die Ermächtigung erteilt, kann sich der Angestellte nicht auf ein Zeugnisverweigerungsrecht, beispielsweise nach Art. 16 Abs. 2 VwVG, berufen[415].

196

Bei Befragungen von Bediensteten durch eine Delegation der Aufsichtskommissionen oder eine Parlamentarische Untersuchungskommission (PUK) über Tatsachen, die dem Amtsgeheimnis unterstehen, ist zuvor der Bundesrat anzuhören. Besteht dieser auf der Wahrung des Geheimnisses, so entscheidet das Präsidium des Rates, dem die Aufsichtskommission angehört, nötigenfalls gegen den Willen des Bundesrates[416]. Für diese Tatsachen besteht alsdann wiederum eine Verschwiegenheitspflicht für die Mitglieder, Sekretäre und Protokollführer der Aufsichts- und Parlamentarischen Untersuchungskommissio-

197

---

410 IMBODEN/RHINOW, Nr. 149 B/III/d.
411 VPB 48 Nr. 27 und Nr. 28. Vgl. das bereits erwähnte Datenschutzgesetz (DSG).
412 Art. 94 Abs. 3 BPV, Art. 58 Abs. 3 PVBger und Art. 57 Abs. 3 Personalverordnung ETH-Bereich.
413 So haben beispielsweise die Mitglieder ausserparlamentarischer Kommissionen die Ermächtigung beim Bundesrat einzuholen, VPB 42 Nr. 108. Ferner ist für die Ermächtigung zu einer Zeugenaussage des Personals des Schweizerischen Nationalfonds das EDI als Aufsichtsbehörde zuständig, VPB 46 Nr. 2.
414 BELLWALD, S. 68; BGE 86 IV 136, S. 140. Das Verweigern der Ermächtigung ist keine Verfügung und daher nicht beschwerdefähig; es bleibt die Möglichkeit der Aufsichtsbeschwerde, VPB 46 Nr. 41; BGE 103 Ib 250, S. 255 f.
415 Vgl. SALADIN, Verwaltungsverfahrensrecht, S. 124.
416 Art. 150 Abs. 4, Art. 153 Abs. 3 und Art. 166 Abs. 1 ParlG i.V.m. Art. 94 BPV resp. Art. 57 Personalverordnung ETH-Bereich, Art. 58 PVBger und Art. 38 Verordnung über das Personal des Schweizerischen Heilmittelinstituts. Vgl. zum Ganzen FLEINER-GERSTER, VwR, S. 439.

## Viertes Kapitel: Die Pflichten des Bundespersonals

nen, mindestens solange der Bericht nicht an die Bundesversammlung veröffentlicht wurde[417]. Nach der Berichterstattung gelten die allgemeinen Bestimmungen über die Vertraulichkeit der Kommissionssitzungen[418].

198 Schliesslich wird die Schweigepflicht des Bediensteten durch seine *Meinungsäusserungsfreiheit*[419] eingeschränkt. So ist dem Einzelnen nicht verwehrt, seine Erfahrungen als Mitarbeiterin oder als Mitarbeiter beim Bund in der Öffentlichkeit bekannt zu machen oder in einer kritischen Publikation zu verwerten, denn die Nähe des Angestellten zu einer Materie hat mit der Frage nach deren Geheimnischarakter nichts zu tun[420]. Darüber hinaus muss es ihm gestattet sein, Kritik an der Praxis einer bestimmten – ja sogar der hierarchisch übergeordneten – Behörde zu äussern. Von allgemeinen Aussagen abzugrenzen sind jedoch Äusserungen zu einem konkreten Fall, welche von der Schweigepflicht erfasst werden[421]. Dabei ist insbesondere zu beachten, dass der Bedienstete bei verfassungs- und gesetzeswidrigen Zuständen in der Verwaltung zuerst den Dienstweg zu beschreiten hat, bevor er an die Öffentlichkeit (namentlich an die Medien) gelangen darf[422]. Die so genannte Flucht in die Öffentlichkeit stellt aber oftmals ein zweischneidiges Schwert dar. Einerseits kann aus der allgemeinen Treuepflicht, die ja Staat und nicht dem Vorgesetzten geschuldet wird[423], gerade eine Verpflichtung entstehen, gesetzes- und verfassungswidrige Zustände anzuzeigen und zu offenbaren[424]. Anderseits hat auch die angestellte Person verhältnismässige Mittel anzuwenden, um gegen Missbräuche vorzugehen, und so in der Regel immer zuerst den Dienstweg zu beschreiten. Immer-

---

417 Art. 153 Abs. 4 und 5 sowie Art. 169 Abs. 1 und 2 ParlG i.V.m. Art. 94 BPV resp. Art. 57 Personalverordnung ETH-Bereich, Art. 58 PVBger und Art. 38 Verordnung über das Personal des Schweizerischen Heilmittelinstituts.
418 Art. 169 Abs. 2 und Art. 47 f. ParlG.
419 Art. 16 Abs. 1 und 2 BV.
420 RAUSCH, ZBl 1979, S. 100 f.; zustimmend HAFNER, ZBl 1992, S. 494. Vgl. ferner Verhaltenskodex der allgemeinen Bundesverwaltung, BBl 2004 2233.
421 BELLWALD, S. 67; RAUSCH, ZBl 1979, S. 101.
422 Grundlegend BGE 94 IV 68, S. 70 f.; Unveröffentlichter Entscheid des VerwGer SZ vom 20.4.1994 (648/93); HÄFELIN/MÜLLER, Grundriss, Rz 1581; HÄNNI, Rechte und Pflichten, Nr. 64; JAAG, ZBl 1994, S. 454. Überzeugend RAUSCH, ZBl 1979, S. 101, mit der Argumentation, dass die Stütze auf die allgemeine Treuepflicht einleuchtender wäre als das Abstützen auf die Schweigepflicht, da es im Interesse des Ansehens der staatlichen Institutionen zu vermeiden gelte, den Vorwurf einer rechtswidrigen Praxis zu verbreiten, solange die Möglichkeiten der direkten Abhilfe noch nicht ausgeschöpft sind.
423 Vgl. u. Rz 206.
424 So kam EICHENBERGER Kurt in seinem «Bericht über Fragen einer Denunziationspflicht von Bundesbeamten bei Fehlverhalten eines Departementsvorstehers» vom 17. Februar 1989 zum Schluss, dass beamtenrechtlich eine allerdings subsidiäre konkrete Denunziationspflicht aus der allgemeinen Treuepflicht hervorgehe. Diese Verpflichtung treffe aber nur Beamte, die (materiell) dem Departementschef direkt unterstellt seien, und entsprechende Mitteilungen über Fehlverhalten eines Departementsvorstehers seien dem Bundesrat als Gesamtorgan zu machen. Ob sich eine Denunziationspflicht aus der beamtenrechtlichen Stellung und Funktion des direkt unterstellten Beamten ergebe, habe dieser durch Wertungen und Abwägungen selber zu bestimmen. Vgl. dazu auch HÄNNI, Fallsammlung, S. 368 ff. (Fall Kopp).

§ 8 Die Dienstpflichten

hin lassen sich Ausnahmen denken, bei denen die Befolgung des Dienstweges unzumutbar, von vornherein als unnütz erscheint oder unmöglich ist, weil der Angestellte beispielsweise gar nicht mehr an der betreffenden Stelle arbeitet[425].

### c) Die Dauer der Schweigepflicht

Die Pflicht zur Wahrung des Amts- und Berufsgeheimnisses bleibt auch nach Auflösung des Dienstverhältnisses bestehen[426]. Zwar ist zu diesem Zeitpunkt die Einleitung eines disziplinarischen Verfahrens nicht mehr möglich, die straf- und vermögensrechtliche Verantwortlichkeit bleibt jedoch bestehen[427]. Die Schweigepflicht erlischt erst, wenn kein legitimes Geheimhaltungsinteresse mehr besteht, wenn die zuständigen Behörden von sich aus Beamte und Angestellte von der Schweigepflicht entbinden oder wenn schliesslich das Geheimnis tatsächlich nicht mehr existiert[428].

199

### d) Die Schweigepflicht de lege ferenda

Auch in Zukunft wird sich die Schweigepflicht für Angestellte nur auf dienstliche Angelegenheiten beziehen, d.h. auf Tatsachen, von denen sie in ihrer Eigenschaft als Angestellte des Bundes Kenntnis erhalten haben[429]. Der Umfang der Schweigepflicht der Angestellten hängt weitgehend davon ab, nach welchen Grundsätzen die Informationen in der Verwaltung behandelt werden sollen. Das noch geltende Geheimhaltungsprinzip mit Öffentlichkeitsvorbehalt soll künftig durch das *Öffentlichkeitsprinzip mit Geheimhaltungsvorbehalt* ersetzt werden. So ist es im BGÖ-Entwurf vorgesehen. Amtliche Dokumente sollen der Öffentlichkeit zugänglich sein, soweit es sich nicht um Gerichtsakten oder um Dokumente handelt, die persönliche Daten der Gesuchstellerin oder des Gesuchstellers enthalten[430]. Vorbehalten bleiben auch Spezialbestimmungen in Bundesgesetzen, die bestimmte Informationen als geheim bezeichnen oder abweichende Voraussetzungen für den Zugang vorsehen[431]. Der persönliche Geltungsbereich des BGÖ erstreckt sich auf die Bundesverwaltung sowie auf die Organisationen und Personen, die öffentliche Aufgaben erfüllen und Verfügungsgewalt besitzen.

200

---

425 Vgl. HÄNNI, Rechte und Pflichten, Nr. 67 f. Auf jeden Fall bedeutet die Einhaltung des Dienstweges nicht unbedingt, dass keine hierarchisch vorgelagerten Instanzen übersprungen werden dürften, so betreffend einen Fall in der Stadt Zürich BGE 94 IV 68.
426 Art. 94 Abs. 2 BPV; Art. 57 Abs. 2 Personalverordnung ETH-Bereich, Art. 58 Abs. 2 PVBger; BGE 123 IV 75 E. 1 b.
427 BELLWALD, S. 63 mit Hinweisen auf Art. 320 Abs. 2 StGB, Art. 41 ff. OR sowie Art. 7 VG; HÄNNI, Treuepflicht, S. 76.
428 HÄNNI, Treuepflicht, S. 76; vgl. auch PERRIN, S. 122 ff.
429 Vgl. oben Rz 190.
430 Art. 3 BGÖ-Entwurf. Vgl. auch die Legaldefinition von «amtlichen Dokumenten» in Art. 5 BGÖ-Entwurf.
431 Art. 4 lit. a BGÖ-Entwurf.

Viertes Kapitel: Die Pflichten des Bundespersonals

Ausgenommen sind die Schweizerische Nationalbank, die Bankenkommission, die Kranken- und Unfallversicherungen sowie die Stellen der AHV, der IV und der Arbeitslosenversicherung[432].

201 Nach dem Öffentlichkeitsprinzip hat grundsätzlich jede Person das Recht, amtliche Dokumente einzusehen und von den Behörden Auskünfte über den Inhalt amtlicher Dokumente zu erhalten, ohne dass sie ein besonderes Interesse nachweisen muss. Die Ausnahmen, die eine Beschränkung, einen Aufschub oder eine Verweigerung der Einsichtnahme ermöglichen, sind im Entwurf abschliessend aufgezählt. Es handelt sich dabei um Fälle, in denen ein überwiegendes öffentliches oder privates Interesse an der Geheimhaltung existiert[433]. Namentlich dürfen die freie Meinungs- bzw. Willensbildung der staatlichen Organe, die Durchführung behördlicher Massnahmen, die aussenpolitischen Interessen der Schweiz und die Beziehungen zwischen dem Bund und den Kantonen nicht beeinträchtigt werden. Sodann dürfen die innere oder äussere Sicherheit der Schweiz und wirtschafts-, geld- oder währungspolitische Interessen des Landes nicht gefährdet werden. Schliesslich dürfen keine Berufs-, Geschäfts- oder Fabrikationsgeheimnisse offenbart werden. Dasselbe gilt für Geheimnisse, die den Behörden von Dritten freiwillig offenbart worden sind und deren Geheimhaltung die Behörden zugesichert haben[434]. Art. 8 BGÖ-Entwurf zählt weitere besondere Fälle auf, in welchen kein Recht auf Zugang zu amtlichen Dokumenten besteht.

202 Die Schweigepflicht der Angestellten der Bundesverwaltung und der bundesnahen Betriebe richtet sich zunächst nach den Bestimmungen des BGÖ. Danach ist die Verwaltung grundsätzlich als eine allgemein zugängliche Informationsquelle zu betrachten. Das hat zur Folge, dass die Angestellten im oder ausserhalb des Dienstes all jene Informationen und Tatsachen bekannt geben dürfen, zu denen die Bürgerinnen und Bürger nach BGÖ freien Zugang haben. Das gilt umso mehr für Informationen, die ohnehin publiziert werden. Sind gewisse Tatsachen nur zur Publikation vorgesehen, können zur Verwirklichung einer einheitlichen Informationspolitik allerdings Einschränkungen angebracht sein. Besteht hingegen kein Zugang zu gewissen amtlichen Dokumenten, weil das BGÖ nicht anwendbar ist oder eine speziellere Bestimmung vorgeht, ist der Angestellte an die Schweigepflicht gebunden. Es gelten alsdann die Geheimhaltungsgrundsätze, wie sie oben dargelegt wurden. Insbesondere gilt die Schweigepflicht nicht, wenn zwar seitens der Verwaltung ein Geheimhaltungswille besteht, das Geheimnis aber gelüftet wurde. Ferner kann die Schweigepflicht gegenüber der hierarchisch vorgesetzten Instanz nicht geltend gemacht werden[435]. Ebenso dürfte die aktuelle Praxis zur Wahrung des Amtsgeheimnisses gegenüber Orga-

---
432 Vgl. Art. 2 BGÖ-Entwurf.
433 Botschaft zum BGÖ, BBl 2003 II 2005.
434 Vgl. den abschliessenden Ausnahmekatalog von Art. 7 Abs. 1 BGÖ-Entwurf.
435 Vgl. oben Rz 197 und 199.

nen der Rechtspflege, zu den Einschränkungen der Schweigepflicht durch die Meinungsäusserungsfreiheit und zur Dauer der Schweigepflicht auch in Zukunft ihre Gültigkeit behalten[436].

### 5. Das Streikverbot

Art. 28 Abs. 3 BV erklärt Streik – und auf Seite der Arbeitgeber Aussperrung – als grundsätzlich zulässige Mittel zur Durchsetzung kollektiver Forderungen im Arbeitsrecht, wenn keine Verpflichtungen bestehen, den Arbeitsfrieden zu wahren oder Schlichtungsverhandlungen zu führen. Das Gesetz kann jedoch bestimmten Personengruppen den Streik verbieten[437]. Grund für eine derartige Einschränkung des Streikrechts ist die Sicherstellung der für den Staat existenznotwendigen Leistungen. Die Erfüllung dieser Leistungen hängt jedoch immer weniger mit den im öffentlichen Dienst beschäftigten Personen zusammen. Nicht alle Bundesangestellten erfüllen unerlässliche Aufgaben. Ein generelles Streikverbot für die Mitarbeiter und Mitarbeiterinnen des Bundes wäre daher übertrieben. Umgekehrt werden immer mehr Staatsaufgaben durch Private wahrgenommen. Es rechtfertigt sich deshalb, die Möglichkeit eines Streikverbots allgemein für Personen vorzusehen, die für die Öffentlichkeit zentrale Dienste erbringen[438].

203

Das Personal des Bundes hat demnach ein verfassungsmässiges Streikrecht. Art. 24 Abs. 1 BPG erlaubt es jedoch dem Bundesrat, das Streikrecht einzuschränken oder sogar aufzuheben[439], soweit es für die Staatssicherheit, für die Wahrung von wichtigen Interessen in auswärtigen Angelegenheiten oder für die Sicherstellung der Landesversorgung mit lebensnotwendigen Gütern und Dienstleistungen[440] erforderlich ist. Ein Streikverbot gilt für die Angehörigen der zivilen und militärischen Führungsstäbe der Departemente, für die Strafverfolgungsbehörden des Bundes, für die der Versetzungspflicht unterstehenden, im Ausland tätigen Angestellten des EDA, für das Grenzwachtkorps und das zivile Zollpersonal sowie für die Angehörigen des Überwachungsgeschwaders, des

204

---

436 Vgl. oben Rz 200 ff. und 203.
437 Art. 28 Abs. 4 BV. Im VE 95 bezog sich diese Einschränkung nur auf Kategorien von Personen «im öffentlichen Dienst». Ein generelles Streikverbot für Bundesangestellte, wie es im BtG festgelegt war, erachtete der Bundesrat als nicht vereinbar mit den völkerrechtlichen Pflichten der Schweiz, Erläuterungen zu VE 95, S. 57. Von einem nur für das Personal des öffentlichen Dienstes geltenden Streikrecht wurde in VE 96 abgesehen. Zum Streikverbot unter dem BtG siehe HÄNNI in SBVR, S. 86 ff. mit Bemerkungen über den Einfluss der Europäischen Sozialcharta auf das Streikrecht der Beamten. Vgl. auch SCHWANK ALEXANDRA/STÄHELIN SALOME, Die Rechtmässigkeit von Streiks der öffentlich-rechtlichen Angestellten, insbesondere im Kanton Basel-Stadt, in: BJM 2002 113 ff.
438 Botschaft des Bundesrates zum VE 96, BBl 1997 I 180. Ähnlich RICHLI, New Public Management, S. 117 f.; zur Praxis vgl. Entscheid des Bundesgerichts vom 23. März 1995, in: SJ 1995 681, und Entscheid des Bundesgerichts vom 25. Oktober 1985, in: RDAT 1987 11.
439 Die Schranken des Verhältnismässigkeitsprinzips sind zu beachten, vgl. dazu VALLENDER, St. Galler Kommentar, Art. 28, Rz 31.
440 BBl 1999 II 1621 nennt beispielsweise die Landesverteidigung, die internationale Verbrechensbekämpfung und die Sicherstellung der lebensnotwendigen Infrastruktur.

Viertes Kapitel: Die Pflichten des Bundespersonals

militärischen Flugsicherungspersonals und der Berufsformationen der militärischen Sicherheit[441].

### 6. Weitere Einschränkungen von Rechten

205 Gemäss Art. 24 Abs. 2 BPG können aus Gründen der Staatssicherheit, der Wahrung von wichtigen Interessen in auswärtigen Angelegenheiten oder der Sicherstellung der Landesversorgung auch die Niederlassungsfreiheit und die Wirtschaftsfreiheit über die im BPG vorgesehenen Einschränkungen hinaus beschränkt werden. Aus denselben Gründen können dem Personal über den Arbeitsvertrag hinausgehende Pflichten auferlegt werden. Darunter fällt namentlich eine mögliche Meldepflicht des im Ausland eingesetzten Personals und das Verbot, am Arbeitsort im Ausland ein öffentliches Amt zu bekleiden[442].

## § 9 Die Treuepflicht

### I. Rechtsnatur und Grundlagen der Treuepflicht

206 Neben den ausdrücklich statuierten Haupt- und Nebenpflichten im Zusammenhang mit der Erfüllung der dienstlichen Aufgaben existiert eine der Anstellung im öffentlichen Dienst inhärente – auch ohne ausdrückliche Gesetzesvorschrift bestehende[443] – allgemeine Treuepflicht. Der Bund hat diese allgemeine Treuepflicht im BPG ausdrücklich verankert. Sie verpflichtet die Angestellten, «die berechtigten Interessen des Bundes beziehungsweise ihres Arbeitgebers zu wahren»[444]. Die generalklauselartig gefasste Treuepflicht bildet den Hintergrund für die oben kommentierten Nebenpflichten (Nebenbeschäftigungsverbot, Geschenkannahmeverbot, Schweigepflicht, Streikverbot) sowie für verschiedene Weisungen[445]. Diese besonderen Regelungen vermögen aber nicht alle Aspekte der allgemeinen Treuepflicht abzudecken[446]. Vielmehr bildet sie ein Auffang-

---

441 Art. 96 BPV. Vgl. ferner Art. 59 PVBger und Art. 24 Verordnung der Bundesversammlung über die Parlamentsdienste.
442 Vgl. Art. 95 BPV. Von den betreffenden Angestellten kann verlangt werden, dass sie die Zugehörigkeit zu Vereinen, das Entfernen aus dem Aufenthaltsstaat, die Veröffentlichung von Texten bzw. die Abgabe von Erklärungen melden.
443 So auch BELLWALD, S. 52; JAAG, ZBl 1994, S. 455; JUD, S. 95; WYSS, S. 202 ff.
444 Art. 20 Abs. 1 BPG; ähnlich Art. 34 Verordnung über das Personal des Schweizerischen Heilmittelinstituts. Die Formulierung des BtG («alles zu tun, was die Interessen des Bundes fördert, und alles zu unterlassen, was sie beeinträchtigt») wurde nicht übernommen. Der Inhalt und der Umfang der Treuepflicht bleiben jedoch die gleichen, so dass auch die unter dem BtG erarbeitete Praxis ihre Bedeutung behält. In den letzten Jahren hat sich allerdings die Auffassung über die Treuepflicht der Staatsangestellten in dem Sinn gewandelt, dass von den betreffenden Personen kein besonderes Verhalten erwartet wird; vgl. HÄNNI, Fallsammlung, S. 399 ff.
445 Vgl. hierzu HÄNNI, Die Treuepflicht, S. 10 ff.
446 HANGARTNER, ZBl 1984, S. 389.

becken für alle übrigen Pflichten der Angestellten[447] und bietet darüber hinaus Anknüpfungspunkte für die Auslegung der spezialgesetzlichen Regelungen zur Dienstpflichterfüllung. Mit Bezug auf das für die Beschränkung von Grundrechten geltende Legalitätsprinzip wird diese generalklauselartige Umschreibung der allgemeinen Treuepflicht in Rechtsprechung und Lehre als zulässig erachtet, da das Angestelltenverhältnis aufgrund seiner besonderen Natur gerade in diesem Punkt für eine bis in alle Einzelheiten verfeinerte gesetzliche Regelung als ungeeignet erscheint[448]. Dennoch dürfen die Grundrechte der Bediensteten durch das Gemeinwesen nicht mehr als nötig eingeschränkt werden[449].

## II. Gegenstand der Treuepflicht

### 1. Menschliches Verhalten

Gegenstand der allgemeinen Treuepflicht kann immer nur menschliches Verhalten, niemals aber eine Gesinnung sein, welche einem Verhalten zu Grunde liegt. Die allgemeine Treuepflicht beinhaltet daher keine Gesinnungs-, sondern eine Interessenwahrungspflicht[450]. Diese besteht zunächst für sämtliche Handlungen, Meinungsäusserungen und Unterlassungen in einem konkreten Fall[451]; darüber hinaus erstreckt sie sich aber auch auf länger andauernde Verhaltensweisen, wie z.B. finanzielle Probleme und Suchtverhalten[452]. Wer als Beamter oder Angestellter eine der freiheitlich demokratischen Grundordnung zuwiderlaufende Gesinnung hat und die Grundentscheidungen der Rechtsordnung sowie die ihm übertragenen Aufgaben innerlich nicht akzeptiert, verletzt dadurch die Treuepflicht noch nicht[453]. Erst wenn sich eine solche Gesinnung in irgendeiner Form gegen aussen offenbart, kann sie unter dem Gesichtspunkt der allgemeinen Treuepflicht relevant werden[454].

207

---

447 Statt vieler HÄNER, S. 405. Zum Beamtenverhältnis als besonderes Rechtsverhältnis BELLWALD, S. 44 ff.; FLEINER-GERSTER, VwR, S. 136; HANGARTNER, ZSR 1979 I, S. 397 f.; HÄNNI, Die Treuepflicht, S. 36 ff.; ferner BGE 116 IV 69.
448 FLEINER-GERSTER, VwR, S. 137 f.; HANGARTNER, ZBl 1984, S. 390; MOOR, S. 223; RAUSCH, ZBl 1979, S. 10; BGE 99 Ia 262, S. 268; kritisch SALADIN, Grundrechte, S. 367 ff.
449 Vgl. dazu HÄNER, S. 407; HANGARTNER, ZSR 1979 I, S. 396 ff.; DERSELBE, ZBl 1984, S. 390 f.; HÄNNI, Die Treuepflicht, S. 34 ff.; MOOR, S. 224; RAUSCH, ZBl 1979, S. 98.
450 HÄNNI, Die Treuepflicht, S. 38; so auch HANGARTNER, ZBl 1984, S. 392; JAAG, ZBl 1994, S. 455; a.M. RICHNER, S. 106 f. sowie JUD, S. 92, der Beamte habe sich entsprechend seiner Gesinnung zu verhalten.
451 So z.B. die Unterschriftenmanipulation eines Kaderbeamten des Bundesamtes für Flüchtlingswesen (BFF). Vgl. Der Bund vom 2.11.1995 und vom 4.11.1995.
452 HÄNNI, Die Treuepflicht, S. 38; DERSELBE, Fallsammlung, S. 412 (Entscheid des BGer vom 18.11.1966); DERSELBE, Rechte und Pflichten, Nr. 118; JAAG, ZBl 1994, S. 455.
453 Anders BELLWALD, S. 54 mit Hinweisen auf deutsche Praxis und Literatur.
454 So auch HANGARTNER, ZBl 1984, S. 392.

Viertes Kapitel: Die Pflichten des Bundespersonals

## 2. Verhalten im Zusammenhang mit der amtlichen Stellung des Angestellten

208  Angestellte haben sich nicht in totalitärer Art mit dem Staat zu identifizieren und auf die Ausübung der ihnen auch als Bürger zustehenden Rechte zu verzichten. Vielmehr kann der staatliche Arbeitgeber von seinen Mitarbeiterinnen und Mitarbeitern nur insoweit ein Verhalten verlangen, als dieses einen Bezug zur dienstlichen Tätigkeit der Betroffenen aufweist. Die Ausübung der Rechte findet dort ihre Grenzen, wo das Verhalten des Angestellten die Amtsführung und das Vertrauen der Öffentlichkeit in die Verwaltung beeinträchtigt oder ein anderes öffentliches Interesse entgegensteht[455].

### a) Die Pflicht zum Vollzug der dienstlichen Anordnungen

209  Der Angestellte hat die dienstlichen Anordnungen seiner Vorgesetzten mit Sorgfalt zu vollziehen[456]. Daraus ergibt sich jedoch nicht die Pflicht zu blindem Gehorsam. Vielmehr darf er die Anweisungen auf ihre Rechtswidrigkeit überprüfen und muss offensichtlich rechtswidrige Anordnungen nicht ausführen, wobei er die ihm vorgesetzte Behörde darüber zu informieren hat[457]. Offensichtlich rechtswidrig ist eine Anordnung, wenn sie den Bediensteten zur Begehung eines Verbrechens oder Vergehens auffordert[458], wenn sie die Menschenwürde oder wesentliche Grundrechte verletzt[459] oder wenn sie gegen die freiheitlich-demokratische Grundordnung gerichtet ist[460]. Darüber hinaus handelt es sich ebenfalls um eine offensichtliche Rechtswidrigkeit, wenn die Anordnung von einem unzuständigen Vorgesetzten oder einer unzuständigen Behörde ausgeht[461] oder wenn die vorgesetzte Stelle Anordnungen und Weisungen erteilt, die über den eigentlichen Kompetenzbereich dieser Stelle hinausgehen[462]. Bestehen jedoch blosse Zweifel über die Rechtmässigkeit von Anordnungen, hat der Bedienstete seinen Vorgesetzten zu orientieren. Führt diese Rücksprache zu keinem Ergeb-

---

455  Siehe zum Ganzen HÄNNI, Fallsammlung, S. 73 ff.
456  Art. 20 Abs. 1 BPG. Vgl. auch SGGVP 2001 98.
457  BELLWALD, S. 60 ff.; FELDER, S. 435; FLEINER-GERSTER, VwR, S. 437; HÄNNI, Die Treuepflicht, S. 83 f.; HAFNER, ZBl 1992, S. 492 f.; KILCHENMANN, S. 112 f.; KNAPP, ZSR 1984 I, S. 493; MOOR, S. 238 f. Entgegen der Lehre hat das Bundesgericht in seiner bisherigen Rechtsprechung stets eine solche Überprüfungsbefugnis der Bundesbediensteten als mit der Gehorsamspflicht unvereinbar abgelehnt, vgl. BGE 100 Ib 13 (HÄNNI, Rechte und Pflichten, Nr. 8); bestätigt in BGE 104 Ib 205, S. 208; 104 Ib 412, S. 418; vgl. ferner auch den Entscheid des BGer vom 15.11.1990 (HÄNNI, Rechte und Pflichten, Nr. 9).
458  BELLWALD, S. 61; FLEINER-GERSTER, VwR, S. 436; HÄNNI, Die Treuepflicht, S. 83; KILCHENMANN, S. 113; KNAPP, ZSR 1984 I, S. 493.
459  BELLWALD, S. 61; HÄNNI, Die Treuepflicht, S. 83; einschränkend MOOR, S. 239.
460  BELLWALD, S. 61; HÄNNI, Die Treuepflicht, S. 83.
461  HÄNNI, Die Treuepflicht, S. 83; KILCHENMANN, S. 112 f.; MOOR, S. 239; KNAPP, ZSR 1984 I, S. 493.
462  HÄNNI, Die Treuepflicht, S. 83; KILCHENMANN, S. 113; MOOR, S. 239.

nis, ist der Dienstbefehl zu befolgen, wobei die Verantwortung alsdann ausschliesslich beim Vorgesetzten liegt[463].

*b) Verhalten innerhalb und ausserhalb des Dienstes*

Die allgemeine Treuepflicht wirkt sich in erster Linie auf das Verhalten der Mitarbeiterinnen und Mitarbeiter bei der Erfüllung ihrer Dienstaufgaben aus. Bei Personen in höheren Funktionen ist es immerhin denkbar, dass sich die Grenzen zwischen inner- und ausserdienstlicher Tätigkeit weniger genau ziehen lassen[464]. So können beispielsweise Publikationen oder Meinungsäusserungen den Anschein einer dienstlichen bzw. amtlichen Äusserung erwecken, auch wenn sie ausserhalb des Dienstes erfolgen. Die Bundesangestellten haben in solchen Fällen von sich aus für eine Klarstellung zu sorgen[465]. Die persönlichen Rechte des Einzelnen ausserhalb des Dienstes dürfen nur beschränkt werden, wenn es der Zweck der Amtsführung erfordert[466]. Ansonsten haben die Bediensteten ihr ausserdienstliches Verhalten nicht primär an den Interessen des Bundes auszurichten[467]. 210

Das BPG verpflichtet die Angestellten nicht ausdrücklich, sich der Achtung und des Vertrauens würdig zu erweisen, das ihre amtliche Stellung erfordert. Dennoch kann von allen Mitarbeitern und Mitarbeiterinnen gestützt auf die Treuepflicht verlangt werden, dass sie im Verkehr sowohl mit dem Publikum als auch mit Arbeitskollegen ein höfliches und taktvolles Verhalten zeigen[468]. Das gilt nicht nur während, sondern auch ausserhalb der Dienstzeit, sofern durch das negative Verhalten das Ansehen, die Glaubwürdigkeit und weitere Interessen des Bundes bzw. des Arbeitgebers geschädigt werden[469]. 211

*c) Verhalten nach Beendigung des Dienstverhältnisses*

Normalerweise erlöschen mit der Beendigung des Arbeitsverhältnisses auch die Pflichten der Angestellten. Die Treuepflicht kann jedoch ausnahmsweise – etwa in der Gestalt einer Schweigepflicht – über die Zeit nach der Beendigung des Dienstverhältnisses hinaus Wirkung entfalten, soweit das mit der Treuepflicht 212

---

463 FLEINER-GERSTER, VwR, S. 436 f.; HÄNNI, Die Treuepflicht, S. 83.
464 Vgl. VPB 61 Nr. 80.
465 HÄNNI, Die Treuepflicht, S. 38 f.; RAUSCHZ, ZBl 1979, S. 105. Vgl. auch die Abgrenzung im Zusammenhang mit der Reise des Direktors der eidgenössischen Militärverwaltung nach Südafrika und dem dortigen «Vorbeischauen» bei der Armee, HÄNNI, Rechte und Pflichten, Nr. 84.
466 FLEINER-GERSTER, VwR, S. 437; MOOR, S. 230; RAUSCH, ZBl 1979, S. 104 f.; ferner BGE 101 Ia 172, S. 181; 108 Ia 172, S. 176; Entscheid des Bundesgerichts vom 22.12.1983, ZBl 1984 308, S. 315 ff.
467 Vgl. RAUSCH, ZBl 1979, S. 104.
468 Das BtG kannte demgegenüber eine entsprechende Bestimmung. Vgl. die ausführliche Darstellung der Praxis bei HÄNNI, Fallsammlung, S. 410 ff.
469 Ebenso JAAG/MÜLLER/TSCHANNEN/ZIMMERLI, S. 7; KNAPP, ZSR 1984 I, S. 494; HANGARTNER, ZBl 1984, S. 392; vgl. auch BGE 118 Ib 169, S. 171 f.

Viertes Kapitel: Die Pflichten des Bundespersonals

verbundene öffentliche Interesse die entgegenstehenden privaten Interessen überwiegt[470].

### III. Inhalt der allgemeinen Treuepflicht

213 Wie einleitend dargestellt, haben die Bediensteten über die Erfüllung des Pflichtenhefts hinaus alles zu tun, um die berechtigten Interessen des Bundes zu wahren[471]. Diese Loyalität bedeutet im öffentlichen Dienstrecht eine Verpflichtung gegenüber dem Staat und nicht gegenüber einem bestimmten Amt oder einer vorgesetzten Person[472]. Das heisst aber nicht, dass die Bediensteten Sklaven einer Mehrheitsmeinung im Volk oder eines auf eine bestimmte Wertordnung fixierten Staates werden, sondern sie stehen im Dienste eines veränderbaren pluralistischen Gebildes. Die Treuepflicht ist niemals Selbstzweck, sondern «...dient ausschliesslich einem korrekten, unparteiischen, wirksamen Gesetzesvollzug im Interesse der Betroffenen und der Allgemeinheit»[473].

214 Konkrete Handlungen, Meinungsäusserungen sowie allgemein zu Tage tretende Verhaltensweisen von Bediensteten sind solange mit der Treuepflicht vereinbar, als sie sich mit dem Ansehen des Gemeinwesens und dessen Verwaltung vertragen. Die Bediensteten dürfen durch ihr Handeln oder Nichthandeln weder die *Autorität* und die *Integrität* noch das *Funktionieren* des Staates beeinträchtigen[474]. Vielmehr hat ihr Verhalten nach aussen den Eindruck zu erwecken, dass sie wenigstens im Grundsätzlichen auf dem geistigen Boden verbleiben, der dem Staat unterliegt[475]. Dagegen kommt den Angestellten keine Vorbildfunktion in dem Sinne zu, als sie gehalten wären, der vom Staat verfolgten Politik nachzuleben[476]. Um zu bestimmen, was die Treuepflicht für die einzelnen Bediensteten verlangt, ist immer von den Bedürfnissen ihrer Funktion auszugehen[477]. So haben beispielsweise Bundesräte wegen ihrer verfassungsrechtlichen Stellung und Funktion als Mitglieder der obersten leitenden und vollziehenden Behörde der Eidgenossenschaft sowie auch aufgrund des abgelegten Amtseides eine erhöhte

---

470 HÄNNI, Die Treuepflicht, S. 39 f.
471 Art. 20 BPG. Ein Militärbeamter, der sich an einer privaten Unternehmung, welche der Eidgenossenschaft Heeresmaterial liefert, finanziell beteiligt, verstösst gegen die Treuepflicht, da er dadurch in Versuchung gerät, dem Interesse des Unternehmens gegenüber der Verfolgung der Interessen des Bundes den Vorzug zu geben: BGE 83 I 298, S. 306 f.
472 So explizit Art. 133 VBPV-EDA; BELLWALD, S. 53; HAFNER, ZBl 1992, S. 491; KNAPP, ZSR 1984 I, S. 496; RAUSCH, ZBl 1979, S. 102 f.; RHINOW/KRÄHENMANN, Nr. 148 B I.
473 WEILER, S. 11. Gelegentlich wird in ihr auch das Pendant zur Anstellungsvoraussetzung der Vertrauenswürdigkeit gesehen, HANGARTNER, ZBl 1984, S. 385; a.M. HAFNER, ZBl 1992, S. 491.
474 Zum abstrakten Inhalt der Treuepflicht eingehend HÄNNI, Die Treuepflicht, S. 46 ff.; HÄFELIN/MÜLLER, Grundriss, Rz 1575 ff.
475 SALADIN, Grundrechte, S. 325.
476 BGE 120 Ia 207; GRISEL, Traité II, S. 483.
477 HANGARTNER, ZBl 1984, S. 393: «Wesentlich ist, dass es keine von der konkreten Beamtentätigkeit losgelöste, freischwebende Treuepflicht des Beamten gegenüber seinem Gemeinwesen gibt.» Vgl. auch HUG-BEELI, S. 110.

Sorgfalts- und Treuepflicht an den Tag zu legen[478]. Dies gilt selbst dann, wenn einzelne Aspekte der Treuepflicht gesetzlich verankert sind. Solche Konkretisierungen der Treuepflicht gelten zwar für alle Bediensteten, doch kann eine nach Stellung und Aufgabenbereich gerichtete Auslegung zu unterschiedlichen Resultaten im Einzelfall führen[479]. Aus der Treuepflicht können aber keine Vorschriften abgeleitet werden, welche über das dienstrechtlich relevante Verhalten hinausgehen und vom Bediensteten mehr verlangen als von den übrigen Bürgern, ansonsten sie gegen das Rechtsgleichheitsgebot von Art. 8 BV verstossen[480].

## IV. Grenzen der allgemeinen Treuepflicht

Die aus der allgemeinen Treuepflicht abzuleitenden Pflichten führen regelmässig zu Beschränkungen der Grundrechte, wie namentlich der persönlichen Freiheit, der Meinungsäusserungsfreiheit, der Pressefreiheit, der Vereinsfreiheit oder der Versammlungsfreiheit[481]. Diese Freiheitsrechte können sowohl für Bedienstete wie auch für Privatpersonen beschränkt werden, wenn eine genügende gesetzliche Grundlage besteht, die Beschränkung im überwiegenden öffentlichen Interesse liegt und verhältnismässig ist. Die dienstrechtlichen Erlasse sehen neben Spezialbestimmungen die Generalklausel der allgemeinen Treuepflicht vor[482], die aufgrund des besonderen Rechtsverhältnisses zwischen Bediensteten und Staat als gesetzliche Grundlage zu genügen vermögen. Das *öffentliche Interesse* an der Beschränkung ist durch die ratio der allgemeinen Treuepflicht ausgewiesen[483]. Das *Verhältnismässigkeitsprinzip*[484] gebietet zunächst, dass die Beschränkung der Freiheitsrechte geeignet ist, das im öffentlichen Interesse angestrebte Ziel zu erreichen. Sodann setzt es voraus, dass die Eingriffe erforderlich sind, also nicht weiter gehen, als es das besondere öffentliche Interesse verlangt, welches dem Angestelltenverhältnis zu Grunde liegt. Schliesslich gebietet das Verhältnismässigkeitsprinzip im engeren Sinne, dass dieses öffentliche Interesse entgegenstehende private Interessen überwiegt.

215

---

478 BGE 116 IV 56, S. 69 (Fall Kopp).
479 So gilt das Geschenkannahmeverbot (vgl. o. Rz 192 ff.) zwar für alle Mitarbeiter des Bundes; für das Mass, was als Geschenk gilt, ist jedoch auf die Stellung des Beschenkten und auf die Umstände im Einzelfall abzustellen.
480 So steht z.B. die Wahl, mit welchem Verkehrsmittel ein Bediensteter an seinen Arbeitsplatz gelangt, mit der Erfüllung der Dienstpflicht und dem Ansehen der Verwaltung in keinem Zusammenhang. Deswegen erweist sich eine dienstrechtliche Verpflichtung (in casu gegen eine Gemeindebeamte der Stadt Bern), den Arbeitsplatz grundsätzlich ohne die Verwendung privater Motorfahrzeuge zu erreichen, als mit Art. 8 BV nicht vereinbar, BGE 120 Ia 206 f.
481 Vgl. u. Rz 216 ff.
482 Art. 20 BPG.
483 Vgl. Rz 213 hiervor.
484 Vgl. zu den drei Teilgehalten des Verhältnismässigkeitsgrundsatzes HÄFELIN/MÜLLER, Grundriss, Rz 581 ff. sowie eingehend ZIMMERLI Ulrich, Der Grundsatz der Verhältnismässigkeit im öffentlichen Recht, ZSR 1978 II, S. 1 ff.; HÄNER, S. 414 ff.

Viertes Kapitel: Die Pflichten des Bundespersonals

## 1. Meinungs- und Informationsfreiheit

216 Nach der Rechtsprechung des Bundesgerichts geniessen auch die öffentlichrechtlich Bediensteten den Schutz der durch die Bundesverfassung garantierten Meinungs- und Informationsfreiheit. Sie dürfen sich insbesondere politisch betätigen und sich, sei es öffentlich oder privat, an der politischen Kritik beteiligen[485]. Die Meinungs- und Informationsfreiheit der Bediensteten unterliegt jedoch besonderen Beschränkungen. Einerseits ergeben sich solche aus der Schweigepflicht und anderseits gegebenenfalls auch aus der allgemeinen Treuepflicht[486]. Dabei ist zwischen dienstlichem und ausserdienstlichem Verhalten zu unterscheiden, denn für Letzteres sind Beschränkungen der Freiheitsrechte nur zulässig, wenn sie durch das besondere öffentliche Interesse – nämlich die amtliche Stellung – geboten erscheinen[487]. Um zu entscheiden, ob eine konkrete Äusserung in amtlicher Stellung oder aber als Privatperson abgegeben worden ist, ist stets auf den äusseren, objektiven Eindruck abzustellen, den das Publikum bzw. die Leserschaft erhält[488]. Neben der Natur der geäusserten Meinung sind im Einzelfall auch Aufgaben, Stellung und Verantwortung der betroffenen Angestellten zu berücksichtigen[489].

217 Die sich aus der Treuepflicht ergebende Schranke der Meinungsfreiheit bezieht sich sowohl auf den *Inhalt* als auch auf die *Form* der Äusserung[490]. Mit Bezug auf den Inhalt darf die Äusserung nicht geeignet sein, die Amtsführung oder das Vertrauen der Öffentlichkeit in die Verwaltung zu beeinträchtigen[491]. A priori nicht geschützt sind Meinungsäusserungen, welche eine strafbare Handlung be-

---

485 Vgl. die Rechtsprechung zum kantonalen öffentlichen Dienstrecht BGE 108 Ia 172, S. 175; 101 Ia 172, S. 181; Entscheid des BGer vom 22.12.1983, in: ZBl 1984 308, S. 311; Entscheid des BGer vom 29. Oktober 1987, in: HÄNNI, Fallsammlung, S. 104ff.; Urteil des BGer vom 4. September 1991, in: ZBl 1992, S. 312ff.; ferner RHINOW/KRÄHENMANN, Nr. 148 B II/a/2; HÄNNI, Fallsammlung, S. 132.
486 HÄNNI, Die Treuepflicht, S. 39; VPB 65 Nr. 95; VPB 61 Nr. 80, E. 9b; BGE 120 Ia 205; BGE 108 Ia 172, S. 175. Décision genevoise de la commission de recours du personnel enseignant de l'instruction publique du 15 mars 2004 (A/370/2003-CRIP), en droit, Rz 11.
487 HANGARTNER, ZBl 1984, S. 397; KÄMPFER, S. 481ff.; RAUSCH, ZBl 1979, S. 104f.; VPB 61 Nr. 80, E. 9b; BGE 120 Ia 205; 108 Ia 172, S. 175; Entscheid des BGer vom 22.12.1983, ZBl 1984 308, S. 314; RB ZH 1995 Nr. 27 E. 1, mit dem Hinweis, dass dieser Aspekt der Treuepflicht – namentlich bezüglich des ausserdienstlichen Verhaltens – zunehmend kritisch beurteilt, d.h. die Tragweite eingeschränkt wird.
488 Zur Abgrenzung zwischen dienstlichen und ausserdienstlichen Äusserungen RAUSCH, ZBl 1979, S. 105f.
489 VPB 61 Nr. 80, insbesondere E. 9b; BGE 108 Ia 172, S. 175f.; HÄNNI, Die Treuepflicht, S. 122ff.; MÜLLER, Grundrechte, S. 231f. Vgl. zur erhöhten Zurückhaltungspflicht für Staatsanwälte HÄNNI, Rechte und Pflichten, Nr. 46. Die Beurteilung aller Umstände kann im Einzelfall schwierig sein, vgl. Le Temps vom Freitag 16. Januar 2004, S. 11, Fonctionnaire altermondialiste bientôt inculpé.
490 RHINOW/KRÄHENMANN, Nr. 148 B II/a/2.
491 VPB 65 Nr. 95, E.3c; Entscheid des BGer vom 22.12.1983, ZBl 1984, S. 315ff.; BGE 120 Ia 203, S. 205.

§ 9 Die Treuepflicht

gründen[492] oder öffentlich billigen[493]. Sodann kann namentlich die öffentlich ausgetragene Auseinandersetzung unter Bediensteten oder zwischen solchen und Magistratspersonen über verwaltungsinterne Vorgänge oder getroffene Entscheidungen das Vertrauen der Bürger in die Verwaltung stören[494], während eine Abhandlung über gesellschaftspolitische Probleme nicht treuwidrig ist[495]. Ebenso gebietet die Treuepflicht Zurückhaltung, wenn es um öffentliche Stellungnahmen zu hängigen Verfahren und deren Begleitumständen geht[496]. Ferner muss bei politischen Äusserungen durch Bedienstete ersichtlich sein, ob sie sich als Privatpersonen äussern oder aber in ihrer öffentlichen Funktion auftreten[497]. Mit Bezug auf die Form der Meinungsäusserung haben sich die Bediensteten eines ihrer Stellung entsprechenden ehrbaren Verhaltens zu erweisen und sich der Polemik, Unsachlichkeit und Diffamierung zu enthalten. Eine Verletzung der Treuepflicht wegen formell unbotmässiger Äusserungen ist allerdings nicht leichthin anzunehmen; vielmehr sind die Umstände des Einzelfalls massgebend[498].

## 2. Vereinigungsfreiheit

Das verfassungsmässige Recht, Vereine zu bilden und solchen anzugehören[499], besteht grundsätzlich auch für Bedienstete. Nicht mit der besonderen Rechtsnatur des öffentlichrechtlichen Dienstverhältnisses hängt der Umstand zusammen, dass Art. 23 BV kein Recht auf Zugehörigkeit zu einem rechtswidrigen oder staatsgefährdenden Verein gewährt, denn dies gilt ebenso für Privatper-

218

---

492 Betätigungen, die zu den in der Verfassung verankerten Grundwerten schlechterdings im Gegensatz stehen, wie z.B. rechtsextreme Aktivitäten, sind mit der Beschäftigung in der öffentlichen Verwaltung in keinem Falle vereinbar, VPB 61 Nr. 80; BGE 101 Ia 172, S. 180f. betreffend die Verteilung von illegalen Flugblättern durch einen Lehrer vor einer Kaserne. Zur Treuepflicht von Lehrern (kantonales Dienstrecht) vgl. ferner Décision genevoise de la commission de recours du personnel enseignant de l'instruction publique du 15 mars 2004 (A/370/2003-CRIP), wonach ein Lehrer, der öffentlich die Steinigung von ehebrüchigen Frauen nach islamischem Recht befürwortet, gegen die Treuepflicht verstösst; PLOTKE, Schulrecht, S. 570ff.; RAUSCH, ZBl 1979, S. 111f.; WYSS, S. 226ff.
493 Entscheid des BGer vom 29.4.1983, HÄNNI, Rechte und Pflichten, Nr. 47.
494 Wie z.B. ein Staatssekretär, der sich negativ über die Mitglieder einer Parlamentarier-Delegation äusserte: HÄNNI, Rechte und Pflichten, Nr. 51.
495 Entscheid des BGer vom 22.12.1983, ZBl 1984 308, S. 316f. Vgl. (mustergültig) mit Bezug auf kritische Äusserungen eines kantonalen Untersuchungsrichters gegenüber der strafgerichtlichen Praxis bei der Anwendung des Betäubungsmittelgesetzes: Protokoll der GPK des Landrates des Kantons Basel-Landschaft vom 1.2.1978, ZBl 1978, S. 494ff.
496 BGE 108 Ia 172, S. 177 betreffend die Treuepflicht eines Richters.
497 Entscheid des BGer vom 5.1.1982, ZBl 1982, S. 206. Vgl. ferner HÄNNI, Rechte und Pflichten, Nr. 44 (rechtsextremistische Äusserungen einer Geschichtslehrerin), Nr. 52 (Posthalter, der sich als Naturschützer gegen einen Waffenplatz wehrt), Nr. 66 (Unterschriftensammlung für eine Petition, kantonaler Fall).
498 VPB 65 Nr. 95, E.3c; Entscheid des BGer vom 22.12.1983, ZBl 1984 312, S. 317ff.; RJN 1998 207 E. 2a.
499 Art. 23 BV. Für spezielle Vereinigungen zum Schutze der Interessen der Arbeitgeber und der Arbeitnehmer siehe Art. 28 BV.

sonen⁵⁰⁰. Dagegen ist umstritten, ob sich für Angestellte aus ihrer besonderen amtlichen Stellung Schranken für die Mitgliedschaft in nicht als rechtswidrig oder staatsgefährdend geltenden Vereinen ergeben, v.a. wenn geltend gemacht wird, diese befänden sich in einer Grauzone zwischen Legalität und Illegalität⁵⁰¹. Die allgemeine Treuepflicht als Interessenwahrungspflicht darf jedoch nicht so verstanden werden, dass jede Zugehörigkeit zu einer oppositionellen, gesellschaftskritischen Bewegung a priori als treuwidrig zu qualifizieren ist, denn eine solche Interpretation käme der oben als unzulässig dargestellten Gesinnungspflicht gleich⁵⁰². Entscheidend ist vielmehr, ob die Zugehörigkeit zu einer solchen Vereinigung – oder die Tätigkeit der Vereinigung, sofern diese den Bediensteten überhaupt zuzurechnen ist – zu einem treuwidrigen Verhalten der Bediensteten führt⁵⁰³. Im Übrigen ist mit Einschränkungen der Vereinigungsfreiheit im ausserdienstlichen Bereich Zurückhaltung geboten, denn solange Gruppierungen und Parteien nicht als rechtswidrig oder staatsgefährdend zu qualifizieren und daher nicht verboten sind, können sich Bedienstete grundsätzlich auf die Vereinigungsfreiheit berufen⁵⁰⁴.

### 3. Übrige Grundrechte

219 Da die allgemeine Treuepflicht gegenüber den spezialgesetzlich verankerten Pflichten keine zusätzlichen Beschränkungen der übrigen Grundrechte beinhaltet, erweisen sich Letztere kaum als Grenze der allgemeinen Treuepflicht. Eine Besonderheit bildet immerhin die Behandlung religiös geprägter Meinungsäusserungen sowie die Zugehörigkeit von Bediensteten zu religiösen Gruppierungen. Hier steht das Grundrecht der *Glaubens- und Gewissensfreiheit* im Vordergrund⁵⁰⁵. Mit Bezug auf die *Niederlassungsfreiheit*⁵⁰⁶ lässt sich feststellen, dass sich aus der allgemeinen Treuepflicht keine zusätzlichen Beschränkungen er-

---

500 Zum Verbot rechtswidriger und staatsgefährdender Vereine vgl. statt vieler ROHNER, St. Galler Kommentar, Art. 23, Rz 8; MÜLLER, Grundrechte, S. 347; BGE 60 I 350f.
501 HÄNNI, Die Treuepflicht, S. 137. Vgl. ferner MÜLLER, Grundrechte, S. 231f. und 348; ROHNER, St. Galler Kommentar, Art. 23, Rz 19.
502 Grundlegend BGE 99 Ib 138; vgl. auch TSCHUDI, S. 779; HANGARTNER, ZBl 1984, S. 399; HÄNNI, Die Treuepflicht, S. 159f.; RAUSCH, ZBl 1979, S. 109.
503 Vgl. VPB 61 Nr. 80 betreffend die Zugehörigkeit eines Angestellten der SBB zu einer rechtsextremen Vereinigung; BGE 99 Ib 129, wo das Verhalten einer Telefonistin, welche einer linksextremen Gruppierung angehörte, dazu Anlass gab, eine akute Gefahr einer Treuepflichtverletzung anzunehmen; BGE 65 I 236. Demgegenüber ist es stossend, aus einem politisch extremen, staatsfeindlichen Verhalten von engen Verwandten des Bediensteten an dessen Loyalität zu zweifeln: Entscheid des Bundesgerichts vom 16.2.1973, HÄNNI, Rechte und Pflichten, Nr. 73; vgl. HÄNNI, Die Treuepflicht, S. 154, 160.
504 Vgl. dazu eingehend HÄNNI, Die Treuepflicht, S. 138ff.; RAUSCH, ZBl 1979, S. 108; a.M. JUD, S. 125.
505 Art. 15 BV. Vgl. dazu HÄNNI, Die Treuepflicht, S. 122ff., 129ff.; ferner BGE 123 I 296, BGE 104 Ia 187, sowie KNAPP, ZSR 1984 I, S. 496f. sowie Décision genevoise de la commission de recours du personnel enseignant de l'instruction publique du 15 mars 2004 (A/370/2003-CRIP).
506 Art. 24 BV.

§ 9 Die Treuepflicht

geben, welche über die Spezialvorschriften hinausgehen. Damit entfällt die Notwendigkeit einer Begrenzung der allgemeinen Treuepflicht durch die Niederlassungsfreiheit[507]. Was schliesslich die *persönliche Freiheit* und die *Wirtschaftsfreiheit* angeht, sind primär die spezialgesetzlichen Regelungen zum Nebenbeschäftigungsverbot massgebend[508]. Letztere sind im Lichte der genannten verfassungsmässigen Rechte auszulegen.

---

507 Zur Wohnsitzpflicht vgl. o. Rz 180 f. Diese Spezialbestimmung ist ihrerseits im Lichte der Niederlassungsfreiheit verfassungskonform auszulegen.
508 Vgl. dazu o. Rz 182 ff. In einem – allerdings kantonalen – Fall ist die zuständige Behörde für die Beurteilung einer Nebenbeschäftigung von der allgemeinen Treuepflicht ausgegangen, indem sie es als treuwidrig erachtete, dass ein Beamter, der in seiner Freizeit die Vermögensangelegenheiten einer älteren Frau und eines älteren Mannes besorgt hatte, von der Frau ein selbst aufgesetztes Schenkungsversprechen entgegengenommen hatte, welches ein Mehrfaches der Jahresbesoldung ausgemacht hätte, Entscheid des RRat LU vom 6.9.1979, LGVE 1976 III 2, S. 5 ff.

# Fünftes Kapitel
# Die Verantwortlichkeit des Bundespersonals

## § 10 Die disziplinarische Verantwortlichkeit

### I. Grundlagen

#### 1. Begriff und Wesen des Disziplinarrechts

220 Verschiedene Kantone haben gleichzeitig mit der Aufhebung des Beamtenstatus auch das Disziplinarrecht ganz oder teilweise abgeschafft. Mit der Einführung von kündbaren Arbeitsverhältnissen ist insbesondere die disziplinarische Entlassung überflüssig geworden. Die allgemeine Lockerung der Bindung des Angestellten an den Staat und die Gewichtung von Eigenverantwortung und leistungsorientiertem Handeln stehen zudem im Widerspruch mit den disziplinarrechtlichen Sanktionen als Führungsmittel und rechtfertigen zumindest eine Lockerung. Weiter soll eine lernfördernde Kultur begünstigt werden[509], was nicht möglich ist, wenn jeder Fehler disziplinarisch geahndet wird. Sicher lässt sich die Konzeption des Disziplinarrechts, die unter dem BtG galt, heute kaum mehr rechtfertigen[510]. Dennoch scheinen administrative Sanktionen – sei es im Rahmen eines reduzierten Disziplinarrechts oder in einem anderen Massnahmesystem – als Mittel zur Durchsetzung der Treuepflicht und zur Aufrechterhaltung des ordentlichen Funktionierens der Verwaltung unumgänglich[511]. Das BPG hat denn auch das Disziplinarrecht beibehalten[512]. Es befasst sich einerseits mit den Massnahmen, die als Folge der Pflichtverletzungen angeordnet werden können (materielles Disziplinarrecht), sowie anderseits mit dem hierfür massgebenden Verfahren (formelles Disziplinarrecht).

221 Zweck des Disziplinarrechts ist die Wiederherstellung bzw. die Sicherstellung des guten Funktionierens der Verwaltung[513]. Dabei muss zwischen dem Verhält-

---

509 Botschaft zum BPG, BBl 1999 1598. Vgl. auch GERBER/HELBLING/SCHNEIDER, S. 527.
510 MICHEL, S. 271 ff.; HÄFELIN/MÜLLER, Grundriss, Rz 1599; RICHLI, New Public Management, S. 104 ff.; eingeführt zum Zürcher Personalgesetz vgl. LANG, S. 56 f.
511 Vgl. HAFNER, ZBl 1992, S. 498 f., der sich für ein sog. «kleines Disziplinarrecht» ausspricht, welches sich auf die klassische Hoheitsverwaltung beschränkt; MICHEL, S. 271; RICHLI, New Public Management, S. 106 f. Vgl. insbesondere den GAV Post, der praktisch ohne disziplinarische Massnahmen auskommt (Ziff. 51 und Anh. 6).
512 Der Begriff Disziplinarrecht wurde im Gesetz durch «Massnahmen nach der Verletzung arbeitsrechtlicher Pflichten» ersetzt. Art. 25 BPG und der Titel des 6. Kapitels der BPV, Art. 98 ff. BPV sowie Art. 17 f. und Art. 22 VG haben die herkömmliche Terminologie beibehalten. Zur disziplinarischen Verantwortlichkeit der Mitglieder der Bundesversammlung vgl. Art. 13 ParlG.
513 Botschaft zum BPG, BBl 1999 II 1621; Gutachten des BJ vom 14. August 2003, VPB 2004-www2, S. 5.

nis der Verwaltung zur Öffentlichkeit und dem Verhältnis der Bediensteten zum Gemeinwesen unterschieden werden. Beide können Ursache von Störungen im Aufgabenvollzug sein. Gegenüber der *Öffentlichkeit* bezweckt das Disziplinarrecht die Sicherstellung der ordnungsgemässen Verwaltungstätigkeit sowie die Erhaltung des Vertrauens der Bevölkerung in die Verwaltung[514]. Hingegen darf es nicht zur Durchsetzung eines Standesbewusstseins oder einer Standesverpflichtung eingesetzt werden[515]. Gegenüber den *Bediensteten* steht die vorbeugende Verhinderung von Pflichtverletzungen im Vordergrund, indem der einzelne Bedienstete durch die Disziplinierung von weiteren Pflichtverletzungen abgehalten werden soll (spezialpräventiver Zweck) und darüber hinaus durch die generell-abstrakte Androhung von disziplinarischen Massnahmen sämtliche Bedienstete von Pflichtverletzungen abgehalten werden sollen (generalpräventiver Zweck)[516]. Das Disziplinarrecht verschafft der vorgesetzten Behörde die Möglichkeit, die dem Staat geschuldeten Dienst- und Treuepflichten durchzusetzen, indem die fehlbaren Bediensteten zur Ordnung gerufen werden (edukativer Zweck)[517]. Die disziplinarische Entlassung wegen besonders schweren Pflichtverletzungen ist im BPG nicht vorgesehen. Das Disziplinarrecht des BPG hat keinen epurativen Zweck[518]. Es ist ein Führungsmittel, dem kein pönaler, sondern ein lenkender Charakter zugedacht ist[519].

## 2. Abgrenzung zur strafrechtlichen Verantwortlichkeit

Auch wenn disziplinarischen Massnahmen in gewisser Hinsicht Sanktionscharakter zukommt und umgekehrt das Strafrecht heute vermehrt präventive Zwecke verfolgt, gehört das Disziplinarrecht weder zum allgemeinen Strafrecht noch zum Verwaltungsstrafrecht[520]. Die sich zum Teil überschneidenden Zielsetzun-

222

---

514 BELLWALD, S. 22 mit weiteren Hinweisen; FLEINER-GERSTER, VwR, S. 294; HINTERBERGER, S. 38 ff.; POLEDNA, ZBl 1995, S. 61; RHINOW/KRÄHENMANN, Nr. 54 B I; RICHLI, New Public Management, S. 105. Wie wichtig der Beitrag der Disziplinarmassnahmen an die Erhaltung des Vertrauens des Gemeinwesen in die Verwaltung ist, zeigt der Fall eines Genfer Verkehrspolizisten, der ausserhalb der Arbeitszeit mit seinem Fahrzeug ausserorts mit 198 km/h unterwegs war. Seine Vorgesetzten machten keinen Anschein, gegen den Fehlbaren eine disziplinarische Massnahme anzuordnen. Damit wird – so der Autor des Presseberichts – die Glaubwürdigkeit des Polizisten, zu dessen Aufgaben die Verteilung von Bussen an Verkehrssünder gehört, in Frage gestellt. Vgl. Le Temps vom 7. und 8. August 2003.
515 FLEINER-GERSTER, VwR, S. 295; so auch HINTERBERGER, S. 39 f.
516 BELLWALD, S. 23; HANGARTNER, ZBl 1970, S. 426; HINTERBERGER, S. 40 ff.; POLEDNA, ZBl 1995, S. 61; RHINOW/KRÄHENMANN, Nr. 54 B I; RICHLI, New Public Management, S. 105.
517 BELLWALD, S. 22; HINTERBERGER, S. 40; POLEDNA, ZBl 1995, S. 61.
518 Vgl. die Vorauflage dieses Werks, HÄNNI in SBVR, Rz 164. Eine Entlassung wegen groben Pflichtverletzungen ist jedoch auf dem Weg der ausserordentlichen Kündigung jederzeit möglich, vgl. u. Rz 94 ff.
519 Botschaft zum BPG, BBl 1999 II 1621. Vgl. auch HINTERBERGER, S. 43 ff.
520 Disziplinarverfahren unterstehen in der Regel auch nicht dem Anwendungsbereich von Art. 6 EMRK. Vgl. dazu VPB 68 Nr. 6, E. 5b; FROHWEIN JOCHEN/PEUKERT WOLFGANG, Europäische Menschenrechtskonvention, EMRK-Kommentar, Kehl, Strassburg, Arlington 1996, Art. 6 Rz 35.

gen von Disziplinarmassnahmen und Strafen dürfen nicht darüber hinwegtäuschen, dass diese sich in ihrem Kern ganz deutlich unterscheiden. Die Disziplinarmassnahme steht im Dienste einer recht- und zweckmässigen Erfüllung der öffentlichen Aufgaben sowie der Aufrechterhaltung der Ordnung im konkreten Arbeitsverhältnis, während der Strafe neben Präventions- und Resozialisierungszwecken auch heute noch Vergeltungscharakter zukommt[521]. Immerhin ist es rechtsstaatlich nicht ganz unproblematisch, dass Disziplinarmassnahmen z.T. einschneidendere Folgen als ein Strafentscheid haben können, das Disziplinarrecht aber weitgehend von Ermessen und Opportunität gekennzeichnet ist, während das Strafrecht den Grundsätzen «nulla poena sine lege» folgt[522].

223  Aufgrund der unterschiedlichen Zwecksetzung können Disziplinarmassnahmen und Strafen *kumulativ* verhängt werden; der Grundsatz «ne bis in idem» findet hier keine Anwendung[523]. Vielmehr bildet die strafrechtliche Verfolgung von Pflichtverletzungen oftmals Anlass zur Eröffnung eines Disziplinarverfahrens[524]. Die Unabhängigkeit der beiden Sanktionsordnungen zeigt sich aber auch darin, dass ein Freispruch unter strafrechtlichen Gesichtspunkten für die Beurteilung im Rahmen des Disziplinarrechts nicht massgebend ist[525]. In der Regel wird jedoch das Disziplinarverfahren bis zur Beendigung des Strafverfahrens ausgesetzt, wenn wegen der nämlichen Tatsache gegen einen Bediensteten sowohl ein strafrechtliches als auch ein disziplinarisches Verfahren läuft, es sei denn, wichtige Gründe verlangen nach einem Entscheid über Disziplinarmassnahmen vor Beendigung des Strafverfahrens[526].

### 3. Die vermögensrechtliche Verantwortlichkeit

224  Von der disziplinarischen Verantwortlichkeit ist die Haftung der Angestellten für Schaden zu unterscheiden, den sie in Ausführung ihrer amtlichen Tätigkeiten dem Bund oder einem Dritten zufügen. Bei dieser handelt es sich um die haftpflichtrechtliche Verantwortlichkeit, die hier nicht behandelt wird. Sie richtet sich nach dem Bundesgesetz über die Verantwortlichkeit des Bundes sowie seiner Behördenmitglieder und Beamten vom 14. März 1958 (VG)[527].

---

521 Vgl. zum Ganzen BELLWALD, S. 24 ff.; FLEINER-GERSTER, VwR, S. 294 f.; HAFNER, ZBl 1992, S. 497; HANGARTNER, ZBl 1970, S. 426 f.; HINTERBERGER, S. 47 ff.; MOOR, S. 241; RHINOW/KRÄHENMANN, Nr. 54 B I.
522 Vgl. FLEINER-GERSTER, VwR, S. 295; HAFNER, ZBl 1992, S. 497 f.; MOOR, S. 241; BGE 97 I 831, S. 835.
523 Art. 18 Abs. 1 VG. BGE 97 I 831, S. 836. Vgl. auch HÄFELIN/MÜLLER, Grundriss, Rz 1600; JAAG/MÜLLER/TSCHANNEN/ZIMMERLI, S. 11; HAFNER, S. 497; JAAG, ZBl 1994, S. 457; RHINOW/KRÄHENMANN, Nr. 54 B II/a.
524 BGE 97 I 831, S. 836.
525 HÄNNI, Rechte und Pflichten, Nr. 139 (kantonales Dienstrecht); JAAG, ZBl 1994, S. 457.
526 Art. 98 Abs. 4 BPV. Vgl. auch Art. 18 Abs. 2 VG. Zu den Bedingungen, unter welchen die Verwaltung von der Regel abweichen kann, den Entscheid über die disziplinarische Ahndung bis nach Beendigung des Strafverfahrens auszusetzen, vgl. BGE 106 Ib 177, S. 180 ff.
527 Art. 101 BPV; Art. 64 PVBger.

## II. Voraussetzungen der disziplinarischen Verantwortlichkeit

### 1. Die Verletzung der arbeitsrechtlichen Pflichten

Hinsichtlich des Tatbestandes, der die disziplinarische Verantwortlichkeit von Angestellten[528] begründen kann, begnügt sich das Personalrecht des Bundes mit einem Verweis auf die *Verletzung der arbeitsrechtlichen Pflichten*[529]. Mit Bezug auf das Erfordernis der genügenden Bestimmtheit der gesetzlichen Grundlage werden nach konstanter Praxis für die Umschreibung des disziplinarrechtlich relevanten Tatbestandes keine hohen Anforderungen gestellt[530], was mit der Unmöglichkeit einer abschliessenden Aufzählung der Pflichtverletzungen sowie mit dem Sonderstatusverhältnis begründet wird. Diese Praxis ist in der Lehre aber zunehmend auf Kritik gestossen[531].

225

In *zeitlicher* Hinsicht beschränkt sich die disziplinarische Verantwortlichkeit auf die Dauer des Bestehens des Dienstverhältnisses[532]. So entfällt die Möglichkeit von Disziplinarmassnahmen für Pflichtverletzungen, die nach Beendigung des Dienstverhältnisses begangen worden sind (z.B. Verstoss gegen die Schweigepflicht), da sich der Zweck gar nicht mehr erfüllen lässt. Der Angestellte kann sich auch durch Auflösung des Arbeitsverhältnisses auf eigenes Begehren der disziplinarrechtlichen Massnahme entziehen[533].

226

### 2. Das Verschulden

Disziplinarrechtlich verantwortlich sind Bedienstete nur für *schuldhafte*, absichtlich oder fahrlässig begangene Verletzungen ihrer arbeitsrechtlichen Pflichten[534]. Das Verschulden bildet zugleich subjektive Tatbestandsvoraussetzung für die Anordnung wie auch Massstab für die Zumessung von disziplinarischen

227

---

528 Die Magistraten sind ausdrücklich von der disziplinarischen Verantwortlichkeit ausgenommen, Art. 2 Abs. 2 lit. a BPG i.V.m. Art. 25 BPG. Auch die Oberaufsicht der Bundesversammlung umfasst keine Disziplinarbefugnisse. Das Parlament hat jedoch die Möglichkeit, die Amtsunwürdigkeit oder die Amtsunfähigkeit eines Magistraten bei der Wiederwahl zu berücksichtigen. Im Falle der Bundesrichter ist in der Diskussion über die disziplinarische Verantwortlichkeit insbesondere auch der Sicherung der richterlichen Unabhängigkeit im Auge zu behalten. Vgl. eingehend Gutachten des BJ vom 14. August 2003, VPB 2004-www2.
529 Art. 25 Abs. 1 BPG; Art. 99 Abs. 2 und 3 BPV. Darunter fällt auch eine Verletzung der allgemeinen Treuepflicht.
530 Statt vieler HÄFELIN/MÜLLER, Grundriss, Rz 480 ff., 1202; BGE 108 Ia 316, S. 319.
531 FLEINER-GERSTER, VwR, S. 296; HAFNER, ZBl 1992, S. 497 f.; HANGARTNER, ZBl 1970, S. 430 f.; HINTERBERGER, S. 101 ff.; JAAG, ZBl 1994, S. 458.
532 Vgl. im Folgenden HINTERBERGER, S. 85 f.; MOOR, S. 240; vgl. auch HANGARTNER, ZBl 1970, S. 429; RHINOW/KRÄHENMANN, Nr. 54 B IV/d.
533 Art. 98 Abs. 3 BPV. Vgl. auch JAAG/MÜLLER/TSCHANNEN/ZIMMERLI, S. 12, mit weiteren Hinweisen.
534 Art. 25 Abs. 2 und 3 BPG; Art. 99 BPV. Vgl. auch Art. 62 PVBger.

Massnahmen[535]. Fehlt es am Verschulden, bleiben administrative Massnahmen wie z.B. Belehrungen oder Mahnungen vorbehalten[536]. Ein schuldhaftes Verhalten liegt immer dann vor, wenn der Angestellte pflichtwidrig gehandelt hat, obwohl er bei richtiger Willensbetätigung pflichtgemäss hätte handeln können[537]. Das setzt voraus, dass sich der Bedienstete der Pflichtwidrigkeit bewusst war (was seinerseits Urteilsfähigkeit voraussetzt) und dass es ihm objektiv möglich und zumutbar war, pflichtgemäss zu handeln[538]. Im Übrigen kann bei der Beurteilung von Einzelfragen im Zusammenhang mit dem Verschulden auf die allgemeinen Bestimmungen und Grundsätze des Strafrechts zurückgegriffen werden[539].

## 3. Die Opportunität

228 Liegt eine verschuldete Verletzung der arbeitsrechtlichen Pflichten vor, *können* Disziplinarmassnahmen ergriffen werden[540]. Daraus ergibt sich, dass sowohl die Einleitung eines Disziplinarverfahrens wie auch der Entscheid, ob eine Disziplinarmassnahme getroffen werden soll, im (Entschlicssungs-)Ermessen der zuständigen Behörde liegen, selbst wenn die objektiven und subjektiven Voraussetzungen erfüllt sind[541]. So kann es gerade vom Zweck des Disziplinarrechts her, die Sicherstellung des Aufgabenvollzugs der Bundesverwaltung, *opportun* sein, auf die Einleitung eines Disziplinarverfahrens oder die Verhängung einer Disziplinarmassnahme zu verzichten[542]. Dasselbe gilt auch in Fällen, wo die Betroffenen durch die Dienstpflichtverletzung bereits selber Schaden erlitten haben oder strafrechtlich verurteilt worden sind, so dass einer disziplinarischen Massnahme keine zusätzliche spezialpräventive Wirkung mehr zukäme.

229 Das Opportunitätsprinzip verschafft jedoch der zuständigen Behörde nicht einfach freies Ermessen. Vielmehr ist das Entschliessungsermessen pflichtgemäss auszuüben, d.h. in Wahrung der sich aus der Bundesverfassung ergebenden

---

535 In diesem Sinn die Botschaft zum BPG, BBl 1999 II 1621; vgl. auch HINTERBERGER, S. 125, 372; MOOR, S. 240: «La faute est donc bien une condition nécessaire, mais son poids dans le choix de la sanction sera relatif, puisque celle-ci va dépendre aussi de l'importance objective des règles violées».
536 HANGARTNER, ZBl 1970, S. 429 f.
537 BELLWALD, S. 99; HINTERBERGER, S. 125 f.
538 HINTERBERGER, S. 127 ff.
539 BELLWALD, S. 100 und 101 f.
540 Art. 25 Abs. 1 BPG; Art. 99 Abs. 2 und 3 BPV.
541 Vgl. zum Ganzen HÄFELIN/MÜLLER, Grundriss, Rz 1599 f.; FLEINER-GERSTER, VwR, S. 296; HANGARTNER, ZBl 1970, S. 428; HINTERBERGER, S. 351 ff., S. 354 ff.; IMBODEN/RHINOW, Nr. 54 B II/b; MOOR, S. 241; ferner VPB 61 Nr. 28; BGE 97 I 831, S. 835 f.; sowie HÄNNI, Rechte und Pflichten, Nr. 12, 15–20, 84 f.; a.M. BELLWALD, S. 106 f., für den Bereich des Bundes ergebe sich eine Pflicht zur Einleitung eines Disziplinarverfahrens aus der verfassungsrechtlichen Pflicht des Bundesrates als oberster Disziplinarbehörde zur Aufsicht über die Geschäftsführung aller Beamten und Angestellten der öffentlichen Verwaltung.
542 So auch JAAG/MÜLLER/TSCHANNEN/ZIMMERLI, S. 11.

Schranken des *Rechtsgleichheitsgebots*, des *Willkürverbots* und der Pflicht zur Wahrung der öffentlichen Interessen[543]. Ferner verlangt das *Verhältnismässigkeitsprinzip*, dass nur angeordnet wird, was erforderlich ist, um den geordneten Vollzug der Aufgaben wieder sicherzustellen und den fehlbaren Mitarbeiter zur Pflicht zu rufen[544]. Trotz dieser verfassungsrechtlichen Schranken des Opportunitätsprinzips bleibt die Gefahr bestehen, dass seine Handhabung im Einzelfall nicht immer nachvollziehbar erscheint[545].

### 4. Die Verjährung

Schliesslich darf eine Verfehlung nach Ablauf der Verjährungsfrist nicht mehr zu einer disziplinarischen Massnahme führen. Die disziplinarische Verantwortlichkeit von Bundesangestellten verjährt ein Jahr nach Entdeckung der Verletzung der arbeitsrechtlichen Pflichten (relative Verjährung), auf alle Fälle aber drei Jahre nach der letzten Verletzung dieser Pflichten (absolute Verjährung)[546]. Für den Beginn des Fristenlaufs ist es nicht erforderlich, dass die Disziplinarbehörde selber Kenntnis von der Verfehlung hat, sondern es genügt, wenn der Vorgesetzte den Fehler entdeckt, denn der Zweck der Verjährungsbestimmung besteht darin, den Fristenlauf möglichst rasch beginnen zu lassen[547]. Auf der anderen Seite gilt erst der hinreichend begründete Verdacht als Entdeckung des Disziplinarfehlers und setzt somit den Fristenlauf in Gang[548]. Im Übrigen ruht die Verjährung, solange wegen des nämlichen Tatbestandes ein Strafverfahren durchgeführt wird oder solange über Rechtsmittel noch nicht entschieden ist, die im Disziplinarverfahren ergriffen wurden[549].

230

## III. Die Anordnung von disziplinarischen Massnahmen

### 1. Das Rechtsfolgeermessen und seine Grenzen

Der Disziplinarbehörde steht bei der Wahl der Disziplinarmassnahme im konkreten Fall ein Rechtsfolgeermessen zu, welches jedoch in verschiedener Hinsicht begrenzt ist. Anders als für die Umschreibung der Tatbestände der diszipli-

231

---

543 HÄFELIN/MÜLLER, Grundriss, Rz 441; BELLWALD, S. 168f.; HANGARTNER, ZBl 1970, S. 428; HINTERBERGER, S. 364ff.
544 BELLWALD, S. 168; vgl. auch HINTERBERGER, S. 366; BGE 108 Ia 230, S. 232; 106 Ia 100, S. 121 f.; 106 V 40, S. 42. Unter Umständen kann das Absehen von einer disziplinarischen Massnahme unter gleichzeitiger Vornahme eines Mitarbeitergesprächs durchaus geboten sein. Dabei handelt es sich nicht um eine Disziplinarmassnahme, sondern um eines der zahlreichen anderen Führungsmittel, die das gute Funktionieren der Verwaltung wieder herstellen können.
545 So auch HAFNER, ZBl 1992, S. 497.
546 Art. 22 Abs. 2 VG, Art. 100 BPV, Art. 63 PVBger.
547 BGE 105 Ib 67, S. 70f.; VPB 42 Nr. 44.
548 BGE 105 Ib 67, S. 71.
549 Art. 100 Abs. 2 BPV.

narischen Verantwortlichkeit rechtfertigt das besondere Rechtsverhältnis keine generalklauselartige Umschreibung der zu treffenden Disziplinarmassnahmen. Vielmehr folgt aus dem *Legalitätsprinzip*, dass die zulässigen Disziplinarmassnahmen abschliessend in einem Gesetz aufzuzählen sind[550]. Das Verhängen von anderen als den aufgezählten Massnahmen ist auch unzulässig, wenn sie milder als diese sind. Ausnahmsweise können verschiedene Disziplinarmassnahmen miteinander verbunden werden[551]. Zu beachten ist sodann das Verschulden als gesetzliches *Bemessungskriterium*[552]. Danach haben sich Art und Mass der Disziplinarmassnahmen nach dem Verschulden des Bediensteten zu richten. Gesetz und Verordnung enthalten zwar keine weiteren Angaben zu den Bemessungskriterien, die Disziplinarbehörde muss jedoch auch für das Auswahlermessen die sich aus Art. 8 f. BV ergebenden Schranken des *Rechtsgleichheitsgebots* und des *Willkürverbots* sowie des *Verhältnismässigkeitsprinzips* einhalten[553].

## 2. Die Massnahmen bei Fahrlässigkeit

232   Gegen eine beim Bund angestellte Person, die ihre arbeitsrechtlichen Pflichten fahrlässig verletzt, können alternativ als Disziplinarmassnahmen die Verwarnung, der Verweis oder die Änderung des Aufgabenkreises ergriffen werden[554]. Die Liste der möglichen Massnahmen ist abschliessend.

### a) Die Verwarnung

233   Die Verwarnung stellt die mildeste Disziplinarmassnahme dar. Durch sie wird ausdrücklich und hoheitlich die Pflichtverletzung des Bediensteten *festgestellt*. Die Aufnahme der Verwarnung in die Personalakten dürfte die Rechtsposition des Betroffenen zudem in der Weise verschlechtern, als er bei einer späteren Pflichtverletzung als disziplinarisch vorbestraft gilt und sich deshalb möglicherweise die Verhängung schärferer Massnahmen gefallen lassen muss. Aus diesem Grund muss gegen die Anordnung einer Verwarnung auch eine Beschwerde-

---

550   BELLWALD, S. 143 f.; FLEINER-GERSTER, VwR, S. 295 f.; JAAG, ZBl 1994, S. 458; RHINOW/KRÄHENMANN, Nr. 54 B V; SALADIN, Verwaltungsverfahrensrecht, S. 158. Art. 22 Entwurf BPG enthielt eine nicht abschliessende Aufzählung der möglichen Disziplinarmassnahmen und delegierte dem Bundesrat die Befugnis, weitere Massnahmen zur Verfügung zu stellen (Abs. 4); vgl. Botschaft zum BPG, BBl 1999 II 1621. Der entsprechende Absatz wurde im Folgenden weggelassen. Die Aufzählung in Art. 25 Abs. 2 und 3 BPG ist also abschliessend. So auch JAAG/MÜLLER/TSCHANNEN/ZIMMERLI, S. 11.
551   Vgl. dazu den Entscheid des VerwGer ZH vom 28. Juni 2000, in HÄNNI, Fallsammlung, S. 428 ff. und die dort zitierte Literatur.
552   Art. 25 Abs. 2 und 3; Art. 100 Abs. 2 und 3 BPG.
553   Vgl. statt vieler HÄFELIN/MÜLLER, Grundriss, Rz 434 f. und 441 ff.
554   Art. 25 Abs. 2 BPG i.V.m. Art. 99 Abs. 2 BPV und Art. 62 Abs. 2 PVBger. Vgl. ferner Art. 45 GAV SBB, der ein Mitarbeitergespräch eventuell mit einer schriftlichen Ermahnung, den Verweis und die Versetzung, u.U. kombiniert mit einer Lohnanpassung, als mögliche Massnahmen vorsieht; Entscheid der PRK vom 12.5.2004, CRP 2003-038, www.reko-efd.admin.ch/de/prk/entscheide/index.htm, E. 6.

§ 10 Die disziplinarische Verantwortlichkeit

möglichkeit bestehen[555]. Nicht als Disziplinarmassnahmen, sondern als blosse administrative Anordnungen gelten dagegen informelle Zurechtweisungen oder Warnungen, die zum Beispiel im Rahmen von Mitarbeitergesprächen geäussert werden.

*b) Der Verweis*

Bei der zweiten Disziplinarmassnahme, dem Verweis, wird die Pflichtverletzung nicht nur festgestellt, sondern das Verhalten eines Angestellten wird *formell gerügt*. Sie hat in Bezug auf die Rechtsposition des Betroffenen die selben Auswirkungen wie die Verwarnung, d.h. sie kann sich bei der Sanktion späterer Verletzungen der arbeitsrechtlichen Pflichten negativ auf die zu erwartende Massnahme auswirken[556].

234

*c) Die Änderung des Aufgabenkreises*

Als schärfste Massnahme bei fahrlässiger Verletzung der arbeitsrechtlichen Pflichten steht die Änderung des Aufgabenkreises zur Verfügung. Der Angestellte wird weiterhin zu den gleichen Bedingungen beschäftigt, aber mit anderen als den bisherigen Aufgaben. Das ist insbesondere sinnvoll, wenn das Vertrauen der Bevölkerung in die Verwaltung wegen einem einer bestimmten Person zurechenbaren negativen Verhalten nicht mehr gegeben ist. Die Disziplinarbehörde hat die Möglichkeit, den Aufgabenkreis der betreffenden Person so zu ändern, dass das Vertrauen wiederhergestellt wird[557]. Diese Massnahme ist klar abzugrenzen von der Änderung des Aufgabenkreises, die als Möglichkeit der Weiterbeschäftigung eines Angestellten zur Verhinderung einer Kündigung ohne dessen Verschulden angeordnet wird[558].

235

### 3. Die Massnahmen bei Vorsatz und Grobfahrlässigkeit

Verletzt der Bedienstete seine arbeitsrechtlichen Pflichten vorsätzlich oder grobfahrlässig, sind neben den erwähnten Disziplinarmassnahmen auch einschneidendere Massnahmen wie Lohnkürzungen, Bussen und Änderungen der Arbeitszeit und des Arbeitsortes möglich[559]. Für gewisse Personalkategorien ist

236

---

555 Vgl. u. Rz 248 ff. Ähnlich auch Ziff. 510 Abs. 3 GAV Post, wo der Verwarnung zwar der Verfügungscharakter abgesprochen wird, jedoch ein Antrag auf Entfernung der Verwarnung aus den Personalakten an eine paritätische Vermittlungsstelle möglich ist.
556 Im BtG war der Verweis noch die mildeste Disziplinarmassnahme. Vgl. die Vorauflage für die Rechtsprechung zum Verweis im BtG, HÄNNI in SBVR, Rz 178.
557 Vgl. als Beispiel Le Temps vom 7. und 8. August 2003. Eine Verkehrspolizei, deren Personal schwere Verkehrsdelikte begeht, ist nicht glaubwürdig. Wenn ein Mitarbeiter zum Verkehrssünder wird, kann er u.U. aus Gründen der Glaubwürdigkeit selber keine Bussen mehr verteilen, wohl aber andere Aufgaben der Verkehrspolizei erledigen.
558 Vgl. Art. 19 Abs. 1 BPG.
559 Art. 25 Abs. 2 BPG i.V.m. Art. 99 Abs. 3 BPG und Art. 62 Abs. 3 PVBger.

zudem die Versetzung als disziplinarische Massnahme vorgesehen. Dabei handelt es sich um eine Variante der Änderung des Arbeitsortes. Sie kann kombiniert mit einer Lohnanpassung erfolgen[560]. Ebenfalls zu erwähnen ist die fristlose Kündigung aus wichtigen Gründen, obwohl sie nicht zu den disziplinarischen Massnahmen zählt. Da mit wenigen Ausnahmen Bundesangestellten jederzeit aus wichtigen Gründen – z.B. wiederholten Verletzungen der arbeitsrechtlichen Pflichten – fristlos gekündigt werden kann[561], ist die disziplinarische Entlassung als Massnahme überflüssig[562].

*a) Die Lohnkürzung*

237   Lohnkürzungen dürfen zehn Prozent des Lohnes nicht überschreiten und haben immer im Rahmen der für die Lohnklasse massgebenden Ansätze zu erfolgen, d.h. der gekürzte Lohn darf nicht unter dem Minimum der entsprechenden Klasse liegen[563]. Zeitlich darf die Kürzung längstens für ein Jahr erfolgen[564]. Nach Ablauf der festgesetzten Frist lebt der Anspruch auf den ursprünglichen Lohn wieder auf[565].

*b) Die Busse*

238   Eine weitere Disziplinarmassnahme stellt die Busse dar, deren Höhe im Ermessen der zuständigen Behörde liegt, wobei die Höchstgrenze von 3000.– Franken nicht überschritten werden darf[566]. Die in der Praxis oftmals niedrig ausfallenden Beträge von Bussen[567] lassen sich damit erklären, dass die Busse nicht Vergeltungscharakter besitzt, sondern den geordneten Vollzug der Aufgaben durch den Angestellten sicherstellen soll[568].

*c) Die Änderung der Arbeitszeit und des Arbeitsorts*

239   Die Änderung der Arbeitszeit und des Arbeitsorts ist die härteste Disziplinarmassnahme. Sie stellt einen bedeutenden Eingriff in die Rechtsposition des Angestellten dar und setzt dementsprechend schwere oder fortgesetzte Verletzungen der arbeitsrechtlichen Pflichten voraus. Die Schwere einer Dienstpflicht-

---

560  So explizit Art. 45 Abs. 4 und 5 GAV SBB.
561  Vgl. o. Rz 94 ff.
562  Vgl. zum Ganzen MICHEL, S. 273.
563  HINTERBERGER, S. 299.
564  Art. 99 Abs. 3 lit. a BPV; Art. 62 Abs. 3 lit. a PVBger.
565  Vgl. dazu VPB 45 Nr. 28.
566  Art. 99 Abs. 3 lit. b BPV. Anders Art. 62 Abs. 3 lit. b PVBger, der eine Lohnkürzung von maximal 10 Prozent zulässt.
567  Grundlegend BGE 121 I 379 (Fr. 300.–) zum Zürcherischen Ordnungsstrafengesetz; vgl. ferner die Zusammenstellung der Rechtsprechung zur Disziplinarbusse bei HÄNNI, Fallsammlung, S. 438 f.
568  Vgl. zur Busse BELLWALD, S. 146 ff.; HINTERBERGER, S. 282 ff.; JAAG, ZBl 1994, S. 458 f.

verletzung kann in objektiver oder subjektiver Hinsicht begründet sein. Die fortgesetzte Dienstpflichtverletzung setzt mindestens zwei bedeutsame Verstösse gegen die Dienstpflicht voraus[569]. Wo dem Vertrauen der Öffentlichkeit erhöhtes Gewicht zukommt, ist es zulässig, weniger auf die subjektive und mehr auf die objektive Strafwürdigkeit des Bediensteten abzustellen[570].

## IV. Die Anordnung von vorsorglichen Massnahmen

Ist der geordnete Vollzug der Aufgaben gefährdet, muss der Arbeitgeber dagegen die notwendigen vorsorglichen Massnahmen ergreifen[571]. Der Unterschied zu den disziplinarischen Massnahmen liegt darin, dass die vorsorglichen Massnahmen ergriffen werden können, obwohl im betreffenden Fall noch *keine endgültige Entscheidung* vorliegt. Voraussetzung dazu ist, dass die Gründe für die Gefährdung zumindest teilweise in der angestellten Person liegen. Das ist der Fall, wenn schwere strafrechtlich oder disziplinarisch relevante Vorkommnisse festgestellt oder auch nur vermutet werden, wenn wiederholte Unregelmässigkeiten erwiesen sind, oder wenn ein laufendes Verfahren behindert wird[572]. Auch ein gefährliches Verhalten am Arbeitsplatz oder die Unzumutbarkeit gegenüber Mitarbeitenden und der Öffentlichkeit können sofortiges Handeln im Sinne von vorsorglichen Massnahmen erfordern[573].  240

Das Gesetz zählt die möglichen vorsorglichen Massnahmen *nicht abschliessend* auf. Es sieht jedoch explizit die sofortige Einstellung des Arbeitsverhältnisses sowie die Kürzung oder Streichung von Lohn und anderen Leistungen vor[574]. Diese beiden Massnahmen können gegenüber einem Angestellten auch kumulativ angewendet werden[575]. Nicht zulässig ist hingegen die Kürzung von Leistungen aus dem Versicherungsverhältnis mit der Pensionskasse, das in jedem Fall bestehen bleibt[576]. *Zeitlich* sollten sich die Massnahmen wegen ihrer provisorischen Natur und ihrem einschneidenden Charakter auf ein Minimum begrenzen[577]. Erweist sich eine vorsorgliche Massnahme als ungerechtfertigt, so wird die betroffene Person wieder in ihre Rechte eingesetzt und erhält die entzogenen Leistungen zurückerstattet[578].  241

---

569 BGE 74 I 89; ferner HÄNNI, Rechte und Pflichten, Nr. 98.
570 BGE 101 Ia 298, S. 308f.
571 Art. 25 Abs. 1 BPG.
572 Art. 103 Abs. 1 BPV.
573 Vgl. Botschaft zum BPG, BBl 1999 II 1622. Ferner Ziff. 512 GAV Post; Art. 47 Abs. 1–3 GAV SBB.
574 Art. 26 Abs. 2 Satz 1 BPG.
575 So Art. 66 Abs. 2 PVBger; Art. 47 Abs. 4 GAV SBB. Vgl. auch Art. 103 Abs. 2 BPV.
576 Art. 26 Abs. 2 Satz 2 BPG.
577 Art. 47 Abs. 5 GAV SBB setzt eine zeitliche Maximalgrenze von 10 Tagen für die vorsorgliche Arbeitsenthebung. Das BPG und seine Verordnungen kennen keine solche Bestimmung.
578 Art. 26 Abs. 3 BPG.

## § 11 Die strafrechtliche Verantwortlichkeit

242 Das fehlerhafte Verhalten eines Angestellten verletzt unter Umständen nicht nur die arbeitsrechtlichen Pflichten, sondern erfüllt zugleich den Tatbestand einer strafbaren Handlung nach eidgenössischem oder kantonalem Strafrecht. Kommt eine strafbare Handlung in Betracht, überweist das zuständige Departement die Akten mit den Einvernahmeprotokollen aus der Untersuchung an die Bundesanwaltschaft[579].

### I. Die allgemeinen und die besonderen Straftatbestände

243 Bedienstete unterstehen zunächst wie jeder andere Bürger den allgemeinen Straftatbeständen des Strafgesetzbuches sowie der Nebenstrafgesetzgebung[580]. Dabei besteht mit Bezug auf die Sanktionierung die Besonderheit, dass der Strafrichter als Nebenstrafe die *Amtsunfähigkeit* aussprechen kann. So können Behördenmitglieder oder Beamte[581], die sich durch ein Verbrechen oder Vergehen des Vertrauens unwürdig erwiesen haben, auf zwei bis zehn Jahre für unfähig erklärt werden, Mitglied einer Behörde oder Beamter zu sein; ebenso können zu Zuchthaus und Gefängnis Verurteilte auf zwei bis zehn Jahre von der Wählbarkeit als Behördemitglied oder als Beamter ausgeschlossen werden[582].

244 Daneben enthält das StGB eine Anzahl Straftatbestände (sog. Sonderdelikte), die eine Person nur in *Beamteneigenschaft* erfüllen kann, wobei das Strafrecht von einem weiten Beamtenbegriff ausgeht, welcher über die gewählten und vertraglich angestellten Beamten der Verwaltung und der Rechtspflege hinaus auch Personen erfasst, die provisorisch ein Amt bekleiden – oder angestellt sind – oder die vorübergehend amtliche Funktion ausüben[583]. Zu den Sonderdelikten gehören die strafbaren Handlungen gegen die Amts- und Berufspflicht[584]. Dabei bildet die schuldhafte Dienstpflichtverletzung nicht einen einheitlichen strafrechtlichen Tatbestand, sondern der Gesetzgeber hat den Amtsmissbrauch, die Gebührenüberforderung, die ungetreue Amtsführung, die Urkundenfälschung

---

579 Art. 102 BPV; Art. 65 PVBger.
580 Vorbehalten bleibt die Anwendung des Militärstrafgesetzes vom 13. Juni 1927 (MStG; SR 321.0) für Beamte, Angestellte und Arbeiter der Militärverwaltung des Bundes für Handlungen, welche die Landesverteidigung betreffen, ebenso wenn sie in Uniform auftreten (Art. 2 Ziff. 2 MStG). Vgl. auch Art. 13 Abs. 2 VG.
581 Zum Beamtenbegriff siehe vorne Rz 32 ff.
582 Art. 51 StGB. Vgl. dazu BSK StGB I, ZEHNTNER, Art. 51 Rz 4 und 7 ff.; MOOR, S. 244; TRECHSEL, Art. 51, Rz 2 ff.
583 Art. 110 Ziff. 4 StGB; vgl. TRECHSEL, Art. 110 StGB, Rz 10 ff.; o. Rz 33 ff.
584 Art. 312 ff. StGB. Vgl. BSK StGB II, HEIMGARTNER, Art. 312 N 4, Art. 313 N 3; BSK StGB II, NIGGLI, Art. 314 N 9 ff.; BSK StGB II, BOOG, Art. 317 N 2, Art. 318 N 2; BSK StGB II, DELNON/RÜDY, Art. 319 N 6; BSK StGB II, OBERHOLZER, Art. 320 N 5 f., Art. 321$^{ter}$ N 3 f.; BSK StGB II, PIETH, Art. 322$^{quater}$ N 1, Art. 322$^{sexies}$ N 1; ferner JUD, S. 112 f.; TRECHSEL, Art. 312 ff. Zum Verhältnis der strafrechtlichen und der disziplinarischen Verantwortlichkeit o. Rz 222 f.

im Amt, das falsche ärztliche Zeugnis, das Entweichenlassen von Gefangenen, die Verletzung des Amtsgeheimnisses sowie die Bestechung je als eigenständige Strafnormen formuliert [585].

## II. Die Strafverfolgung

### 1. Zuständigkeit

Für die Zuständigkeit muss zwischen Amtsdelikten sowie Delikten, die sich auf die amtliche Tätigkeit beziehen, und den übrigen Delikten unterschieden werden. Die Beurteilung von Amtsdelikten oder auf amtliche Tätigkeit bezogenen Delikten unterliegt der Bundesgerichtsbarkeit, wobei eine Übertragung an die kantonalen Behörden durch den Bundesrat möglich ist [586]. Die Zuständigkeit bei den übrigen Delikten richtet sich nach der ordentlichen Kompetenzordnung. Vorbehalten bleibt die Militärgerichtsbarkeit.

245

### 2. Ermächtigung zur Strafverfolgung

Die Strafverfolgung von Bediensteten wegen strafbarer Handlungen, die sich auf ihre amtliche Tätigkeit beziehen, bedarf einer Ermächtigung des EJPD [587]. Ausgenommen von einer solchen Ermächtigung ist die Strafverfolgung einerseits wegen Widerhandlungen im Strassenverkehr und anderseits wegen strafbarer Handlungen, die keinen amtlichen Bezug aufweisen [588]. Die ratio legis dieses Ermächtigungsverfahrens besteht in erster Linie darin, Behördemitglieder, Beamte und sonstige Angestellte vor unbegründeten, insbesondere mutwilligen Strafanzeigen zu schützen und den reibungslosen Gang der Verwaltung sicherzustellen. Diese Zielsetzung behält auch dann ihre Bedeutung, wenn der Betroffene zum Zeitpunkt der Strafverfolgung nicht mehr im Dienste des Bundes steht, denn für den reibungslosen Betrieb der Verwaltung ist es auch von Gewicht, «dass die Personen, die öffentlichrechtliche Aufgaben erfüllen, darauf zählen können, dass sie nach Ende ihrer Amtstätigkeit vor trölerischen oder mutwil-

246

---

585 Art. 312 bis Art. 322$^{octies}$ StGB. Vgl. die Zusammenstellung der Praxis bei HÄNNI, Fallsammlung, S. 451 ff.
586 Art. 340 Ziff. 1 StGB, Art. 18 BStP.
587 Art. 15 Abs. 1 VG. Vgl. für die Mitglieder des National- und Ständerates sowie für die von der Bundesversammlung gewählten Behördenmitglieder und Magistratspersonen Art. 14 Abs. 1 VG, wo die eidgenössischen Räte für die Ermächtigung zur Strafverfolgung für zuständig erklärt werden.
588 Nicht jeder Diebstahl eines Bediensteten weist einen Bezug zur amtlichen Tätigkeit oder Stellung auf. Entscheidend ist, ob der Angestellte den Diebstahl in Wahrnehmung oder Ausnützung seiner dienstlichen Stellung begangen hat. So ist Art. 15 VG beispielsweise anwendbar für einen von der Bundesanwaltschaft mit der Vornahme einer Briefzensur für Untersuchungsgefangene beauftragten Bezirksanwalt, welcher die Briefmarken herausschneidet und sie einer ihm als Briefmarkensammlerin bekannten Verwaltungsangestellten übergibt, BGE 106 Ib 273. Für die Mitglieder der Bundesversammlung gelten die besonderen Bestimmungen von Art. 1 f. GarG.

ligen Strafanzeigen geschützt sind»[589]. Darüber hinaus schützt das in Art. 15 VG vorgesehene Ermächtigungsverfahren – wenn auch nur in zweiter Linie – die Funktionsträger persönlich vor unnötigen Strafverfahren, die sich auf ihre amtliche Tätigkeit oder Stellung beziehen.

247 Die für die Erteilung der Ermächtigung zuständige Behörde hat nicht bereits vollständig abzuklären, ob ein Straftatbestand und die gesetzlichen Voraussetzungen der Strafverfolgung gegeben sind oder nicht. Im Ermächtigungsverfahren ist lediglich eine Vorprüfung vorzunehmen. Es genügt, wenn Anhaltspunkte dafür vorliegen, dass ein Straftatbestand und die gesetzlichen Voraussetzungen der Strafverfolgung gegeben sein könnten. Trifft dies zu, dann darf die Ermächtigung nur verweigert werden, wenn ein leichter Fall anzunehmen ist und die Tat auch mit einer blossen disziplinarischen Massnahme als genügend geahndet erscheint[590]. Der Entscheid, durch den die Ermächtigung erteilt wird, ist endgültig[591], während gegen die Verweigerung der Ermächtigung die Verwaltungsgerichtsbeschwerde ans Bundesgericht zulässig ist[592]. Dazu legitimiert ist nicht nur – wie es der Wortlaut von Art. 15 Abs. 5 VG vermuten lässt – der Verletzte, der die Bestrafung des Bediensteten verlangt, sondern jeder, der durch die angefochtene Verfügung berührt ist und ein schutzwürdiges Interesse an deren Aufhebung oder Änderung hat[593].

---

[589] BGE 106 Ib 273, S. 277; bestätigt in BGE 111 IV 37, S. 39.
[590] Art. 15 Abs. 3 VG; vgl. den bereits erwähnten BGE 106 Ib 273, S. 278f., wo das EJPD nach Auffassung des BGer kein Bundesrecht verletzt hatte, indem es aufgrund des geringen Verschuldens des Betroffenen sowie wegen einer bereits verhängten disziplinarischen Busse von Fr. 200.– die Ermächtigung zur Strafverfolgung verweigert hatte. Vgl. ferner BGE 93 I 75, S. 78; BGE 87 I 81, S. 84.
[591] Art. 15 Abs. 4 VG.
[592] Art. 15 Abs. 5 VG. Vgl. auch Art. 100 lit. f OG.
[593] Art. 103 lit. a OG. BGE 112 Ib 350; noch anders BGE 106 Ib 173, S. 174f., Art. 15 Abs. 5 VG bilden eine lex specialis zu Art. 103 lit. a OG.

# Sechstes Kapitel
# Verfahren und Rechtsschutz

Bei der Behandlung des Rechtsschutzes soll auf eine ausführliche Darstellung des Verwaltungsbeschwerde- und des Verwaltungsgerichtsbeschwerdeverfahrens, wie sie im VwVG und im OG geregelt sind, verzichtet werden[594]. Nachfolgend ist deshalb lediglich auf die spezifischen Besonderheiten des Rechtsschutzes auf dem Gebiete des Dienstverhältnisses des Bundespersonals einzugehen[595]. Diese Besonderheiten betreffen namentlich die Zuständigkeitsregelungen bezüglich der Beschwerdeinstanzen sowie einige Spezialvorschriften betreffend die Beendigung des Dienstverhältnisses und das Disziplinarverfahren.

248

## § 12 Grundsatz: Geltung von VwVG und OG

Alle nicht vorsorgerechtlichen Streitigkeiten unterstehen grundsätzlich dem *Verfahren* nach VwVG und OG[596]. Soweit das BPG abweichende Bestimmungen enthält, gelten diese als lex specialis und gehen den allgemeinen Verfahrensregeln vor[597]. In gewissen Fällen wiederholt das BPG, was sich bereits aus dem VwVG oder aus dem OG ergibt. So soll klargestellt werden, dass sich Art. 6 Abs. 2 BPG, der die sinngemässe Anwendung der Bestimmungen des OR auf die Arbeitsverhältnisse der Bundesangestellten vorsieht, nur auf die materiellrechtlichen Bestimmungen bezieht.

249

Der im BPG wichtige Grundsatz, dass Probleme und unterschiedliche Auffassungen wenn immer möglich zuerst in einem *Gespräch* zwischen den betroffenen Parteien behandelt werden sollen, gilt auch für das Verfahrensrecht. Erst wenn keine einvernehmliche Lösung zu Stande kommt, erlässt der Arbeitgeber eine

250

---

594 Das Verwaltungsverfahren und die Verwaltungsrechtspflege sind Gegenstand des II. Teils des «Schweizerischen Bundesverwaltungsrechts» von KOLLER/MÜLLER/RHINOW/ZIMMERLI.
595 Für mögliche kantonale Rechtsschutzsysteme im öffentlichen Personalrecht vgl. MERKER, S. 461 ff.
596 Art. 112 BPV; Art. 81 Abs. 3 PVBger; Art. 43 Abs. 2 Satz 2 Verordnung über das Personal des Schweizerischen Heilmittelinstituts; Art. 151 GAV SBB; Art. 62 Abs. 2 Personalverordnung ETH-Bereich. Vgl. zum Ganzen GERBER/HELBLING/SCHNEIDER, S. 531 ff.
597 Botschaft zum BPG, BBl 1999 II 1625 f. Zu nennen sind die folgenden verfahrensrechtlichen Sonderbestimmungen des BPG: Art. 34 Abs. 2 (Grundsätzliche Kostenlosigkeit des erstinstanzlichen Verfahrens); Art. 35 Abs. 1 (Verwaltungs- oder unternehmungsinterne Beschwerdeinstanzen); Art. 36 Abs. 3 und Art. 100 Abs. 1 lit. e OG (Ausschluss des Weiterzugs von Streitigkeiten über leistungsabhängige Lohnanteile an die PRK und Ausschluss des Weiterzugs an das Bundesgericht); Art. 33 Abs. 4 (Möglichkeit der Schaffung von Beratungs-, Schlichtungs- und Entscheidungsorganen für die in GAV geregelten Bereiche); Art. 16 Abs. 3 und Art. 31 Abs. 4 i.V.m. Art. 38 Abs. 4 (Einsatz eines Schiedsgerichts anstatt der staatlichen Organe für die Beurteilung gewisser Streitfragen).

Verfügung[598]. Der zweite Grundsatz im Verfahren wegen arbeitsrechtlicher Streitigkeiten, die Kostenlosigkeit, wurde sinngemäss aus dem Obligationenrecht übernommen[599]. Nach Art. 34 Abs. 2 BPG sind jedoch nur die erstinstanzlichen Verfahren in personalrechtlichen Angelegenheiten unentgeltlich, soweit sie nicht mutwillig eingeleitet werden[600].

## I. Das Beschwerdeverfahren

251   Streitigkeiten aus dem Arbeitsverhältnis sind nach Art. 34 Abs. 1 BPG einvernehmlich zu regeln. Erst wenn keine Einigung zustande kommt, erlässt der Arbeitgeber eine Verfügung. Grundsätzlich unterliegt diese zunächst der verwaltungsinternen Beschwerde an die in den Ausführungsbestimmungen bezeichnete Instanz. Der Beschwerdeentscheid kann alsdann mit Verwaltungsbeschwerde bzw. mit Verwaltungsgerichtsbeschwerde weitergezogen werden. Die Ausführungsbestimmungen können weiter Beratungs-, Schlichtungs- und Entscheidungsorgane vorsehen. Das BPG schlägt zwar eine paritätische Zusammensetzung dieser Beschwerdeinstanzen vor, verzichtet aber auf eine gesetzliche Regelung. Damit stellt es ein einheitliches, übersichtliches Verfahren mit in der Regel zwei Beschwerdeinstanzen in personalrechtlichen Angelegenheiten sicher, ohne die Möglichkeit von besonderen, auf die spezifischen Bedürfnisse eines Arbeitgebers zugeschnittenen Beschwerdeinstanzen völlig auszuschliessen[601].

### 1. Die interne Beschwerde nach BPG

252   Die von einem Arbeitgeber erlassene Verfügung unterliegt zunächst der Beschwerde an die verwaltungs- oder unternehmungsinterne Beschwerdeinstanz[602]. Beschwerdeinstanzen sind die Oberzolldirektion bzw. die Gruppen für erstinstanzliche Verfügungen nachgeordneter Organe, die Departemente für erstinstanzliche Verfügungen der Ämter, der Gruppen und der Oberzolldirektion[603]. Gegen erstinstanzliche Verfügungen des Bundesrates, der Departemente und der Bundeskanzlei, der Verwaltungsdelegation und des Generalsekretärs oder der Generalsekretärin der Bundesversammlung sowie der eidgenössischen Schieds- und Rekurskommissionen ist die interne Beschwerde nicht zulässig[604].

---

598 Art. 34 Abs. 1 BPG. Vgl. dazu die Botschaft zum BPG, BBl 1999 II 1627; Personalpolitische Leitsätze für die Bundesverwaltung, BBl 2004 2235 f.; Verhaltenskodex der allgemeinen Bundesverwaltung, BBl 2004 2233; ein gerichtlicher Vergleich zur Beendigung des Streites bleibt allemal möglich, VPB 65 Nr. 5. Siehe ferner Art. 43 Abs. 1 Verordnung über das Personal des Schweizerischen Heilmittelinstituts; Art. 31 Abs. 1 IGE-PersV.
599 Vgl. Art. 343 Abs. 3 OR.
600 Ähnlich auch Art. 152 GAV SBB.
601 Vgl. Botschaft zum BPG, BBl 1999 II 1626.
602 Art. 35 Abs. 1 BPG.
603 Art. 110 BPV. Vgl. auch Art. 155 VBPV-EDA; Art. 62 Abs. 1 Personalverordnung ETH-Bereich; Art. 81 PVBger; Art. 12 PVEVG; Anh. 6 Ziff. 21 GAV Post; Art. 150 GAV SBB. Vgl. ferner VPB 68 Nr. 8, E. 4a.
604 Art. 35 Abs. 2 BPG und Art. 111 BPV.

§ 12 Der allgemeine Rechtsschutz

Die Verjährungsfristen für Ansprüche aus dem Dienstverhältnis richten sich nach dem Obligationenrecht[605]. Dieses sieht, in Abweichung von der allgemeinen Regel, in Art. 128 Ziff. 3 eine Verjährung von Forderungen aus einem Arbeitsverhältnis nach Ablauf von 5 Jahren vor. 253

## 2. Die Verwaltungsbeschwerde an die Personalrekurskommission und an besondere richterliche Instanzen

Nach Art. 36 Abs. 1 BPG können die Entscheide der internen Beschwerdeinstanzen und die Verfügungen all jener Organe, die nicht zuerst der internen Beschwerde unterliegen[606], bei der *eidgenössischen Personalrekurskommission* angefochten werden. Die Personalrekurskommission entscheidet somit über Beschwerden gegen Verfügungen des Bundesrates, der Departemente, der Verwaltungsdelegation, des Generalsekretärs oder der Generalsekretärin der Bundesversammlung sowie der Schieds- und Rekurskommissionen[607]. Sie urteilt über alle Streitigkeiten in arbeitsrechtlichen Angelegenheiten mit Ausnahme jener über leistungsabhängige Lohnanteile[608]. Damit will der Gesetzgeber verhindern, dass das Führungsinstrument Leistungslohn an Griffigkeit verliert, und dass der Handlungsspielraum, der den Arbeitgebern zusteht, mit der Anfechtung jeder Verfügung wegen Unangemessenheit[609] verloren geht[610]. Vorbehalten bleibt die Anfechtung der Verfügungen über leistungsabhängige Lohnanteile bei einer paritätischen Beschwerdeinstanz[611]. 254

## 3. Die Verwaltungsgerichtsbeschwerde

Art. 36 Abs. 2 BPG verlangt, dass Verfügungen, die von der Personalrekurskommission in eigener Sache erlassen wurden, mit Beschwerde beim *Bundesgericht* angefochten werden. Dasselbe gilt für Verfügungen in personalrechtlichen Fragen des *eidgenössischen Versicherungsgerichts*. Umgekehrt muss das eidgenössische Versicherungsgericht angerufen werden gegen Verfügungen, die Arbeits- 255

---

605 Art. 113 BPV; Art. 63 Personalverordnung ETH-Bereich; Art. 153 GAV-SBB; anders Art. 44 Verordnung über das Personal des Schweizerischen Heilmittelinstituts.
606 Siehe o. Rz 252 f. Vgl. auch Art. 43 Abs. 1 und 2 Verordnung über das Personal des Schweizerischen Heilmittelinstituts.
607 Art. 36 Abs. 1 BPG i.V.m. Art. 35 Abs. 2 BPG und Art. 111 BPV. Vgl. auch Entscheid der PRK vom 23. Juni 2004, PRK 2004-005, www.reko-efd.admin.ch/de/prk/entscheide/index.htm, E. 1b/aa (obiter dictum). Die Anfechtung der Verfügungen des Bundesrates bei der Personalrekurskommission entspricht nicht dem Konzept der VwVG. Die Personalrekurskommission wird zudem vom Bundesrat gewählt und untersteht nach Art. 71c Abs. 6 VwVG der administrativen Aufsicht des Bundesrates.
608 Art. 36 Abs. 3 BPG. Ebenso Ziff. 22 Abs. 2 Anh. 6 GAV Post; Art. 150 Abs. 5 GAV SBB. Zur Zuständigkeit der PRK für die Behandlung von Entscheiden des ETH-Rates und der schweizerischen Nationalbank betreffend öffentlich-rechtliche Dienstverhältnisse vgl. VPB 68 Nr. 6 resp. VPB 68 Nr. 9.
609 Art. 49 lit. c und Art. 71a Abs. 2 VwVG.
610 Vgl. Botschaft zum BPG, BBl 1999 II 1628.
611 Vgl. dazu JAAG/MÜLLER/TSCHANNEN/ZIMMERLI, S. 15.

verhältnisse des Bundesgerichts betreffen[612]. Mit dieser Regelung wird die Unabhängigkeit der Beschwerdeinstanz garantiert[613]. Ein Sonderfall betrifft die erstinstanzlichen Entscheide des Bundesrates auf dem Gebiet des Dienstverhältnisses. Sie müssen nach Art. 98 Abs. 1 lit. a OG mit Verwaltungsgerichtsbeschwerde beim Bundesgericht angefochten werden.

256 Die Personalrekurskommission bzw. der Bundesrat entscheidet grundsätzlich letztinstanzlich. Mit Verwaltungsgerichtsbeschwerde an das Bundesgericht können lediglich Verfügungen über die Auflösung des Arbeitsverhältnisses weitergezogen werden[614]. Insbesondere besteht kein Rechtsschutz bei Streitigkeiten über die Begründung des Dienstverhältnisses[615]. Das bedeutet, dass die von einer Massnahme betroffenen Bediensteten je nach Vorinstanz und Streitsache immerhin über bis zu drei Beschwerdemöglichkeiten verfügen, was die nachstehende Übersicht verdeutlicht.

257

| Verfügende Behörde (erstinstanzliche Verfügung) | 1. Beschwerdeinstanz | 2. Beschwerdeinstanz | 3. Beschwerdeinstanz |
|---|---|---|---|
| Nachgeordnete Behörden der 1. Beschwerdeinstanz | – Oberzolldirektion (intern)<br>– Gruppen (intern) | Personalrekurskommission | Bundesgericht* |
| Ämter, Gruppen, Oberzolldirektion | Departemente bzw. Bundeskanzlei (intern) | Personalrekurskommission | Bundesgericht* |
| Departemente, Bundeskanzlei, Verwaltungsdelegation u. Generalsekretär der Bundesversammlung, Eidg. Schieds- u. Rekurskommissionen | Personalrekurskommission | Bundesgericht* | – |
| Bundesrat | Personalrekurskommission | Bundesgericht* | – |
| Nachgeordnete Behörde des Bundesgerichts bzw. des Eidg. Versicherungsgerichts | Personalrekurskommission des Gerichts (intern) | Personalrekurskommission | Bundesgericht* |

---

612 Vgl. Urteil des Eidg. Versicherungsgerichts vom 19.03.2003 (D 1/02). Zur Kognition der besonderen richterlichen Beschwerdeinstanzen s. BGE 123 V 109.
613 Art. 30 Abs. 1 BV.
614 Art. 40 Ziff. 3 BPG i.V.m. Art. 100 Abs. 1 lit. e OG; Art. 43 Abs. 3 Verordnung über das Personal des Schweizerischen Heilmittelinstituts; Art. 150 Abs. 1 und Abs. 2 GAV SBB. Art. 31 Abs. 2 IGE-PersV verweist noch auf das Verfahren nach BtG. Vgl. dazu HÄNNI in SBVR, Rz 201 ff.; BGE vom 10. Februar 2004 (2A.518/2003), E. 1.
615 So die bisherige Praxis, die auch weiterhin beibehalten werden dürfte. Die Verwaltungsbeschwerde ist mangels fehlenden Rechtsschutzinteresses des abgewiesenen Bewerbers nicht zulässig. Vgl. zum Ganzen VPB 42 Nr. 111; ferner KEISER, S. 509 f.; JAAG/MÜLLER/TSCHANNEN/ZIMMERLI, S. 16; POLEDNA, AJP 7 (1998), S. 924.

| Verfügende Behörde (erstinstanzliche Verfügung) | 1. Beschwerdeinstanz | 2. Beschwerdeinstanz | 3. Beschwerdeinstanz |
|---|---|---|---|
| Bundesgericht | Personalrekurskommission des Gerichts (intern) | Eidg. Versicherungsgericht | – |
| Eidg. Versicherungsgericht | Personalrekurskommission des Gerichts (intern) | Bundesgericht | – |
| Personalrekurskommission | Bundesgericht | – | – |
| ETHZ/ETHL, Forschungsanstalten | ETH-Rat (intern) | Personalrekurskommission | Bundesgericht* |
| SBB | Zentralbereich Personal der SBB (intern) | Personalrekurskommission | Bundesgericht* |
| Post | Konzernleiterin oder Konzernleiter (intern) | Personalrekurskommission | Bundesgericht* |

\* Verwaltungsgerichtsbeschwerde, beschränkt auf Streitigkeiten wegen Kündigung

Eine Sonderregelung besteht für Verfügungen über die Gleichstellung der Geschlechter. Das Gleichstellungsgesetz und Art. 100 Abs. 2 lit. b OG schränken den Ausschluss der Verwaltungsgerichtsbeschwerde im Sinne von Art. 100 Abs. 1 lit. e OG für Verfügungen über die Gleichstellung der Geschlechter auf dem Gebiete des Dienstverhältnisses von Bundespersonal ein. Damit unterstehen sämtliche Verfügungen, bei denen die Bediensteten eine Verletzung des Diskriminierungsverbotes geltend machen, insbesondere auch solche, bei denen es um die erstmalige Begründung des Dienstverhältnisses und um die Beförderung geht, der Verwaltungsgerichtsbeschwerde an das Bundesgericht[616]. 258

## II. Die Revision der Bundesrechtspflege

Die zurzeit laufende Totalrevision der Bundesrechtspflege will ein Bundesverwaltungsgericht und ein Bundesstrafgericht schaffen sowie die Organisation und das Verfahren des Bundesgerichts neu regeln[617]. Die Verfahrensbestimmungen des BPG sind von der Revision insofern betroffen, als Art. 36 BPG geändert und an die neue Organisation angepasst werden soll. Das *Bundesverwaltungsgericht* wird die eidgenössische Personalrekurskommission als Beschwerdeinstanz ersetzen. Als besondere richterliche Beschwerdeinstanzen sind das Bundesverwaltungsgericht für Arbeitsverhältnisse beim Bundesgericht und beim Bundesstraf- 259

---

616 Botschaft des Bundesrates zum Gleichstellungsgesetz, BBl 1993 II 1317f.; VPB 67 Nr. 7; BGE 124 II 409; vgl. auch ARIOLI, S. 261; KEISER, S. 510 und 521 ff.; MOSER, S. 538 f.
617 Vgl. Botschaft zur Totalrevision der Bundesrechtspflege vom 28. Februar 2001, BBl 2001 V 4202.

gericht einerseits, sowie das *Bundesstrafgericht* für Dienstverhältnisse beim Bundesverwaltungsgericht andererseits, vorgesehen [618]. Die Beschwerde an das *Bundesgericht* soll weiterhin nur gegen Entscheide betreffend die Auflösung von Arbeitsverhältnissen möglich sein [619].

## § 13 Sonderfragen

### I. Das Verfahren bei Beendigung von Dienstverhältnissen

#### 1. Ordentliche Beendigung von Dienstverhältnissen

260 Endet das Dienstverhältnis durch Tod, durch Erreichen der Altersgrenze oder durch Ablauf der vorgesehenen Anstellungsdauer, sind naturgemäss keine besonderen Verfahrensvorschriften zu beachten. Bei der Auflösung des Arbeitsverhältnisses im gegenseitigen Einvernehmen sind keine Fristen einzuhalten. Sie kann beidseitig unbegründet bleiben, muss aber schriftlich erfolgen [620]. Wenn sich der Arbeitgeber mit dem Betroffenen nicht einigen kann und er das Arbeitsverhältnis einseitig beenden will, muss er eine Kündigungsverfügung erlassen [621]. Dabei hat er die Fristen von Art. 12 BPG einzuhalten und seinen Schritt zu begründen [622]. Ist die betreffende Person gewählt, kommt nur eine Nichterneuerung des Arbeitsverhältnisses nach Ablauf der Amtszeit in Frage. Im umgekehrten Fall, also wenn der Gewählte das Arbeitsverhältnis beenden will, ist die Kündigung unter Einhaltung der Fristen jeweils auf das Ende des Monats möglich und bedarf keiner Begründung [623]. Für die Entlassung jener Angestellten, deren Arbeitsvertrag Sonderbestimmungen betreffend der Kündigungsgründe enthält, gelten von der Regel abweichende Fristen und Formvorschriften. Die Kündigung von Seiten des Arbeitgebers muss aber begründet sein und vom Gesamtbundesrat bewilligt werden [624].

261 Von praktischer Bedeutung sind insbesondere die Fristbestimmungen für die Beendigung des Arbeitsverhältnisses. Bei nicht rechtzeitiger Mitteilung der Kündigung von Dienstverhältnissen wird eine Kündigung auf den nächstmöglichen Termin angenommen [625]. Darüber hinaus haben die Betroffenen einen Anspruch, vor Erlass der Kündigungsverfügung angehört zu werden. Dabei ist ihnen der massgebende nachprüfbare Sachverhalt sowie die in Aussicht genom-

---

618 Anhang zum EVGG, BBl 2001 V 4563.
619 Art. 78 Abs. 1 lit. f EBGG, BBl 2001 V 4500.
620 Art. 10 Abs. 1 und Art. 13 Abs. 1 BPG.
621 Art. 13 Abs. 3 BPG.
622 Art. 12 Abs. 6 BPG.
623 Vgl. Art. 32 Abs. 3 lit. b und Abs. 4 BPV.
624 Art. 26 BPV
625 JAAG, ZBl 1994, S. 466.

§ 13 Sonderfragen

mene Verfügung so frühzeitig wie möglich schriftlich mitzuteilen und ihnen Gelegenheit zu geben, dazu innert angemessener Frist schriftlich Stellung zu nehmen[626]. Die Verfügung muss begründet und mit einer Rechtsmittelbelehrung versehen sein[627].

## 2. Ausserordentliche Beendigung von Dienstverhältnissen

Bei der ausserordentlichen Beendigung von Dienstverhältnissen gelten grundsätzlich die gleichen Vorschriften über das Verfahren, wie für die ordentliche Beendigung. Insbesondere sind die allgemeinen Regeln zur Begründung und zum rechtlichen Gehör anwendbar. Ein Unterschied besteht für den Fall der fristlosen Kündigung durch einen Angestellten. Auf Verlangen des Arbeitgebers muss der Angestellte den Kündigungsentscheid schriftlich begründen[628].

262

## 3. Das Verfahren im Streit um die Gültigkeit der Kündigung

Der Arbeitgeber erlässt die Kündigung in Form einer Verfügung. Der betroffene Arbeitnehmer kann alsdann beim Arbeitgeber die Nichtigkeit der Verfügung glaubhaft machen und somit an der gleichen oder einer zumutbaren anderen Stelle weiterarbeiten[629], bis der Arbeitgeber die interne Beschwerdeinstanz angerufen und diese einen Entscheid gefällt hat. Verlangt der Arbeitgeber bei der Beschwerdeinstanz nicht innert 30 Tagen nach Eingang der geltend gemachten Nichtigkeit die Feststellung der Gültigkeit der Kündigung, ist die Kündigung nichtig und die betroffene Person muss mit der bisherigen oder mit einer anderen zumutbaren Arbeit weiterbeschäftigt werden[630].

263

Von diesem Verfahren zu unterscheiden ist das Verfahren nach *Art. 14 Abs. 3 BPG*, das nur für die Frage des definitiven Kündigungsschutzes anwendbar ist[631]. Der Angestellte, dem gekündigt wurde, muss die Verfügung nach Art. 35f. BPG bei der internen Beschwerdeinstanz anfechten. Hebt der Arbeitgeber oder die Beschwerdeinstanz die Kündigung auf, weil sie missbräuchlich nach Art. 336 OR oder diskriminierend im Sinne von Art. 3f. GlG ist, muss der Arbeitgeber der betroffenen Person die bisherige oder eine andere zumutbare Arbeit anbieten.

264

---

626 Art. 30 VwVG, vgl. ferner BGE 105 Ib 171, S. 173.
627 Art. 35 VwVG.
628 Art. 13 Abs. 2 BPG.
629 Art. 14 Abs. 1 BPG. Die Geltendmachung der Nichtigkeit durch den Arbeitnehmer ist der Wirkung nach eine Einsprache. In analoger Anwendung von Art. 46 lit. b VwVG ist die Beschwerde gegen die Kündigungsverfügung also nicht zulässig.
630 Art. 14 Abs. 2 BPG.
631 Vgl. vorne Rz 108. Vgl. zum Ganzen Entscheid der PRK vom 23. Juni 2004, PRK 2004-005, www.reko-efd.admin.ch/de/prk/entscheide/index.htm, E. 4c.

## II. Das Disziplinarverfahren

### 1. Die Zuständigkeit

265 Zuständig für den Erlass von Disziplinarmassnahmen sind von Gesetzes wegen die Departemente für die Bediensteten der allgemeinen Bundesverwaltung, sofern die Zuständigkeit nicht an eine von ihnen bestimmte untergeordnete Behörde delegiert wurde. Weiter sind zuständig für ihre jeweiligen Angestellten die Bundesversammlung, das Bundesgericht, das Eidgenössische Versicherungsgericht, die Schweizerische Post, die Schweizerischen Bundesbahnen und die in Art. 3 Abs. 2 BPG aufgezählten Verwaltungseinheiten[632]. Schliesslich sind die (paritätischen) Beschwerdeinstanzen und die eidgenössische Personalrekurskommission für Beschwerden gegen erlassene Disziplinarmassnahmen zuständig[633].

### 2. Das Verfahren

266 Zur Wiederherstellung des geordneten Aufgabenvollzugs in der allgemeinen Bundesverwaltung sind zwei unabhängige Verfahren vorgesehen. Das eine Verfahren, die Administrativuntersuchung, richtet sich nicht gegen eine bestimmte Person, wogegen das andere, die Disziplinaruntersuchung, die Verfehlungen einer Einzelperson prüft.

*a) Die Administrativuntersuchung*

267 Mit der Administrativuntersuchung soll im Sinne eines Vorverfahrens abgeklärt werden, ob ein Sachverhalt vorliegt, der im öffentlichen Interesse ein Einschreiten von Amtes wegen erfordert[634]. Es handelt sich um eine *allgemeine Untersuchung*, die nicht gegen eine bestimmte Person gerichtet ist, sondern den Aufgabenvollzug eines Amtes oder von Teilen davon analysieren soll. Sie bezweckt die Aufdeckung jener Störungen der Arbeitsabläufe, die auf den ersten Blick nicht direkt auf das Verhalten einer Einzelperson zurückzuführen sind. Die Administrativuntersuchung wird denn auch durch Organe durchgeführt, die nicht im betreffenden Aufgabenbereich tätig sind und kann an Personen ausserhalb der Bundesverwaltung übertragen werden. Dies macht insbesondere Sinn, wenn unabhängige Fachpersonen, die den zu prüfenden Aufgabenkreis bestens kennen, mit der Untersuchung beauftragt werden. Die allgemeinen Verfahrensgrundsätze nach dem VwVG sind anwendbar[635].

---

632 Art. 3 BPG; Art. 2 Abs. 3 und 4 BPV. Vgl. ferner Art. 8 Verordnung ETH-Bereich.
633 Vgl. Art. 35f. BPG; Ziff. 510 Abs. 3 GAV Post; Art. 150 GAV SBB. Vgl. ferner Art. 31 Abs. 2 IGE-PersV. Zum Verfahren siehe u. Rz 252ff.
634 Art. 97 Abs. 1 BPV. Vgl. auch VPB 68 Nr. 6, E. 6.
635 Art. 97 Abs. 4 und 5 BPV. Vgl. das Gutachten des BJ vom 19. Dezember 2002 in VPB 67 Nr. 100.

§ 13 Sonderfragen

Ist nur ein Departement von der Administrativuntersuchung betroffen, so sind 268
für die Anordnung grundsätzlich die *Departemente* zuständig. In weniger schwerwiegenden Fällen können sie ihre Kompetenz an *unterstellte Organe* delegieren. Wenn hingegen mehrere Departemente von der Untersuchung betroffen sind, ist der *Bundesrat* für deren Anordnung zuständig[636].

*b) Die Disziplinaruntersuchung*

In der Regel wird das Disziplinarverfahren von Amtes wegen durch Wahrnehmungen und Feststellungen der Disziplinarbehörde oder gestützt auf die Ergebnisse einer Administrativuntersuchung eingeleitet. Dabei reicht ein bloss unbestimmter Verdacht für eine Verfahrenseinleitung nicht aus, vielmehr müssen genügend objektive Anhaltspunkte vorliegen, die einen Verdacht hinreichend begründen[637]. Sodann kann jedermann jederzeit Tatsachen, die im öffentlichen Interesse ein Einschreiten *gegen eine Behörde* oder *gegen einzelne Bedienstete* von Amtes wegen erfordern, der Aufsichtsbehörde anzeigen. Diese Anzeigen werden von der Aufsichtsbehörde als Aufsichtsbeschwerden behandelt. Dagegen hat der Bürger keinen Anspruch darauf, dass sein Begehren auf Einleitung einer Disziplinaruntersuchung gegen einen bestimmten Bediensteten im Rahmen einer Verfügung erledigt wird, da die Wahrung öffentlicher Interessen nicht Sache des Bürgers ist und das Disziplinarrecht ausschliesslich im Dienste der Verwaltung und ihrer Aufgaben steht[638]. Schliesslich kann ein Bediensteter die Einleitung eines Disziplinarverfahrens *gegen seine eigene Person* beantragen. Dies kann in seinem Interesse liegen, wenn er durch das Verfahren die Gelegenheit erhält, sich von einem schwebenden Verdacht zu befreien[639]. 269

Die Verfügung einer disziplinarischen Massnahme erfolgt in aller Regel erst, 270
wenn die Disziplinarbehörde und der fehlbare Bedienstete keine einvernehmliche Lösung finden konnten. Der Grundsatz, dass der Vorgesetzte in allen Situationen primär das Gespräch mit seinen Mitarbeitern suchen soll, gilt auch im Disziplinarverfahren[640]. Ist der geordnete Vollzug der Aufgaben gefährdet, trifft der Arbeitgeber die notwendigen vorsorglichen Massnahmen[641]. Soweit diese einen nicht wieder gutzumachenden Nachteil bewirken können, gelten sie als selbständig anfechtbare Zwischenverfügungen im Sinne von Art. 45 Abs. 1 und 2 VwVG. Disziplinarmassnahmen dürfen erst nach vorausgegangener Untersuchung ausgesprochen werden[642]. Das erstinstanzliche Disziplinarverfahren

---

636 Vgl. Art. 97 Abs. 3 BPV.
637 ZBl 1988, S. 51; RHINOW/KRÄHENMANN, Nr. 54 B VII.
638 VPB 51 Nr. 41; VPB 42 Nr. 112; VPB 41 Nr. 61; ferner SCHROFF/GERBER, Rz 461.
639 HANGARTNER, ZBl 1970, S. 435 f.
640 Vgl. die Personalpolitischen Leitsätze für die Bundesverwaltung, BBl 2004 2235 f., und sinngemäss auch den Verhaltenskodex der allgemeinen Bundesverwaltung, BBl 2004 2233.
641 Vgl. Art. 26 BPG i.V.m. Art. 103 BPV und vorne Rz. 240 f.
642 Art. 99 Abs. 1 BPV. Vgl. zum Ganzen BELLWALD, S. 114 ff.; FLEINER-GERSTER, VwR, S. 439 f.; MOOR, S. 243 f.; RHINOW/KRÄHENMANN, Nr. 54 B VII.

wird durch das VwVG geregelt[643]. Der Entscheid darüber, ob eine disziplinarische Massnahme verhängt werden soll, hat ebenso in Verfügungsform zu ergehen wie die Anordnung der jeweiligen disziplinarischen Massnahme selber. Die Disziplinarverfügung hat den Tatbestand, die rechtlichen Erwägungen, die verfügte Disziplinarmassnahme[644] sowie eine Rechtsmittelbelehrung zu enthalten[645].

## III. Der Rechtsschutz bei Streitigkeiten mit einer Personalvorsorgeeinrichtung

271 Das Verfahren bei Streitigkeiten über Ansprüche gegenüber einer Personalvorsorgeeinrichtung, insbesondere der Pensionskasse des Bundes PUBLICA, ist nicht im BPG geregelt, sondern richtet sich nach dem Bundesgesetz über die berufliche Vorsorge (BVG). Demnach sind zunächst die kantonalen Gerichte am Ort zuständig, wo der Angestellte tätig ist, oder am Sitz der beklagten Vorsorgeeinrichtung. Die Kantone müssen die Streitigkeiten in einem einfachen, raschen und in der Regel kostenlosen Verfahren erledigen. Die kantonalen Entscheide können auf dem Weg der Verwaltungsgerichtsbeschwerde an das Eidgenössische Versicherungsgericht weitergezogen werden[646].

---

643 Art. 98 Abs. 2 BPV. Vgl. auch BGE 99 Ia 22.
644 Vgl. VPB 50 Nr. 64 zur Massnahme der Versetzung nach BtG: Eine bloss «strafweise Versetzung im Dienst» ist eine völlig unbestimmte Anordnung. Notwendig wären weitere Einzelheiten betreffend Aufgabenbereich, Art der Tätigkeit, personeller Umgebung oder Dienstort.
645 Vgl. insbesondere Art. 34 ff. VwVG. Eine Disziplinarmassnahme kann auch während der Dauer einer krankheitsbedingten Abwesenheit des Bediensteten verfügt werden, sofern die sachlichen Voraussetzungen dafür bestehen. Eine Einschränkung ist nur insoweit zu beachten, als es dem Bediensteten nicht durch seine Krankheit verunmöglicht sein darf, von den ihm zustehenden Verteidigungsrechten Gebrauch zu machen, VPB 59 Nr. 2.
646 Art. 73 BVG; vgl. dazu auch BGE 118 Ib 172. Zu den allgemeinen Verfahrensbestimmungen siehe Art. 34 ff. ATSG.

# Sachregister

Die Verweise beziehen sich auf die Randziffern. Ausführliche Erläuterungen sind *kursiv* gesetzt.

**A**
Abgangsentschädigung 92, 113
Administrativuntersuchung *266 ff.*
Adoption 154
Altersversicherung 148 ff.
Amtsdauer s. Dienstverhältnis auf Amtsdauer
Amtsgeheimnis 182, 197, 244
Amtsunfähigkeit 98, 243
Anerkennungsprämien 139
Angestelltenverhältnis 33 f.
Arbeitgeber *44 ff.*
Arbeitsmarktzulage 140
Arbeitsvertrag
– Änderung 81 f.
Aufsicht Bundespersonal 21
Auslandentschädigung 143
Ausschreibung 50 f.

**B**
Beamtenverhältnis 32, 34
Besoldung s. Lohn
Betreuungszulage 141 f.
Busse 238

**D**
Datenschutz *167 ff.*
Dienstpflicht 9, *175 ff.*
Dienstfahrzeug 162
Dienstkleidung 161
Dienstverhältnis
– auf Amtsdauer 35, 65, *70 ff.*, 123
– auf privatrechtlicher Grundlage *38 ff.*, 80
– Beendigung *78 ff.*
  – ausserordentliche Beendigung *100 ff.*
– Folgen 103 ff.
– ordentliche Beendigung *79 ff.*
– Verfahren *249 ff.*
– vermögensrechtliche Folgen 110 ff.
– Begründung *41 ff.*, 76 f.
– Formvorschriften 48 f.
– zuständige Behörden 42 ff.
– Dauer 63
– öffentlichrechtliches *31 ff.*
– Rechte *119 ff.*
Dienstzeugnis 166
Disziplinarmassnahme 180, 223, 228 *231 ff.*
Disziplinarrecht s. Verantwortlichkeit
Disziplinaruntersuchung 266, *269 f.*

**E**
Eidg. Institut für geistiges Eigentum 36
Eidg. Personalamt 8
Einsatzprämien 137
Einschränkungen im Stellenzugang 54 f.
EMRK 9
Erfindungen 145
ETH 35, 47, 69, 70, 257

**F**
Ferien *157 ff.*
Forschungsanstalten 47
Funktionszulagen 136

**G**
Geheimhaltungspflicht s. Schweigepflicht

111

Geheimhaltungsprinzip 193, 200, 202
Gemischtwirtschaftliche Unternehmungen 40
Gesamtarbeitsvertrag 36, 45, *64 ff.*, 126, 174, 183
Geschenkannahmeverbot *187 ff.*
Gesundheitsdaten s. Datenschutz
Gleichstellung von Frau und Mann *55 ff.*, 75
Grundrechte 185, 194 ff., 214, 215 ff., 231

**I**

Informationsfreiheit 194, 216 f.
Institut für Geistiges Eigentum 35
Interner Übertritt 81 f.
Invaliditätsversicherung 148 ff.

**K**

Kompetenzordnung s. Zuständigkeitsordnung
Krankheit 151 ff.
Kündigung
– ausserordentliche *94 ff.*
– fristlose 102 ff.
– Fristen 85
– ordentliche 83 ff.
– Schutz, *104 ff.*

**L**

Lehrling 11
Lohn *120 ff.*
– Grundlohn 121 ff.
– Leistungslohn 128 ff., 254
– Lohnfestsetzung 13
– Lohnklassen 123 ff.
– Lohnsenkung 131 ff., 236 f.
– Lohnzulagen *133 ff.*
– Mindestlohn 68

**M**

Magistratsperson 37
Magistratsverhältnis 37
Mehrarbeit s. Dienstpflicht
Mehrsprachigkeit 58

Meinungsäusserungsfreiheit 197, 198, 202, 215, 216 f.
Mitarbeitergespräch 165
Mitspracherecht s. Mitwirkungsrecht
Mitwirkungsrecht
– einzelner 65
– kollektive *172 ff.*
Mutterschaft 68, 154

**N**

Nebenbeschäftigung 25, *182 ff.*
Nebenerwerbstätigkeit s. Nebenbeschäftigung

**O**

Oberaufsicht 17
Öffentlichkeitsprinzip 190, *200 f.*
Organ 28
Ortszuschlag 134

**P**

Parlamentsdienste 11
Pension 80, 101 f., 155
Personalamt s. Eidg. Personalamt
Personalbeurteilung 165
Personalrekurskommission *254,* 265
Personendaten s. Datenschutz
Personensicherheitsprüfung s. Sicherheitsprüfung
Privatrechtliche Organisationen 40
Probezeit 87

**Q**

Quotenregelung 56 f.

**R**

Rekurskommission 11, 35
Rente 116, 118
RUAG 11

**S**

Salär s. Lohn
SBB 11, 36, 45, 49, 85, 126, 174, 257, 265
Schiedskommission 11, 35

## Sachregister

Schweigepflicht *190 ff.*, 212
Schweizerische Post 11, 36, 45, 49, 85, 126, 174, 257, 265
Sicherheitsprüfung *59 ff.*
Sonderzulagen 138
Sorgfaltspflicht 179
Sozialberatung 155
Stellenzugang 52 f.
Streikverbot *203 ff.*
Swisscom 11

### T
Tauglichkeit 54
Teuerungsausgleich 147
Tod 117, 148 ff., 260
Treuepflicht 9, *206 ff.*
Treueprämien 144

### U
Überentschädigungsverbot 153
Überzeit s. Dienstpflicht
Unfall 151 ff.
Unvereinbarkeit *23 ff.*
Urlaub s. Ferien

### V
Verantwortlichkeit 28, *220 ff.*
– disziplinarische 220 ff.
– haftpflichtrechtliche 224
– strafrechtliche 222, *242 ff.*
Vereinigungsfreiheit 218
Vergütungen 135
Vergünstigungen 146
Verwaltungsgerichtsbarkeit 27
Verwarnung 233
Verweis 234
Vorsorgliche Massnahmen 241 f.

### W
Wahl 15, 22, 70 ff.
Weiterbeschäftigung 105, 112
Wohnsitzpflicht *180 f.*

### Z
Zuständigkeitsordnung
– Zuständigkeit der Bundesversammlung *10 ff.*
– Zuständigkeit des Bundesrates *18 ff.*